RETÓRICA

OBRAS COMPLETAS DE ARISTÓTELES
COORDENAÇÃO DE ANTÓNIO PEDRO MESQUITA

RETÓRICA

Prefácio e introdução de **Manuel Alexandre Júnior**

Tradução e notas de **Manuel Alexandre Júnior, Paulo Farmhouse Alberto e Abel do Nascimento Pena**

(Centro de Estudos Clássicos da Universidade de Lisboa)

Copyright © 2005, Centro de Filosofia da Universidade de Lisboa e
Imprensa Nacional Casa da Moeda, Lisboa, Portugal
Copyright © 2012, Editora WMF Martins Fontes Ltda.,
São Paulo, para a presente edição.

1ª edição 2012
3ª tiragem 2025

Tradução
MANUEL ALEXANDRE JÚNIOR
PAULO FARMHOUSE ALBERTO
ABEL DO NASCIMENTO PENA

Acompanhamento editorial e preparação
Luzia Aparecida dos Santos
Revisões
Renato da Rocha Carlos
Maria Regina Ribeiro Machado
Edição de arte
Katia Harumi Terasaka Aniya
Produção gráfica
Geraldo Alves
Paginação
Studio 3 Desenvolvimento Editorial
Capa
Katia Harumi Terasaka Aniya

Dados Internacionais de Catalogação na Publicação (CIP)
(Câmara Brasileira do Livro, SP, Brasil)

Aristóteles
  Retórica / Aristóteles; prefácio e introdução de Manuel Alexandre Júnior ; tradução e notas de Manuel Alexandre Júnior, Paulo Farmhouse Alberto e Abel do Nascimento Pena. – São Paulo : Editora WMF Martins Fontes, 2012. – (Coleção obras completas de Aristóteles)

  Título original: Retórica.
  Bibliografia
  ISBN 978-85-7827-526-6

  1. Aristóteles – Retórica 2. Filosofia antiga 3. Retórica I. Alexandre Júnior, Manuel. II. Alberto, Paulo Farmhouse. III. Pena, Abel do Nascimento. IV. Título. V. Série.

12-00478   CDD-185

Índices para catálogo sistemático:
1. Retórica : Filosofia aristotélica   185

Todos os direitos desta edição reservados à
Editora WMF Martins Fontes Ltda.
Rua Prof. Laerte Ramos de Carvalho, 133 01325.030 São Paulo SP Brasil
Tel. (11) 3293.8150 e-mail: info@wmfmartinsfontes.com.br
http://www.wmfmartinsfontes.com.br

ÍNDICE GERAL

Prefácio, por *Manuel Alexandre Júnior* IX

Introdução:
1. Origem da retórica e formação do sistema retórico XIII
2. Natureza e finalidade da retórica XVIII
3. Conflito entre a retórica e a filosofia XXI
4. A *Retórica* de Aristóteles XXVII
5. Plano e conteúdo da *Retórica* XXIX
   Livro I – Provas ou meios de persuasão: prova lógica XXIX
   Livro II – Provas ou meios de persuasão: emoção e caráter XXXIII
   Livro III – Estilo e composição do discurso XXXVI
6. A retórica peripatética XLI
7. A tradução da *Retórica* L

Bibliografia:
   A. Fontes primárias LII
   B. Fontes secundárias LIV

RETÓRICA

LIVRO I

1. A natureza da retórica 5
2. Definição da retórica e sua estrutura lógica 12
3. Os três gêneros de retórica: deliberativo, judicial e epidíctico 21
4. O gênero deliberativo 24
5. A felicidade, fim da deliberação 27
6. O objetivo da deliberação: o bom e o conveniente 32
7. Graus do bom e do conveniente 36
8. Sobre as formas de governo 43
9. A retórica epidíctica 45
10. Retórica judicial: a injustiça e suas causas 52
11. O prazer como matéria de oratória judicial 56
12. Agentes e vítimas de injustiça 62
    12.1. Características dos que cometem a injustiça.. 62
    12.2. Características dos que sofrem a injustiça... 64
13. Critérios de justiça e de injustiça 67
14. Critérios sobre a gravidade dos delitos 71
15. Provas não técnicas na retórica judicial 73

LIVRO II

1. A emoção 83
2. A ira 85
3. A calma 91
4. A amizade e a inimizade 95
5. O temor e a confiança 99
6. A vergonha e a desvergonha 104
7. A amabilidade 110
8. A piedade 111
9. A indignação 114
10. A inveja 117

11. A emulação 120
12. O caráter do jovem 121
13. O caráter do idoso 124
14. O caráter dos que estão no auge da vida 126
15. Caráter e fortuna: o caráter dos nobres 127
16. O caráter dos ricos 128
17. O caráter dos poderosos 129
18. Estrutura lógica do raciocínio retórico: função dos tópicos comuns a todas as espécies de retórica.... 130
19. Função dos tópicos comuns a todas as espécies de retórica 132
20. Argumento pelo exemplo 135
21. Uso de máximas na argumentação 138
22. O uso de entimemas 143
23. O uso de entimemas: os tópicos 147
24. O uso de entimemas aparentes 161
25. O uso de entimemas: a refutação 167
26. Conclusão dos dois primeiros livros 170

LIVRO III

1. Introdução 173
2. Qualidades do enunciado. A clareza 176
3. A esterilidade do estilo 182
4. O uso dos símiles 185
5. A correção gramatical 187
6. A solenidade da expressão enunciativa 189
7. Adequação do estilo ao assunto 191
8. O ritmo 193
9. A construção da frase: o estilo periódico 195
10. A metáfora 199
11. A elegância retórica 204
12. A expressão adequada a cada gênero 210
13. As partes do discurso 214
14. O proêmio 215

15. Tópicos de refutação 221
16. A narração 223
17. A prova e a demonstração 227
18. A interrogação 232
19. O epílogo 234

Índice de termos técnicos 237
Índice onomástico 241

PREFÁCIO

Nunca antes se estudou a retórica com tanto interesse e em áreas tão distintas do saber, como nunca antes se estudou o fenômeno retórico em contextos tão distantes do mundo que aparentemente o viu nascer. A recente obra de George Kennedy, *Comparative Rhetoric*, é disso um bom exemplo ao dissertar sobre a retórica não só em sociedades iletradas e sem escrita como os aborígenes da Austrália, os índios das Américas e outras sociedades tradicionais, mas também em sociedades letradas da Antiguidade que, para além da grega e da romana, floresceram tanto na Mesopotâmia, em Israel e no Egito, como na China e na Índia. A retórica está na moda, e os temas que ato contínuo se abordam em colóquios e congressos são os mais diversos e surpreendentes, situando-se praticamente em todas as áreas do saber humano.

Para muitos, a retórica pouco mais é do que mera manipulação linguística, ornato estilístico e discurso que se serve de artifícios irracionais e psicológicos, mais propícios à verbalização de discursos vazios de conteúdo do que à sustentada argumentação de princípios e valores que se nutrem de um raciocínio crítico válido e eficaz. Mas a restauração da retórica ao seu velho estatuto de teoria e prática da argumentação persuasiva como antiga e nova rainha das ciências humanas tem vindo a corrigir essa noção enganosa. A retórica é revalorizada como ciência e arte que opera logicamente na heurística e na hermenêutica dos dados a intervir no discurso; que psicológica e eficazmente se cumpre na persuasão e mobilização dos ouvintes para a ação. No fundo, a retórica é um saber que se inspira em múltiplos saberes e se põe ao serviço de todos os saberes. É um saber interdisciplinar no sentido pleno da palavra, na medida em que se afirmou como arte de pensar e arte de comunicar o pensamento. E, como saber interdisciplinar e transdisciplinar, a retórica está presente no direito, na filosofia, na oratória, na dialética, na literatura, na hermenêutica, na crítica literária e na ciência.

A retórica é uma das artes práticas mais nobres, porque o seu exercício é uma parte essencial da mais básica de todas as funções humanas. Daí a especial atenção que Aristóteles lhe dedicou, corrigindo tendências sofísticas e codificando princípios metodológicos e técnicos que, com o evoluir da tradição, se haveriam de consagrar num cânone retórico de grande fortuna e proveito.

Na retórica aristotélica encontramos o saber como teoria, o saber como arte e o saber como ciência; um saber teórico e um saber técnico, um saber artístico e um saber científico. No trânsito da antiga para a nova retórica, ela naturalmente transformou-se de arte da comunicação persuasiva em ciência hermenêutica da interpretação. O seu duplo valor como arte e ciência, como saber e modo de comunicar o saber, faz dela também um instrumento mediante o qual podemos inventar, reinventar e solidificar a nossa própria educação. O esforço transdisciplinar que hoje em dia se faz para melhor compreender o papel da retórica e da hermenêutica na crítica do texto filosófico e literário mostra-nos que estas são duas áreas do saber intrinsecamente ligadas à essência da *práxis* humana.

O justo relevo dado por Chaïm Perelman à vertente argumentativa desta arte colocou mais uma vez a *Retórica* de Aristóteles na moda, e as traduções que dela se fazem sucedem-se em ritmo acelerado nas mais diversas línguas. Desafio a que também respondeu a Imprensa Nacional-Casa da Moeda, ao haver concretizado há poucos anos a feliz decisão de incluir obra tão representativa e atual na sua coleção "Clássicos de Filosofia" e agora lançar a sua 2.ª edição, integrada na coleção "Biblioteca de Autores Portugueses". E com toda a justiça o faz, pois não é só à causa da retórica que esta importante obra de Aristóteles serve enquanto teoria da comunicação ou argumentação persuasiva. Muitos a têm igualmente recomendado como obra filosófica de especial interesse para o estudo da hermenêutica, da *phrónesis* e da razão prática; uma obra que merece ser lida no contexto e na interação com as demais.

A *Retórica* de Aristóteles não é, como sabemos, um texto fácil. Escrita em linguagem densa e acentuadamente elíptica, esta obra torna por vezes árdua a tarefa de precisar com rigor o sentido do texto estabelecido e de o transmitir com clareza ao seu leitor. Foi esse o objetivo último dos tradutores no intento de superar as dificuldades impostas pelo próprio texto. Se o conseguiram, foram eles também os primeiros beneficiários; pois o seu trabalho resultou numa experiência extremamente compensadora, e que tanto mais o será quanto melhor vier a servir os seus leitores. Aqui reiteram eles também a sua gratidão a quantos, direta ou indiretamente, contribuíram para a sua concretização.

Lisboa, 2004.
MANUEL ALEXANDRE JÚNIOR

INTRODUÇÃO

1. Origem da retórica e formação do sistema retórico

A retórica recebeu nas últimas três décadas uma cuidada atenção da parte de um notável número de estudiosos[1]. Há uns cinquenta anos, Friedrich Solmsen publicou um artigo intitulado "The Aristotelian Tradition in Ancient Rhetoric", em que sublinhava a importância de Aristóteles para a história da retórica. Daí para cá, o interesse pela retórica antiga e a sua relevância para a sociedade moderna têm aumentado dramaticamente. George Kennedy produziu, ao longo dos anos, uma série de volumes que traçam a teoria e a prática da retórica ao longo dos séculos desde a mais remota Antiguidade[2], e de ambos os lados do Atlântico se

---

[1] Testemunham-no os 164 livros referidos por Brian Vickers na sua "Bibliography of Rhetorical Studies, 1970-1980", in *Comparative Criticism: A Yearbook*, 3, 1981, 316-22, e o interesse cada vez mais crescente pela disciplina nas décadas seguintes.

[2] *The Art of Persuasion in Greece*, Princeton, Princeton University Press, 1963; Quintilian, New York, Twayne, 1969; *The Art of Rhetoric in the Roman World*, Princeton, Princeton University Press, 1972; *Classical Rhetoric and its Christian and Secular Tradition from Ancient to Modern Times*, Chapel Hill, University of North Carolina Press, 1980; *Greek Rhetoric under Christian Emperors*, Princeton, Princeton University Press, 1983; *New Testament Interpretation through Rhetorical Criticism*, Chapel Hill, University of

respondeu com entusiasmo ao estabelecimento da International Society for the History of Rhetoric.

Sendo uma das disciplinas humanas mais antigas e mais verdadeiramente internacionais, a retórica, à semelhança da gramática, da lógica e da poética, não é uma ciência *a priori*. Como observa Edward Corbett[3], a *Retórica* de Aristóteles não é o produto da mera idealização de princípios nascidos com ele e por ele convencionados para persuadir e convencer outras pessoas. É, sim, o produto da experiência consumada de hábeis oradores, a elaboração resultante da análise das suas estratégias, a codificação de preceitos nascidos da experiência com o objetivo de ajudar outros a se exercitarem corretamente nas técnicas de persuasão.

Se a literatura é o nosso melhor veículo de acesso à cultura e à civilização gregas, o fato é que essa literatura foi em larga medida moldada pela retórica. Já em Homero os gregos se distinguiram pela facúndia, e sempre gostaram de saborear a força e a magia das suas próprias palavras. A retórica brotou da sua genial capacidade para a expressão oral e inspirou-se no doce sabor da palavra usada com fins persuasivos.

Desde Homero a Grécia é eloquente e se preocupa com a arte de bem falar. Tanto a *Ilíada* como a *Odisseia* estão repletas de conselhos, assembleias, discursos; pois falar bem era tão importante para o herói, para o rei, como combater bem[4]. Quintiliano admira sem reservas essa eloquência da Grécia heroica, reconhecendo nela a própria perfeição da oratória já a desabrochar[5]. É a oratória antes da retórica; o que naturalmente supõe uma pré-retórica, uma "retórica

....

North Carolina Press, 1984; *A New History of Classical Rhetoric*, Princeton, Princeton University Press, 1994.

[3] *Classical Rhetoric for the Modern Man*, New York, Oxford University Press, 1971, p. XI.

[4] Essas eram as duas virtudes neles mais apreciadas. Fênix, por exemplo, acompanhou Aquiles por ordem de seu pai, Peleu, para "o ensinar a falar bem e a realizar grandes feitos" (*Ilíada*, 9.443).

[5] *Institutio oratoria*, 10.1.4651.

avant la lettre" bem anterior à sua definitiva configuração como ciência do discurso oratório[6]. O mesmo se passa com os poemas elegíacos e líricos, que se nos apresentam impregnados de estruturas discursivas de inspiração retórica e intenção persuasiva. Calino dirigindo-se aos seus concidadãos e Safo a Afrodite são disso um exemplo bem significativo. Também na tragédia os discursos em forma de diálogo são complementados pelos do coro em forma de exposição. Até mesmo nos documentos históricos os discursos são um constante elemento de animação literária, especialmente em Tucídides, que ocupam uma larga percentagem da sua obra. Nos próprios tratados filosóficos, o autor socorre-se com assinalável frequência do recurso ao discurso oratório. É, porém, Péricles que estabelece a transição entre o período da eloquência espontânea e o da eloquência erudita, adulta, simultaneamente dialética e filosófica. Os únicos discursos a ele atribuídos chegaram até nós pela pena de Tucídides, que colocou na sua boca três das mais importantes peças oratórias que a sua obra contém[7], entre elas a "Oração fúnebre".

Esta tríade admirável de discursos representa bem a síntese da sua motivação política, com especial destaque para o fato de que ele via no povo o colaborador voluntário dos seus chefes e não o instrumento cego das suas ambições, e em Atenas a escola da Grécia[8]. É bem conhecida a imagem que um dia empregou, a propósito dos jovens soldados caídos na guerra: "o ano acaba de perder a sua primavera"[9].

Atenas admirara em Péricles o seu primeiro orador, pois a palavra dele exercera sobre os espíritos dos atenienses

---

[6] Vide "Sobre los orígenes de la oratoria (I)", *Minerva, Revista de Filología Clásica*, 1, 1987, 17.

[7] Tucídides, *História da Guerra do Peloponeso*, Brasília, Hucitec, 1986; 1.140-145: "Os atenienses decidem ir à guerra"; 2.35-46: "Oração fúnebre"; 2.60-64: "Defesa conciliadora de Péricles".

[8] τῆς Ἑλλάδος (2.41).

[9] Aristóteles, *Retórica*, I, 7, 1365a.

uma influência duradoura; tão duradoura como a própria independência. Pois, se antes dele Atenas realizou grandes feitos, foi sob a pressão das circunstâncias, os favores da fortuna e a sagacidade dos seus chefes[10]. Foi, porém, só com ele e por ele que a cidade tomou consciência de si mesma, do seu gênio e do seu destino.

Péricles é, por conseguinte, a ponte que liga o passado ao futuro, erguendo-se qual monumento vestido de glória sob a fronteira de dois mundos. De um lado, temos a Grécia de Homero e de Hesíodo, de Arquíloco, Safo e Alceu, de Píndaro e Ésquilo; a Grécia espontânea e poética, de que o drama trágico foi manifestação suprema. Do outro lado, temos a Grécia que atinge a sua idade de reflexão, a Grécia da prosa, da história, da eloquência política, da filosofia e da ciência. Péricles é, pois, a figura do orador que governa pela palavra uma cidade livre[11], mantendo-a firme à cabeça da Grécia.

Foi, porém, na Sicília que a retórica teve a sua origem como metalinguagem do discurso oratório. Por volta de 485 a.C., dois tiranos sicilianos, Gélon e Híeron, povoaram Siracusa e distribuíram terras pelos mercenários à custa de deportações, transferências de população e expropriações. Quando foram destronados por efeito de uma sublevação democrática, a reposição da ordem levou o povo à instauração de inúmeros processos que mobilizaram grandes júris populares e obrigaram os intervenientes a se socorrerem das suas faculdades orais de comunicação. Tal necessidade rapidamente inspirou a criação de uma arte que pudesse ser ensinada nas escolas e habilitasse os cidadãos a defenderem as suas causas e lutarem pelos seus direitos. E foi assim que surgiram os primeiros professores da que mais tarde se viria a chamar retórica.

Foi nesse decisivo momento histórico em que a democracia se impôs à tirania, precisamente no tempo em que

---

[10] Georges Perrot, *L'Éloquence politique et judiciaire à Athènes*, Paris, Hachette, 1873, pp. 44-5.

[11] *Ibidem*, pp. 45-6.

Atenas conheceu Péricles, que Córax e Tísias de Siracusa conceptualizaram e publicaram o primeiro manual de retórica[12]. Na mesma época em que a retórica desabrocha na Sicília, a arte do diálogo desenvolve-se em Eleia com os filósofos idealistas e, graças a uma habilidade prodigiosa de articular estes dois métodos, a Grécia inteira adere ao fascínio e ao deslumbramento de ver discutir e dissertar sobre qualquer tema, quer se trate de metafísica, moral, política ou qualquer outro tema que mereça a defesa, o elogio ou a censura da comunidade.

De todos os que seguiram a vertente retórica, o mais célebre, tanto pelos elogios dos seus admiradores como pelos ataques de Platão, foi Górgias. Foi com ele que este sistema de ensino penetrou na Ática. Natural da Sicília, como Córax e Tísias, Górgias reconhecia a força persuasiva da emoção e a magia da palavra expressiva e bem cuidada, vendo no orador um psicagogo, um guia de almas mediante uma espécie de encantamento. Em 427 a.C., os seus conterrâneos de Leontinos enviaram-no a Atenas à cabeça de uma embaixada, e por aí ficou como professor de dialética e retórica, como mestre de não poucos oradores e educadores de Atenas.

Com Córax e Tísias produziu-se uma retórica puramente sintagmática, uma retórica que se ocupa das partes do discurso e tem sobretudo a ver com a *dispositio*. Com Górgias valorizou-se na retórica uma nova perspectiva de natureza paradigmática, valorizaram-se o estilo e a composição que têm a ver com a *elocutio*. O seu principal contributo foi "ter submetido a prosa ao código retórico, propagando-a como discurso erudito, objeto estético, 'linguagem

....
[12] Platão, Isócrates, Aristóteles e Cícero parecem favorecer a atribuição da autoria do primeiro manual de retórica a Tísias (Cícero, *Brutus*, 46). Mas, como opina Hugo Rabe (*Prolegomenon Sylloge*, Leipzig, 1931, p. 26), nada custa a aceitar a contribuição de Córax, uma vez que este fora seu mestre e entretanto havia desenvolvido a divisão tripartida dos discursos em proêmio, ἀγών, e epílogo (G. Kennedy, *The Art of Persuasion in Greece*, Princeton, Princeton University Press, 1963, p. 59).

soberana', antepassado da 'literatura'"[13]. Em suma, abriu a prosa à retórica e a retórica à estilística.

2. Natureza e finalidade da retórica

Definir a retórica não é tarefa fácil. Pois, como se crê, nunca existiu um sistema uniforme de retórica clássica[14], embora se multipliquem os esforços de a apresentar como um sistema[15]. A retórica foi sempre uma disciplina flexível, mais preocupada com a persuasão dos ouvintes do que com a produção de formas de discurso; isto é, mais preocupada com a função retórica do que com a configuração do próprio texto[16]. Como acrescenta Kraftchick, "it is well to remember that ancient rhetoric, in its rules as well as the manifestation of those rules, was extremely fluid"[17].

Ao dissertar sobre a natureza da retórica, Quintiliano reflete sobre as várias definições desta, e deixa-nos perceber as quatro seguintes como as mais representativas das convenções retóricas clássicas[18]:

[13] Roland Barthes, "A Retórica antiga", in *Pesquisas de Retórica*, Petrópolis, Editora Vozes, 1975, p. 152.

[14] Cf. L. Thurén, *The Rhetorical Strategy of 1 Peter: With Special Regard to Ambiguous Expressions*, Abo, Abo Academis Förlag, 1990, pp. 50-1; W. Wuellner, "Rhetorical Criticism and its Theory in Culture-Critical Perspective: The Narrative Rhetoric on John 11", *in* P. J. Hartin and J. H. Petzer (eds.), *Text and Interpretation. New Approaches in the Criticism of the New Testament*, Leiden, Brill, 1991, p. 171.

[15] H. Lausberg, *Handbuch der literarischen Rhetorik* (2 vols.), München, Max Hüber, 1960; 2ª edição revista, 1973; E. P. J. Corbett, *Classical Rhetoric for the Modern Student*, New York, New York University Press, 1965; A. D. Leeman e A. C. Braet, *Klassieke rhetorika. Haar inhoud, functie en betekenis*, Gröningen, Wolters-Noordhoff/Forsten, 1987.

[16] S. J. Kraftchick, "Ethos and Pathos Appeals in Galatians Five and Six: A Rhetorical Analysis", tese de doutoramento, Emory University, Atlanta, 1985, pp. 69-94.

[17] "Why do the Rhetoricians Rage?", *in Text and Logos. The Humanistic Interpretation of the New Testament*, Atlanta, Scholars Press, 1990, p. 61.

[18] *Institutio oratoria*, 2.15.1-38.

- A definição atribuída a Córax e Tísias, Górgias e Platão: πειθοῦς δημιουργός (geradora de persuasão);
- A definição de Aristóteles: ἡ δὲ ῥητορικὴ περὶ τοῦ δοθέντος ὡς εἰπεῖν δοκεῖ δύνασθαι θεωρεῖν τὸ πιθανόν (a retórica parece ser capaz de descobrir os meios de persuasão relativos a um dado assunto);
- Uma das definições atribuídas a Hermágoras: δύναμις τοῦ εὖ λέγειν τὰ πολιτικὰ ζητήματα (a faculdade de falar bem no que concerne aos assuntos públicos);
- A definição de Quintiliano, na linha dos retóricos estoicos: *scientia bene dicendi* (a ciência de bem falar).

Num aspecto todas estas definições concordam: que a retórica e o estudo da retórica têm em vista a criação e a elaboração de discursos com fins persuasivos. Mas, embora idênticas no essencial, elas realçam quatro elementos retóricos importantes[19]: 1) o seu estatuto metodológico; 2) o seu propósito; 3) o seu objeto; e 4) o seu conteúdo ético. Em primeiro lugar, todas as definições entendem τέχνη como um corpo de conhecimento organizado num sistema ou método, com o fim de atingir um determinado objetivo prático, mas nem em todas se entende a retórica como arte/ciência (*ars*, τέχνη/*scientia*, ἐπιστήμη). Para os mestres de retórica, esta era de fato uma arte, ou mesmo uma ciência, mas para os filósofos ela não passava de uma experiência de valor didático relativo (ἐμπειρία, *usus*). Em segundo lugar, no que toca à finalidade do discurso retórico, não resulta muito clara nos autores clássicos a diferença entre o nível teórico da retórica e o nível prático da eloquência. Geralmente, quando falam da finalidade persuasiva da retórica, estão pensando na finalidade dos oradores e não na dos professores de retórica. Mas o fato é que o mestre ensina, não persuade. É só indiretamente que ele está envolvido na

---
[19] A. D. Leeman e A. C. Braet, *op. cit.*, pp. 52-7.

finalidade persuasiva do discurso[20]. Em terceiro lugar, no que concerne ao objeto da retórica, os autores clássicos têm de igual modo em mente a prática oratória e não a sua teoria. E, por isso, também aqui se dividem: enquanto uns, em termos teóricos, apenas contemplam no seu horizonte retórico os três gêneros de discurso público (judicial, deliberativo e epidítico)[21], outros admitem a aplicação das convenções retóricas a qualquer outro assunto[22]. Para eles, a retórica transforma-se assim numa superciência, pois tem por objeto a realidade total e aplica-se a qualquer texto. Em quarto lugar, põe-se a questão de a retórica ser ou não ser eticamente neutra. Platão sustenta que ela deve ser eticamente responsável e comprometida. Aristóteles defende a sua neutralidade e faz depender do orador, não do sistema retórico, o uso responsável ou não das técnicas de persuasão. Quintiliano representa com a sua definição a posição intermédia: para ele a eloquência é uma virtude, e o orador é um *uir bonus* capaz de falar bem (*dicendi peritus*), isto é, de forma eticamente aceitável[23].

Retórica é, pois, uma forma de comunicação, uma ciência que se ocupa dos princípios e das técnicas de comunicação. Não de toda a comunicação, obviamente, mas daquela que tem fins persuasivos. Não é, pois, fácil dar da retórica uma só definição. Quando dizemos que ela é a arte de falar bem e a arte de persuadir, a arte do discurso ornado e a arte do discurso eficaz, estamos simplesmente tentando estabelecer a relação entre duas maneiras de definir a retórica, de ligar o ornamento e a eficácia, o agra-

[20] Curiosamente, para Aristóteles (*Retórica*, I, 1, 1354a), o fim da retórica é a capacidade de descobrir os meios de persuasão, e não a persuasão em si; para Quintiliano, o seu fim é não só persuadir, mas também falar bem.
[21] *Vide* a definição de Hermágoras.
[22] *Vide* definições de Aristóteles e Quintiliano. Para Cícero, o orador ideal deve ser capaz de falar adequadamente sobre qualquer assunto.
[23] Cf. Jan Botha, *Subject to whose authority?*, Atlanta, Scholars Press, 1994, pp. 122-4.

dável e o útil, o fundo e a forma. Quando os antigos dizem que a retórica é a arte de bem falar, fazem-no na consciência de que para se falar bem é necessário pensar bem, e de que o pensar bem pressupõe não só ter ideias e tê-las lógica e esteticamente arrumadas, mas também ter um estilo de vida, um viver em conformidade com o que se crê. Como diz Bourdaloue, "a lei moral é a primeira e a última de todas, aquela pela qual cada uma das outras se fortifica e completa. É por isso que, com razão, os antigos faziam da virtude a condição essencial da eloquência, definindo o orador como um *uir bonus dicendi peritus*"[24]. Arte de bem dizer, arte de persuadir, arte moral, eis os elementos implícita ou explicitamente verificados em quase todas as definições de retórica.

3. Conflito entre a retórica e a filosofia

Platão é considerado o maior escritor da prosa grega, "um mestre de estrutura, caracterização e estilo"[25]. Os seus diálogos refletem uma formação retórica esmerada. Mas, para ele, a retórica verdadeira, uma retórica digna dos próprios deuses[26], é necessariamente filosófica e psicagógica, tendo sempre em vista o estabelecimento e a afirmação da verdade. Esse foi, aliás, o grande conflito travado na Antiguidade: o conflito de competência entre filósofos e retóricos. Enquanto a retórica foi vista apenas como uma doutrina técnica do discurso, entrou em declínio progressivo até que quase por completo se apagou. Mas, quando ela voltou a ser contemplada à luz da sua estrutura e da sua função fi-

---

[24] A. Profillet (trad.), *La rhétorique de Bourdaloue*, Paris, Belin, 1864, pp. 45-6. Cf. Quintiliano, *Institutio oratoria*, 12.1-2.

[25] George Kennedy, *Classical Rhetoric and its Christian and Secular Tradition from Ancient to Modern Times*, Chapel Hill, University of North Carolina Press, 1980, p. 42.

[26] Platão, *Fedro*, 273e.

losófica, deu-se o seu ressurgimento e a afirmação renovada da sua importância[27].
A forma é inseparável do fundo. Há, efetivamente, uma retórica filosófica por oposição à puramente técnica dos sofistas; uma retórica que é o resultado combinado de natureza, conhecimento e prática. Pois tanto para a descoberta da verdade pela via filosófica da dialética como para a exposição persuasiva dessa verdade pela via da retórica é necessária a mesma estrutura lógica, observa G. Kennedy no seu comentário ao *Fedro*[28]. Diz, aliás, William Grimaldi[29] que tanto Aristóteles como Platão e Isócrates entendiam a retórica e o seu estudo como a articulação íntima de matéria e forma no discurso; que, para os gregos, o estudo da retórica era um método de educação e, por conseguinte, uma atividade responsável e não a manipulação fácil da linguagem.
Para qualquer destas figuras, a retórica era uma arte e não uma técnica: a arte do λόγος. Todos eles reconheciam à retórica um fundamental papel de relevo na vida do homem e da cidade. Para todos eles a retórica era, como arte do λόγος, o instrumento que habilitava o homem a exprimir e veicular os resultados da confluência do intelecto especulativo e prático, tornando-os acessíveis a todos para uma convivência melhor e mais responsável na πόλις. Não uma mera técnica de elaboração de discursos, mas a essência do processo pelo qual o homem tenta interpretar e tornar significativo, para si e para os outros, o mundo real[30].
Na sua expressão lógica, a verdadeira retórica define-se como articulação perfeita da mensagem nascida na mente, sendo de condenar e repudiar a sua transfiguração ou falsificação sofística que, como técnica de aparência, negligencia

[27] Cf. Chaïm Perelman, *Le champ de l'argumentation*, Bruxelles, Presses Universitaires de Bruxelles, 1970, p. 221.
[28] *Classical Rhetoric*..., p. 57.
[29] "Studies in the Philosophy of Aristotle's Rhetoric", *Hermes, Zeitschrift für klassische Philologie*, 25, 1972, p. 1.
[30] William Grimaldi, *op. cit.*, p. 54.

a verdade profunda das coisas e se contenta com a adesão do auditório a meras opiniões de circunstância ou conveniência. Isto quer dizer que ao λόγος interior[31] do homem se opõe o λόγος exterior[32]; uma imitação corruptível do modelo original nascido e conservado na mente, mas discurso mesmo assim útil e necessário como único intérprete de verbalização de que o homem dispõe, desde que consentâneo com a verdade e honestamente conformado ao pensamento na interpretação e na veiculação da mensagem.

Platão está na origem desta "questão fundamental... que se põe a propósito da retórica": a da sua aparente ambiguidade[33]. A retórica que defende no *Fedro* e aquela que rejeita no *Górgias* são inteiramente diferentes. No *Górgias* trata-se de uma retórica sofística; no *Fedro*, de uma retórica filosófica.

Haverá uma retórica puramente retórica? Uma retórica que não tenha raízes na sofística nem na filosofia? Essa possibilidade, fundada na ambiguidade da retórica, é estudada por Barbara Cassin[34] mediante a análise das obras de Platão, Aristóteles e Perelman. Mais pragmático do que Platão, Aristóteles contempla a retórica numa perspectiva diferente, mas não se distancia da visão retórica do *Fedro*. Segundo Leonardo Spengel[35], "o *locus classicus* relativo à retórica de Aristóteles é inscrever a retórica na continuidade do *Fedro*". Mas há uma outra linha de força bem mais evidente na concepção aristotélica da retórica: a retórica é sem dúvida uma τέχνη, uma δύναμις e mesmo uma ἐπιστήμη,

---

[31] λόγος ἐνδιάθετος.

[32] λόγος προφορικός.

[33] Barbara Cassin, "Bonnes et mauvaises rhétoriques: de Platon à Perelman", in *Figures et conflits rhétoriques*, édité par Michel Meyer et Alain Lempereur, Bruxelles, Édition de l'Université de Bruxelles, 1990, p. 17.

[34] *Op. cit.*, pp. 17-37.

[35] *Über die Rhetorik des Aristoteles*, Munich, 1852. Cf. Antje Hellwig, *Untersuchungen zur Theorie der Rhetorik bei Platon und Aristoteles*, Götingen, 1975, pp. 19 ss.

pois é conhecimento que de modo algum se deve confundir com a sofística ou a filosofia. "Em termos aristotélicos, não é difícil explicar por que a retórica é análoga no campo argumentativo à dialética no campo demonstrativo."[36] Como antístrofe da dialética, a retórica aristotélica nada mais é do que a antístrofe[37] da retórica filosófica do *Fedro*. Só assim se compreende como a definição que ele dá da retórica intervém na determinação do seu ἔργον: "é claro que a sua função não é persuadir, mas é ver os meios de persuasão de que dispomos para cada caso"[38]. Por conseguinte, não há duas retóricas: uma sofística e outra filosófica; uma de fato e outra de direito. O que poderá haver é um uso correto ou incorreto das suas convenções. A retórica pode sair dos seus limites de competência, mas não deixa de ser retórica[39]. E nisso se distingue o bom do mau orador.

Ora, esta mudança de sentido entre o valor da retórica em Platão e o valor da retórica em Aristóteles foi de algum modo assumida por C. Perelman. Simplesmente, ao reescrever Aristóteles[40] ele abre caminho a uma nova retórica, fundindo por assim dizer a *Retórica* e os *Tópicos*. A um "tudo é filosófico" de Platão, Perelman contrapõe um "tudo é retórico", e insere a verbalização do próprio discurso filosófico no campo da retórica[41].

Atualmente, em resultado de uma longa evolução, a retórica apresenta-se dividida em dois ramos: uma retórica da elocução, o estudo da produção literária; e uma retórica da argumentação, o estudo da palavra eficaz ou produção persuasiva. Estas duas retóricas intitulam-se "no-

---

[36] Barbara Cassin, *op. cit.*, p. 27.

[37] *Loc. cit.*

[38] *Retórica*, I, 1, 1355b. Para Aristóteles, a função da retórica não é, pois, persuadir, como no *Górgias* e no *Fedro*, mas sim ver, teorizar sobre o modo de persuadir.

[39] Barbara Cassin, *op. cit.*, pp. 27-8.

[40] "Logique et Rhétorique", Rhétoriques, Bruxelles, Éditions de l'Université de Bruxelles, 1989, p. 71.

[41] Barbara Cassin, *op. cit.*, p. 31.

vas retóricas": tanto a que se passou a divulgar com Chaïm Perelman, a partir da década de 1950, uma *Nova Retórica* ou teoria da argumentação inspirada na essência da retórica de Aristóteles[42]; como a assinalada por Paul Ricoeur no quinto estudo da sua *Métaphore vive*, "La métaphore et la nouvelle rhétorique", não só ignorando a empresa perelmaniana como também apenas se referindo à retórica literária[43]. Esta ignorância recíproca tem aliás a ver com a fratura original atrás referida. A definição aristotélica da retórica entra bem cedo em concorrência com a de Crisipo, Cleantes e os estoicos, que contemplam a retórica como *ars bene dicendi* e assim promovem a tendência para o privilégio da componente estético-estilística, em detrimento da eficácia argumentativa. A retórica literariza-se e a dimensão argumentativa da persuasão é negligenciada. O que os primeiros retóricos clássicos entendiam como uma das suas partes – a *elocutio* – veio com o tempo a assumir-se como a essência da própria retórica[44].

Paul Ricoeur sublinha o fenômeno nos seguintes termos: "a retórica de Aristóteles cobre três campos: uma teoria da argumentação, que constitui o eixo principal e fornece ao

[42] Chaïm Perelman e L. Olbrechts-Tyteca, *La Nouvelle Rhétorique: Traité de l'Argumentation*, Paris, Presses Universitaires de France, 1958.

[43] Paul Ricoeur, "La métaphore et la nouvelle rhétorique", in *La métaphore vive*, Paris, Seuil, 1975, pp. 173-219.

[44] Como justamente observa Antonio García Berrio: "A lo largo de su historia de colaboración como disciplinas complementarias del discurso, la Retórica, ciencia de la *expresividad* verbal y la Poética, ciencia de la *poeticidad* expresivo-imaginaria, han actuado sobre un entendimiento cambiante y desigual de la naturaleza del linguage comunicativo estándar y del discurso literario y poético. La retorización de la poética clásica fue posible por la confusión imperante en la cultura greco-latina sobre la naturaleza del linguage artístico [...] Podemos decir en síntesis, que si, a efectos del recorte de su contenido a la sola *elocutio*, se ha ablado de un proceso de poderosa poetización de la Retórica, la tendencia inversa de retorización de la Poética y de la Literatura es una realidad de alcance indiscutible" (*Teoría de la Literatura*, Madrid, Cátedra, 1989, pp. 22-3; 160).

mesmo tempo o nó da sua articulação com a lógica demonstrativa e com a filosofia (esta teoria da argumentação cobre só ela dois terços do tratado) – uma teoria da elocução –, e uma teoria da composição do discurso. O que os últimos tratados de retórica nos oferecem é, segundo a feliz expressão de G. Gennete, uma 'retórica restrita'[45], restrita primeiro à teoria da elocução, depois à teoria dos tropos... Uma das causas da morte da retórica está aí: ao reduzir-se a uma das suas partes, a retórica perdeu ao mesmo tempo o *nexus* que a ligava à filosofia mediante a dialética; e, perdido este nexo, a retórica transformou-se em disciplina errática e fútil. A retórica morreu logo que o gosto de classificar as figuras suplantou por completo o sentido filosófico que animava o vasto império retórico, mantinha unidas as suas partes e ligava o todo ao órganon e à filosofia primeira"[46].

Gérard Genette relaciona as origens modernas da chamada "redução tropológica" com os tratados retóricos de Dumarsais e Fontanier nos séculos XVIII e XIX. A retórica passa assim a ser essencialmente uma arte da expressão, ou melhor, uma arte da expressão literária convencionada. Na França, como na Itália e na Alemanha, a retórica em pouco mais se transformou do que em uma teoria da prosa literária. E, se na Inglaterra a velha tradição retórica conseguiu resistir, foi graças à importância da psicologia no empirismo de Bacon, Locke e Hume, e à influência da filosofia escocesa do bom-senso, observa Perelman[47].

E acrescenta: "Ao lado da retórica, fundada sobre a tríade 'retórica-prova-persuasão', Ricoeur lembra-nos que Aristóteles elaborou uma poética, que não é técnica de ação mas técnica de criação, a qual corresponde à tríade '*poíesis-mímesis-kátharsis*'. Ora Aristóteles ocupa-se da metáfora

....

[45] Gérard Genette, "Rhétorique restreinte", *Communications*, 16, Paris, Seuil, 1970.

[46] *La métaphore vive*, Paris, Seuil, 1975, pp. 13-4.

[47] Chaïm Perelman, *The New Rhetoric and the Humanities. Essays on Rhetoric and its Applications*, London, Reidel, 1979, pp. 3-4.

nos dois tratados, mostrando que a mesma figura pertence aos dois domínios, ora exercendo uma ação retórica, ora desempenhando um papel na criação poética."[48] Pois, como a seguir sustenta, as figuras deixam de ser meras figuras ornamentais e passam a ser usadas como figuras argumentativas, sempre que integradas numa retórica concebida como arte de persuadir e convencer. Caso contrário, elas transformam-se em meros ornamentos que apenas respeitam à forma do discurso, perdendo com isso a sua função dinâmica.

4. A *Retórica* de Aristóteles

Aristóteles escreveu dois tratados distintos sobre a elaboração do discurso. A sua *Retórica* ocupa-se da arte da comunicação, do discurso feito em público com fins persuasivos. A *Poética* ocupa-se da arte da evocação imaginária, do discurso feito com fins essencialmente poéticos e literários. O que define a retórica aristotélica é precisamente a oposição entre estas duas τέχναι autônomas, entre estes dois sistemas tão claramente demarcados, um retórico e outro poético. Os que, a partir dele, reconhecem e aceitam tal oposição enquadram-se na retórica aristotélica. Os que sustentam a fusão da retórica com a poética, e consequentemente aceitam a transformação da retórica numa arte poética de criação literária mediante a literaturização da própria retórica, enquadram-se no movimento que, com a Segunda Sofística, se viria a designar neorretórica.

A crítica que Aristóteles fez aos teorizadores de retórica que o precederam parece-nos ter assentado nas seguintes razões: na de eles terem centrado a sua atenção no discurso judicial, em prejuízo dos demais gêneros; na de terem dado especial atenção ao estímulo das emoções, com negligência

---
[48] Chaïm Perelman, *L'empire rhétorique. Rhétorique et argumentation*, Paris, Vrin, 1977, p. 13.

evidente do uso da argumentação lógica; e na da excessiva importância dada à estrutura formal do discurso[49].

A grande inovação de Aristóteles foi o lugar dado ao argumento lógico como elemento central na arte de persuasão. A sua *Retórica* é sobretudo uma retórica da prova, do raciocínio, do silogismo retórico; isto é, uma teoria da argumentação persuasiva. E uma das suas maiores qualidades reside no fato de ela ser uma técnica aplicável a qualquer assunto. Pois proporciona simultaneamente um método de trabalho e um sistema crítico de análise, utilizáveis não só na construção de um discurso, mas também na interpretação de qualquer forma de discurso[50].

A *Retórica* de Aristóteles parece ter resultado de três momentos distintos da sua vida. O livro 1.5-15 e partes do livro 3 foram aparentemente escritos por volta de 350 a.C., quando ainda era membro da Academia e aí ensinava retórica. Entre 342 a.C. e 335 a.C., durante a sua estada na Macedônia, terá escrito a sua parte mais substancial. A conclusão e os retoques finais desta poderão ter sido realizados após o regresso do estagirita a Atenas em 335 a.C. e a consequente abertura da sua própria escola[51]. A *Retórica* dá, efetivamente, sinais de se haver dirigido a diferentes audiências, refletindo talvez diferentes contextos e momentos diversos do seu ensino. É por isso que algumas partes parecem ter sido dirigidas primariamente a estudantes de filosofia e outras não.

Entre os princípios que caracterizam o seu esquema retórico relevam-se os seguintes:

1) A distinção de duas categorias formais de persuasão: provas técnicas e não técnicas;
2) A identificação de três meios de prova, modos de ape-

---

[49] *Vide* George Kennedy, *Aristotle on Rhetoric: A Theory of Civic Discourse*, New York/Oxford, Oxford University Press, 1991, p. 9.

[50] *Ibidem*, p. 309.

[51] Cf. George Kennedy, *Aristotle on Rhetoric*, pp. 5-7.

lo ou formas de persuasão: a lógica do assunto, o caráter do orador e a emoção dos ouvintes;
3) A distinção de três espécies de retórica: judicial, deliberativa e epidítica;
4) A formalização de duas categorias de argumentos retóricos: o entimema, como prova dedutiva; o exemplo, usado na argumentação indutiva como forma de argumentação secundária;
5) A concepção e o uso de várias categorias de tópicos na construção dos argumentos: tópicos especificamente relacionados com cada gênero de discurso; tópicos geralmente aplicáveis a todos os gêneros; e tópicos que proporcionam estratégias de argumentação, igualmente comuns a todos os gêneros de discurso;
6) A concepção de normas básicas de estilo e composição, especialmente sobre a necessidade de clareza, a compreensão do efeito de diferentes tipos de linguagem e estrutura formal, e a explicitação do papel da metáfora;
7) A classificação e ordenação das várias partes do discurso.

5. Plano e conteúdo da *Retórica*

LIVRO I – PROVAS OU MEIOS DE PERSUASÃO:
PROVA LÓGICA

1.1-3 – RETÓRICA, DIALÉTICA E SOFÍSTICA

1.1 – Definição

A verdadeira retórica é uma forma de argumentação comparável à dialética[52]. Ao refletir sobre a natureza da arte,

---
[52] Ἀντίστροφος é um termo tomado de empréstimo do movimento de um coro na execução das odes corais: a estrofe denota seu movimento numa

e ao apresentar a retórica como arte genuína, Aristóteles está aqui afirmando a sua racionalidade como forma de conhecimento prático e a identificando com a dialética[53].

Os manuais existentes: negligenciam a argumentação lógica e ocupam-se apenas da oratória judicial, quando a deliberativa lhe é superior. O estudante de retórica precisa sobretudo compreender o uso do entimema como instrumento fundamental da arte retórica. Trata-se de um silogismo retórico, em tudo idêntico ao dialético como σῶμα τῆς πίστεως.

Utilidade da retórica: a retórica é útil, pois sem ela a verdade pode ser derrotada num debate. Ela nos permite debater ambos os lados de uma questão.

Natureza das provas: ao contrário da retórica dos sofistas, a verdadeira arte retórica funda-se em provas (πίστεως), entendendo-se por prova uma espécie de demonstração (ἀπόδειξις τις), ou seja, um raciocínio através de entimemas.

Os dois modos de prova: um, não técnico ou artístico, porque não inventado pelo orador, socorre-se da evidência de testemunhos ou contratos escritos (as ἄτεχνοι πίστεις); o outro, técnico ou artístico, porque se socorre de meios de persuasão criados pelo orador (as ἔντεχνοι πίστεις).

1.2 – Os três meios de persuasão

Os meios artísticos de persuasão são três: os derivados do caráter do orador (ἦθος); os derivados da emoção despertada pelo orador nos ouvintes (πάθος); e os derivados de argumentos verdadeiros ou prováveis (λόγος). São estes três elementos de prova que juntamente contribuem para o raciocínio entimemático.

....
direção; a antístrofe, seu contramovimento. Significa a repetição do mesmo padrão métrico da estrofe por diferentes palavras.

[53] *Vide Ethica Nicomachea*, VI, 3, 1140a21.

As formas dos argumentos: os argumentos lógicos tomam uma de duas formas: o entimema e o exemplo. É por meio deles que Aristóteles introduz a teoria da lógica na sua teoria retórica.

Elementos de que derivam a matéria e a forma dos entimemas: probabilidades e sinais. As probabilidades são premissas geralmente aceitas, fundadas na experiência e no consenso. Os sinais são geralmente de dois tipos: uns apontam para uma conclusão necessária; outros são refutáveis.

A matéria e a forma dos entimemas: os tópicos. Sendo os entimemas os veículos por excelência da argumentação retórica, as suas premissas são materialmente constituídas por tópicos: os tópicos específicos, aplicáveis a cada um dos gêneros particulares de discurso (judicial: justo/injusto; deliberativo: útil/inútil; epidíctico: belo/feio); e os tópicos comuns, aplicáveis indistintamente a qualquer um dos três gêneros (possível/impossível; real/irreal; mais/menos).

1.3 – As três espécies de retórica, ou gêneros de discurso

Judicial ou forense, deliberativo ou político e demonstrativo ou epidíctico. A situação do discurso consiste num orador, num discurso e num auditório. O auditório, ou é juiz (no tribunal), ou espectador (no conselho ou na assembleia). Os discursos deliberativos ou são exortações ou dissuasões e visam mostrar a vantagem ou desvantagem de uma determinada ação. Os discursos judiciais ou são acusações ou defesas sobre coisas feitas no passado e visam mostrar a justiça ou injustiça do que foi feito. Os discursos epidícticos louvam ou censuram algo, visando mostrar a virtude ou defeito de uma pessoa ou coisa.

1.4-15 – AS ESPÉCIES DE RETÓRICA E RESPECTIVOS TÓPICOS

1.4-8 – Retórica deliberativa

1.4 – Os cinco temas mais importantes de deliberação: finanças, guerra e paz, defesa nacional, importações e exportações, e legislação. Seguem-se os tópicos úteis a cada um destes temas.

1.5-6 – Tópicos éticos: definição de felicidade, como objetivo último de toda ação humana; descrição dos fatores que para ela contribuem, ou seja, o bom nascimento, muitas e boas amizades, bons filhos, idade avançada, virtudes físicas, reputação, honra e virtude; explicação de cada um destes tópicos e valorização do tópico do bom.

1.7 – Tópico do mais/menos aplicado à comparação de bens: retomando um tópico comum a todas as espécies de retórica, Aristóteles considera agora a sua aplicação específica à oratória deliberativa. O orador precisa mostrar que uma coisa é mais ou menos importante, mais ou menos vantajosa, da mesma maneira que precisará mostrar que ela é possível ou impossível.

1.8 – Tópicos sobre constituições políticas: os relativos aos quatro regimes, democrático, oligárquico, aristocrático e monárquico.

1.9 – Retórica epidíctica

Tópicos que convêm à retórica epidíctica: tudo o que tem a ver com a nobreza e a virtude. Discutem-se as virtudes e o conceito do belo, do nobre, do honesto e seus contrários. Sugerem-se os respectivos tópicos. A vertente estética da retórica epidíctica é evidenciada pela especial atenção dada ao tópico da amplificação nos discursos demonstrativos.

1.10-15 – Retórica judicial ou forense

1.10 – Tópicos sobre delitos ou transgressão consciente das leis: as sete causas do delito e respectivos tópicos, tanto no que concerne à acusação como à defesa.

1.11 – Tópicos sobre prazer: a natureza do prazer; catálogo de prazeres (quinze tipos de prazer) e respectivos tópicos.

1.12 – Tópicos sobre agentes e vítimas de injustiça: depois de referir o tópico de possibilidade/impossibilidade como relevante para este assunto, Aristóteles avança com uma lista de fatores ponderados pelo criminoso, razões para o crime e tipos de crimes.

1.13 – Tópicos sobre justiça e injustiça: discutem-se os dois tipos de lei, particular e geral, a lei escrita e não escrita, a lei natural; definem-se e classificam-se os crimes; reflete-se sobre a justiça e a equidade.

1.14 – Graus de injustiça: lista de tópicos sobre como argumentar que algo é um mal maior. Quanto mais premeditado e brutal é o crime, maior e mais grave ele é.

1.15 – Meios inartísticos ou não técnicos de persuasão: Aristóteles considera cinco os elementos de argumentação legal que já estão naturalmente presentes nas circunstâncias, e não são retoricamente criados pelo orador: leis, testemunhos, contratos, tortura e juramentos.

LIVRO II – PROVAS OU MEIOS DE PERSUASÃO:
EMOÇÃO E CARÁTER

2.1-11 – EMOÇÃO

2.1 – O papel da emoção e o caráter

Aristóteles mostra como os elementos de argumentação psicológica também se podem usar como parte integrante da argumentação entimemática. O sofista estimula as emoções para desviar os ouvintes da deliberação racional. O orador aristotélico controla as paixões pelo raciocínio que desenvolve com os seus ouvintes[54].

2.2-11 – Como estimular emoção no auditório

Raciocínio com as emoções.

2.2-3 – *Ira e calma:* a ira como emoção paradigmática; a ira e a calma definidas e analisadas, com o fim de proporcionar material a partir do qual se poderão construir argumentos entimemáticos. Aristóteles define e classifica cada emoção, considerando a razão ou causa de cada uma delas e o estado de espírito da pessoa que as experimenta.

2.4 – *Amizade e inimizade*
2.5 – *Temor e confiança*
2.6 – *Vergonha e desvergonha*
2.7 – *Amabilidade e indelicadeza*
2.8-9 – *Piedade e indignação*
2.10-11 – *Inveja e emulação*

2.12-17 – CARÁTER

Como adaptar o caráter do orador à emoção dos ouvintes.

2.12-14 – Caráter e idade

2.12 – *O caráter do jovem*
2.13 – *O caráter do idoso*
2.14 – *O caráter dos que estão no auge da vida*

---

[54] *Vide* Larry Arnhart, *Aristotle on Political Reasoning. A Commentary on the "Rhetoric"*, DeKalb, Northern Illinois University Press, 1981, p. 112.

2.15-17 – Caráter e fortuna

2.15 – O caráter dos nobres
2.16 – O caráter dos ricos
2.17 – O caráter dos poderosos

2.18-26 – ESTRUTURA LÓGICA DO RACIOCÍNIO RETÓRICO

Regresso ao estudo das formas de argumentação lógica. Até aqui, ocupou-se da matéria ou das fontes do raciocínio entimemático. A partir daqui, ocupa-se das estruturas formais de inferência, dos tópicos como estratégias lógicas de argumentação.

2.18-19 – Função dos tópicos comuns a todas as espécies de retórica

Retorno ao tema destes tópicos e resumo final: catálogo de quinze tópicos do possível/impossível, e referência aos do fato passado/futuro, e do mais/menos importante.

2.20 – Argumento pelo exemplo

Síntese do tema de argumentação paradigmática e referência a exemplos históricos ou simplesmente criados. Incluem-se, neste caso, parábolas, comparações e fábulas. Os exemplos podem ser usados como evidência, e como epílogo para os entimemas.

2.21 – O uso de máximas na argumentação

A máxima corresponde a uma das premissas ou à conclusão de um entimema. Uma razão de apoio é por vezes expressa, e assim se transforma em entimema. As máximas são de quatro tipos: as que correspondem à opinião geral são simples; as que não correspondem à opinião geral precisam de epílogo ou prova demonstrativa suplementar; as que com epílogo são entimemas imperfeitos; e as que com ele têm conteúdo entimemático, mas não a forma.

2.22-25 – O uso de entimemas

Estes capítulos resumem a discussão dos entimemas em 1.1-2, expandindo a informação aí dada. Faz-se referência a uma lista de vinte e oito lugares-comuns devidamente ilustrados; tópicos que igualmente podem ser usados em qualquer um dos três gêneros do discurso oratório. Apresentam-se classificados em quatro grupos distintos: antecedente/consequente, causa/efeito, mais/menos, qualquer outra forma de relação. Todos eles supõem uma forma de inferência que se move de uma coisa para outra: se isto, então aquilo. A partir do conhecido, tira-se uma conclusão que se aplica ao que é desconhecido[55]. Descrevem-se, enfim, nove tópicos de entimemas aparentes ou falaciosos e discute-se o modo de refutação de entimemas.

2.26 – Conclusão dos dois primeiros livros

LIVRO III – ESTILO E COMPOSIÇÃO DO DISCURSO

Depois de um breve resumo dos dois primeiros livros e de algumas observações sobre a pronunciação do discurso (ὑπόκρισις), Aristóteles disserta sobre a λέξις e a τάξις.

---

[55] Larry Arnhart, *op. cit.*, p. 148.

3.1 – Introdução. Sumário dos livros 1 e 2

Referência à pronunciação do discurso e às origens da prosa artística. A pronunciação ocupa-se dos cuidados a ter com o movimento, a expressão e a modulação da voz em função das seguintes qualidades: volume, altura e ritmo. O estilo é necessário, mas deve funcionar mais como auxiliar de argumentação do que como simples técnica de ornamentação. O mesmo se passa com a disposição dos argumentos.

3.2 – Qualidades da expressão. A clareza

Define-se a principal virtude do estilo em prosa: a clareza. Afirma-se a necessidade de a expressão se adequar ao assunto.

3.3 – A frivolidade do estilo

Resulta da violação dos princípios de clareza e propriedade; normalmente provocada pelo uso inadequado de: palavras compostas, palavras estranhas e obsoletas, epítetos longos e numerosos, metáforas fora do contexto.

3.4 – O uso de símiles

O símile é tratado neste capítulo como uma forma expandida de metáfora.

3.5 – A correção gramatical

Referem-se cinco normas que visam a correção da linguagem e do estilo: emprego correto das partículas, rigor no uso das palavras, omissão de termos ambíguos, uso correto do gênero, uso correto do número. Todas estas normas visam a clareza da linguagem, a reta observância das regras gramaticais e das convenções da língua.

3.6 – A solenidade da expressão

Entre as técnicas de amplificação, Aristóteles refere: o uso de uma definição em vez de uma palavra, o recurso a metáforas e epítetos, o uso do plural pelo singular, o uso do artigo, o recurso a estruturas conjuncionais em vez da frase concreta, a descrição.

3.7 – Adequação da expressão ao assunto

O estilo é apropriado se é patético, ético e proporcionado.

3.8-9 – O ritmo e o estilo periódico

3.8 – *O ritmo:* a prosa retórica deve ser rítmica sem ser métrica. O discurso rítmico é mais agradável porque organiza as palavras de acordo com uma estrutura. Cada gênero literário tem o seu ritmo próprio.

3.9 – *A construção da frase; o estilo periódico:* período é, segundo Aristóteles, um todo estruturado, uma frase com princípio e fim em si mesmos e com uma extensão facilmente adaptável à capacidade respiratória; uma frase cujas partes se inter-relacionam para tornar o discurso mais inteligível e mais agradável ao ouvido; um todo estruturado em que a tensão gerada no princípio se resolve no fim. O estilo periódico é mais eficaz quando se estrutura antiteticamente.

3.10-11 – A metáfora e a elegância retórica

Aristóteles refere na *Poética* quatro tipos de metáfora[56], mas aqui considera apenas a metáfora por analogia. E um dos exemplos de metáfora por analogia que usa é o da observação de Péricles: que a falta da juventude que pereceu na guerra foi tão sentida na cidade como no ano seria sentido o fato de este haver perdido a sua primavera. Em outras palavras, a juventude é para a vida o que a primavera é para o ano. Aristóteles parece mesmo sugerir que o movimento metafórico do conhecido para o desconhecido por meio de uma semelhança entre os dois é a estrutura que subjaz a todo o raciocínio humano[57]. Chama, aliás, a atenção para a correlação entre o raciocínio metafórico e o silogístico ao notar que as regras fundamentais para o uso retórico das metáforas são as mesmas que para o uso dos entimemas: esse movimento do conhecido para o desconhecido, do familiar para o menos familiar.

3.12 – A expressão adequada a cada gênero

Aristóteles não faz aqui distinção explícita entre os diferentes tipos de estilo (*genera dicendi*), mas já os pressupõe. Faz distinção entre o estilo de composições escritas e o estilo oratório. Ao discurso demonstrativo convém o estilo elevado, mais literariamente trabalhado. Ao discurso judicial convém o estilo médio, exato. Ao discurso deliberativo convém o estilo oral natural e espontâneo.

---

[56] Na *Poética*, 21, 1457b7-8, Aristóteles diz que usar uma metáfora é dar a uma coisa o nome que pertence a outra, podendo operar-se a transferência do gênero para a espécie, da espécie para o gênero, da espécie para a espécie, ou por analogia.

[57] Cf. Larry Arnhart, *op. cit.*, pp. 174-5.

3.13-19 – As partes do discurso

3.13 – As duas partes necessárias: Aristóteles reconhece que, em alguns casos, o discurso pode ter de se dividir em quatro partes: proêmio, narração, prova e epílogo. Mas as duas verdadeiramente necessárias são a narração e a prova.

3.14 – O proêmio: a função do proêmio é tornar clara a finalidade do discurso. Tem por função tornar claro esse objetivo, preparando os ouvintes para a narração e a prova.

3.15 – Tópicos de refutação: ocupando-se ainda das questões relacionadas com o proêmio, Aristóteles avança com uma lista de onze tipos de argumentos para remover do auditório atitudes desfavoráveis ao orador. Matéria que, em larga medida, foi posteriormente absorvida pela teoria da στάσις[58].

3.16 – A narração: à semelhança do que fizera com o proêmio, Aristóteles aprecia a narração e suas qualidades enquanto aplicável aos três gêneros de discurso.

3.17 – A prova e a demonstração: a prova é aqui tratada como parte fundamental do discurso oratório. Discute-se o seu uso no plano da oratória judicial, epidíctica e deliberativa, com a sugestão de tópicos para cada um desses gêneros. Comentam-se também as várias maneiras de apresentar o caráter do orador e estimular as emoções dos ouvintes.

3.18 – A interrogação: discute-se o uso da interrogação na confrontação do orador com o adversário em tribunal. Acentua-se a conveniência de brevidade tanto na interrogação como na afirmação dos entimemas.

3.19 – O epílogo: a conclusão visa dispor favoravelmente os ouvintes em relação ao orador e desfavoravelmente

---

[58] Técnica de determinação do assunto em causa e do estado da questão apresentada. Tema que foi pela primeira vez sistematizado por Hermágoras de Temnos, no século II a.C., e veio a inspirar a teoria da *inuentio* tanto na *Rhetorica ad Herennium* como nos escritos de Cícero e de Quintiliano (cf. George Kennedy, *Aristotle on Rhetoric*, pp. 265-6).

em relação ao adversário. Visa também a amplificação do assunto e o despertar da memória dos ouvintes para os argumentos fundamentais.

6. A retórica peripatética

O desaparecimento da maior parte da literatura antiga impede-nos de fazer uma avaliação justa e completa do impacto que a *Retórica* de Aristóteles teve na tradição posterior.

Uma coisa, porém, sabemos: que, como observa Roland Barthes, "todos os elementos didáticos que alimentam os manuais clássicos vêm de Aristóteles"[59].

A obra de Aristóteles é fundamental para a consolidação histórica da retórica, não só porque define e aclara a sua função, mas também porque estabelece as categorias indispensáveis à constituição do sistema retórico. Os tratados retóricos posteriores irão complementar e aperfeiçoar aspectos concretos do esquema de base adotado, assumindo-o como um marco teórico basicamente indestrutível e permanecendo fiéis à sua essência[60]. O esquema simples e prático que Aristóteles desenvolveu acabou assim por se tornar embrionariamente um modelo para os mais ambiciosos e complexos manuais de retórica que foram surgindo ao longo do período helenístico e da época imperial.

Foi sem dúvida a Aristóteles que Cícero e Quintiliano deveram a sua inspiração retórica. Mas foi sobretudo com o pragmatismo destes que complementarmente se produziu uma sistematização retórica ainda mais coerente e sólida. Em meados do século II a.C., os retóricos gregos começaram a fundar escolas de retórica em Roma, lançando com elas os fundamentos de uma fecundante tradição retórica

---

[59] *Op. cit.*, p. 155.

[60] As diferentes contribuições que se sucedem, especialmente a de Hermágoras de Temnos, no século II a.C., sobre os estados de causa, e a de Demétrio de Faleros *Sobre o estilo*, são exemplo disso.

latina. O tratado mais antigo em latim que dessa experiência resultou foi a *Rhetorica ad Herennium*, obra anônima de 84/83 a.C., ora atribuída a Cícero, ora a Cornifício[61]. Oferece-nos uma sistematização exaustiva do fenômeno retórico, pouco se distanciando do paradigma aristotélico, mas proporcionando-nos, por acréscimo, uma síntese dos fenômenos que marcaram a experiência oratória helenística, com uma mais clara incidência nas teorias da στάσις e da elocução.

Se, com Aristóteles, se consolidaram os fundamentos da teoria retórica, com os seus discípulos e continuadores desenvolveu-se, aprofundou-se o estudo dessa teoria, e dilatou-se o âmbito da sua aplicação. Sendo o período helenístico conhecido como um tempo de cuidada expansão e sistematização do conhecimento humano, não é pois de admirar que o elevado valor atribuído à educação e o vínculo desta à retórica viessem a encorajar ainda mais o desenvolvimento das convenções retóricas como importante ramo do saber. A atenção dada, quase até a exaustão, a todos os passos do sistema retórico é uma das suas grandes contribuições neste período. É o caso das inovadoras teorias da *thésis/hypóthesis* e das *stásis* no âmbito da *inuentio*, o da especial atenção dada às técnicas de estilo e composição no âmbito da *elocutio*, e o dos mais diversos exercícios de retórica no âmbito da *dispositio*.

Dos muitos escritos sobre teoria retórica produzidos nesses trezentos anos, à exceção do tratado de Demétrio *Sobre o estilo*, pouco mais nos resta do que citações fragmentárias, paráfrases e comentários obtidos a partir da obra de autores romanos e gregos do fim desse período ou época imperial que se seguiu. O desaparecimento desse riquíssimo filão literário impede-nos de fazer uma avaliação exaustiva do impacto que a *Retórica* de Aristóteles teve na tradição posterior, e do contributo avançado pelos seus continua-

---

[61] *Vide* Guy Achard, *Rhétorique à Herennius*, intr. e trad., Paris, Les Belles Lettres, 1989, pp. V-XIV.

dores na consolidação do sistema. Permite-nos, contudo, sentir que a obra resultante permanece fiel à essência do modelo aristotélico.

Não obstante a gradual adaptação e modificação a que esse modelo foi sendo sujeito, a *Retórica* de Aristóteles assume-se, de fato, como um marco teórico basicamente indestrutível. Mas esse esquema simples e prático de aplicação da lógica à retórica recebeu na época um tratamento de expansão quase tão completo como o que a tradição retórica latina reflete e perpetua.

Tal fenômeno deve-se, em parte, à tendencial aproximação dos sistemas aristotélico e isocrático, representando o primeiro a corrente da retórica filosófica e o segundo a da retórica técnica e sofística[62]. Fenômeno de que dão testemunho tanto o *De inuentione* de Cícero[63] como o autor da *Rhetorica ad Herennium*[64]. Pois se, por um lado, assinalam os principais traços de evolução da teoria retórica, ou seja, o aumento das partes do sistema de três para cinco[65], o aumento das partes do discurso de quatro para seis[66], a expansão lógica dos próprios esquemas de argumentação e a descrição de centenas de figuras, por outro relevam o ca-

---

[62] Cf. Cícero, *De inuentione*, 2.8. A tradição sofística é por vezes referida como isocrática, não obstante Isócrates se ter demarcado dos demais sofistas no seu tratado *Contra os sofistas*; tratado em que ataca outros sistemas de educação e faz doutrina sobre os princípios e métodos da sua escola.

[63] *De inuentione*, 1.16; 2.8. Como oportunamente observa Albrecht Diehl, "Cicero introduced to Rome what was then the most up-to-date system of philosophical rhetoric, as taught by the academicians Philo and Antiochus" (*A History of Greek Literature: From Homer to the Hellenistic Period*, London and New York, Routledge, 1994, p. 285).

[64] Escrita por um contemporâneo de Cícero, esta obra reflete substancialmente a doutrina de fontes gregas anteriores e, segundo Guy Achard, "apparaît bien comme une synthèse entre la tradition aristotélecienne et la tradition isocratéenne".

[65] Pelo acréscimo da *actio* e da *memoria*.

[66] Pelo acréscimo da *propositio* ou *diuisio*, e da *refutatio*, *confutatio* ou *reprehensio*.

ráter escolar dessa mesma teoria[67], não só valorizando nos seus currículos as técnicas de imitação literária, mas também implementando a prática de exercícios de composição sobre os mais diversos temas. Hermágoras distingue-se, entre os muitos profissionais de retórica do seu tempo[68], por ter dado à teoria da *inuentio* a forma elaborada e sistemática que os retóricos latinos consagraram, e em especial por ter sido o primeiro a desenvolver a doutrina da *stásis*[69]. Distingue-se também pelo fato de haver atraído do campo da filosofia para a retórica o tratamento das questões gerais. Entre as modificações que Hermágoras imprimiu ao sistema aristotélico, contam-se não só o tratamento das questões relativas à ordem dos argumentos e ao estilo num único capítulo a que deu o nome de οἰκονομία[70], mas também a divisão das questões políticas[71] em duas classes: θέσεις e ὑποθέσεις[72]. Foi ele, aliás, o primeiro retor a estender formalmente as teses ao campo retórico da argumentação e a fazer especial doutrina sobre o assunto[73]. Foi ele

[67] *Rhetorica ad Herennium*, 1.1.

[68] "The first distinguished professional teacher of rhetoric after Isocrates was Hermagoras of Temnos, who lived about the middle of the second century B. C." (George Kennedy, *The Art of Persuasion in Greece*, Princeton, N. J., Princeton University Press, 1974, p. 303).

[69] Vide Ray Nadeau, "Hermogenes' On Staseis: A Translation with an Introduction and Notes", *Speech Monographs*, 31, 1964, p. 370.

[70] Quintiliano, *Institutio oratoria*, 3.3-9.

[71] Questão política, para Hermágoras, parece ter sido qualquer coisa que envolvesse o cidadão. "It would thus embrace all the traditional kinds of oratory and oratorical exercises, including whatever ethical or political matters might be involved in such speeches, but it would not include discussion of metaphysics or abstract philosophical subjects not somehow related to political life" (George Kennedy, *The Art of Persuasion in Greece*, pp. 304-5).

[72] Quintiliano, *Institutio oratoria*, 3-5.4-16.

[73] M. L. Clarke, "The Thesis in the Roman Rhetorical Schools of the Republic", *Classical Quarterly*, 45, 1951, p. 161. Há testemunhos em Cícero (*De oratore*, 3.79-80) e Diógenes Laércio (5.3) de que Aristóteles incluía o exercício de teses na formação retórica dos alunos, o que não supunha necessariamente uma formação retórica distinta da dialética (*vide* Jan van Ophuijsen, "Where are the Topics Gone?", in *Peripatetic Rhetoric after*

também quem enfatizou as dimensões heurística e política da retórica, subvalorizando a prova ética e emocional. Herdeiro de uma tradição em que a controvérsia entre filósofos e retóricos começa a dar sinais de alguma conciliação, Hermágoras parece querer romper com tendências de origem platônica e estoica, seguindo a linha eclética da Academia e dividindo o campo das competências retóricas em questões gerais e controvérsias sobre casos particulares[74]. Uma bipartição que tanto sustenta que as questões gerais não são património exclusivo do filósofo, como habilita o orador a fazer uso delas na generalização do seu próprio pensamento.

Como resultado deste esclarecimento técnico, desenvolveu Hermágoras a teoria da *stásis*[75] em face da necessidade de o orador verificar se um determinado tema em discussão tem ou não consistência para o conveniente tratamento retórico. Antes dele, o assunto fora circunstancialmente referido ou tratado[76], mas só com ele recebeu o desenvolvimento e a sistematização que merecia. Toda a teoria da *stásis* depois dele reflete as marcas da sua codificação[77].

....

Aristotle, New Brunswick and London, Transaction Publishers, 1994, pp. 149-150).

[74] Cautelarmente, observa M. L. Clarke que, "whether Hermagoras was deliberatively and provocatively claiming for rhetoric what had hitherto belonged to philosophy is doubtful. He seems to have done nothing to implement his claim, and the rhetoricians continued to ignore general questions." (*Rhetoric at Rome: A Historical Survey*, London and New York, Routledge, 1996, p. 9.) Cf. Cícero, *De oratore*, 1.86; 2.78; 3.110.

[75] A palavra στάσις significa, em teoria retórica, o ponto em questão em qualquer conflito verbal. Tanto o termo grego como o latino *status* ou *constitutio* significam postura, a posição em que cada parte em litígio se coloca na defesa da sua posição e no ataque da posição contrária; isto é, o ponto de partida dos respectivos argumentos.

[76] Sobre os usos da *stásis* antes de Hermágoras, *vide* Richard Volkmann (*Die Rhetorik der Griechen und Römer*, Leipzig, Teubner, 1885, pp. 38-92), Octave Navarre (*Essai sur la rhétorique grecque avant Aristote*, Paris, Hachette, 1900, pp. 259-71) e, em especial, Quintiliano (*Institutio oratoria*, 3.6.3; 3.6.31).

[77] Tanto em Cícero como no autor da *Rhetorica ad Herennium*, e sobretudo em Hermógenes de Tarso, que simplesmente a complementou e aper-

Quanto à *elocutio*, Teofrasto é um dos exemplos mais eloquentes dos progressos que a teoria retórica experimentou nas escolas helenísticas. Diógenes Laércio atribui-lhe cerca de uma vintena de obras sobre retórica[78], e Cícero e Quintiliano dão-nos notícia dos seus conteúdos através de comentários, paráfrases e citações, mas o fato é que a maior parte da sua enorme produção literária se perdeu e dela apenas nos restam para o tema escassos fragmentos[79].

A influência da sua doutrina fez-se não só sentir nas áreas do estilo e da pronunciação do discurso, mas também na definição do epiquirema como argumento completo[80] e na iniciação ao tratamento da tese como exercício retórico. Foi, todavia, o seu tratado *Sobre o estilo* que mais acentuadamente contribuiu para lhe perpetuar a memória como educador e teorizador de retórica[81]. Na linha da tradição aristotélica, Teofrasto desenvolveu as ideias do mestre, introduzindo explicitamente pela primeira vez no sistema as

feiçoou [o seu tratado Περὶ στάσεων, escrito por volta de 176 a.C., esteve presente nos programas de educação retórica por mais de um milênio e teve a primeira edição impressa em 1508 (*vide* Janet B. Davis, "Stasis Theory", in *Encyclopedia of Rhetoric and Composition*, New York and London, Garland, 1996, pp. 693-5)].

[78] Teofrasto escreveu uma *Arte retórica* e estudos individuais sobre oratória forense, deliberativa e epidíctica, sobre entimemas, epiquiremas, máximas e exemplos, sobre invenção, narração, amplificação, estilo, humor, pronunciação do discurso, etc. (Diógenes Laércio, 5.42-50).

[79] Cf. W. Fortenbaugh, P. Huby, R. Sharples and D. Gutas (eds.), *Theophrastus of Eresus: Sources for his Life, Writings, Thought and Influence*, Leiden, Brill, 1992, pp. 667-70; W. Fortenbaugh, "Theophrastus, the *Characteres* and Rhetoric", in *Peripatetic Rhetoric after Aristotle*, p. 15.

[80] *Vide* Friedrich Solmsen, "The Aristotelian Tradition in Ancient Rhetoric", in *Aristotle. The Classical Heritage of Rhetoric*, Keith Erickson (ed.), Metuchen, N. J., Scarecrow Press, 1974, pp. 278-309.

[81] Talvez por ser o tratado mais vezes referido. São, contudo, poucos os fragmentos do Περὶ λέξεως, e lê-los não é fácil (cf. Maria Tanja Luzzatto, "L'oratoria, la retorica e la critica letteraria dalle origini ad Ermogene", in *Da Omero agli Alessandrini: problemi e figure della letteratura greca*, ed. G. Arrighetti *et al.*, Roma, NIS, 1988, p. 223).

quatro virtudes de estilo⁸² e, porventura, inventando a doutrina dos três estilos⁸³.

Sugere George Kennedy, com fundamento nos autores que o referiram e comentaram, que foi provavelmente Teofrasto quem encorajou o processo de identificação das figuras, o qual levou os seus sucessores à formulação de listas quase intermináveis⁸⁴. Foi, porém, Demétrio quem, na mesma linha de influência peripatética, mais aprofundou a matéria relativa ao estilo e à composição⁸⁵, e quem afinal

---

⁸² Cícero, *Orator*, 33.79 ss.; *De oratore*, 3.10.37 ss. Quintiliano, *Institutio oratoria*, 8.1-11. Evolução linear de uma simples virtude presente em Aristóteles (a clareza, *Retórica*, 3, 1404b1) para as quatro de Teofrasto, as cinco dos estoicos, as muitas virtudes acessórias de Dionísio de Halicarnasso, e finalmente para a ainda mais complexa classificação das ἰδέαι de Hermógenes (J. Stroux, De *Theophrasti virtutibus dicendi*, Leipzig, 1912, pp. 125-6).

⁸³ "If Theophrastus did invent the doctrine of the three styles it is not greatly to his credit." (M. L. Clarke, *op. cit.*, p. 6.) Mas Dionísio de Halicarnasso parece supô-lo, ao dizer numa passagem que "três são os modos, segundo Teofrasto, de obter o estilo elevado, digno, e não banal: a escolha das palavras, a sua composição harmoniosa e o uso das figuras" (*Isócrates*, 3), e noutro admitir que lhe é atribuída a origem do médio e misto (*Demóstenes*, 3). Como justamente observa George Kennedy, "since the third book of Cicero's *De oratore* is heavily indebted to Theophrastus' On style, the presence of the theory of the three styles in Cicero's work is some indication that they may have been found in Theophrastus" (*The Art of Persuasion in Greece*, p. 279).

⁸⁴ *The Art of Persuasion in Greece*, pp. 276-8.

⁸⁵ Até há bem pouco tempo acreditou-se que o autor do tratado *De elocutione* foi Demétrio de Faleros, mas os estudiosos põem cada vez mais em causa essa hipótese. A evidência interna do estilo ático levou acadêmicos como G. M. A. Grube (*A Greek Critic: Demetrius on Style*, *Phoenix*, suppl., vol. 4, Toronto, Toronto University Press, 1961) a argumentar a favor de uma composição da primeira fase do período helenístico (cerca de 270 a.C.), mas outros, como W. Rhys Roberts (*Demetrius on Style*, New York, Arno, 1979) e D. M. Schenkeweld (*Studies in Demetrius on Style*, Amsterdam, Hakkert, 1964), a sustentar uma autoria aticizante mais tardia (o século I a.C.). George Kennedy sugere uma data de composição que aponta para o princípio do século I a.C., muito embora Filodemo ainda a atribua, por volta de 70 a.C., a Demétrio de Faleros (*A New History of Classical Rhetoric*, Princeton, Princeton University Press, 1994, p. 88, n. 10).

deu os primeiros sinais de abertura ao fenômeno de que iria resultar a literaturização da própria retórica.

A primeira parte do seu *De elocutione* (1-35), dedicada ao estudo das estruturas rítmicas e periódicas, reflete como fonte primária a doutrina aristotélica. Ao ocupar-se da caracterização dos vários tipos de período – histórico, dialógico e oratório – sustenta, com Aristóteles, que a prosa retórica tem toda a vantagem em ser rítmica. Sustenta também que o estilo periódico, organizado como um todo estrutural com princípio e fim, oferece ao discurso as mesmas propriedades que o ritmo, sendo ainda mais eficaz quando estruturado antiteticamente. Cada período terá idealmente entre dois e quatro membros, mas mais significativas que a dimensão são a sua variedade e a sua coerência interna, mais importante do que o número das unidades que o integram é o equilíbrio homogêneo e harmônico da sua forma, como estratégia psicologicamente vitalizadora de um conteúdo.

A parte mais substancial do *De elocutione* ocupa-se, entretanto, da invulgar teoria dos quatro estilos, por oposição aos dois[86] ou três propostos pelos seus predecessores[87]; ou seja, o estilo simples, o médio ou elegante, o elevado, e o veemente. Este último, porém, pouco mais é do que uma variante do terceiro: ou, na classificação de Hermógenes, uma forma de estilo que se distingue entre as demais como o uso correto de todos os estilos[88].

Em suma, a obra de Teofrasto sobre as virtudes do estilo, os estudos de Demétrio sobre o período oratório, o estilo e a composição, a contribuição de Hermágoras para a

---

[86] Cf. Demétrio, *De elocutione*, 2.36.

[87] Aristóteles, *Retórica*, III, 1; cf. Cícero, *Orator*, 75-100.

[88] Δεινότης, a sétima forma ideal de estilo, é nada mais do que o uso adequado de todos os estilos. Uma forma de estilo tão importante que Hermógenes lhe promete dedicar um estudo em separado (Hermógenes, Ἰδέων, 2.368-380. Cf. Cecil Wooten, *Hermogenes on Types of Style*, Chapel Hill, The University of North Carolina Press, 1987, p. XVI).

definitiva vinculação da tese à retórica e o desenvolvimento da teoria dos estados de causa, a concepção, enfim, de um cânone básico de exercícios retóricos são, no seu conjunto, um testemunho vivo do enriquecido e diversificado aprofundamento do sistema aristotélico. O corpo de doutrina por eles desenvolvido e veiculado foi o fundamento teórico de todo o ensino que os mestres de retórica passaram aos seus discípulos ao longo de vários séculos. Deles nos dão notícia os grandes manuais de educação oratória que então se usavam nas escolas do Império Romano. Pois, como justamente observa George Kennedy, neles se verificam variações de ênfase e terminologia, mas pouco mais. Mesmo as contribuições pessoais de Cícero e Quintiliano estão longe de comprometer as convenções que enformam o cânone teórico da retórica helenística[89].

Os valores da paideia isocrática inspiraram na época helenística uma forma de educação eminentemente retórica, dominante mesmo nas escolas de filosofia. Da tensão então gerada por força do convívio entre essas duas formas rivais de cultura – uma oratória e outra filosófica – resultou a experiência de síntese que os retóricos romanos encarnaram. Por um lado, a fronteira entre esses dois campos diluiu-se a partir de Hermágoras e ensaiaram-se os caminhos de uma retórica cada vez mais filosófica. Por outro lado, a experiência retórica dominante foi dando sinais de abertura crescente *à elocutio* e tendeu a afirmar-se como teoria literária. A forma adotada pela cultura grega no seu nível mais elevado acabou, pois, por ser a eloquência, a arte de falar e de escrever[90]. De arte de persuadir, a retórica foi-se transformando em arte de criar. E, enquanto técnica ou arte do discurso, ela acabou por se usar não só para produzir

---

[89] George Kennedy, *Classical Rhetoric and its Christian and secular Tradition from Ancient to Modern Times*, Chapel Hill, The University of North Carolina Press, 1980, p. 89.

[90] H.-I. Marrou, "Educación y Retórica", *in* M. I. Finley (ed.), *El Legado de Grecia: Una Nueva Valoración*, Barcelona, Editorial Crítica, 1983, p. 206.

textos de caráter mais ou menos persuasivo, mas também para analisar os textos produzidos[91]. Esse era o objetivo dos exercícios retóricos: ler retoricamente os textos e exercitar-se na elaboração de temas com base nos modelos de estrutura que os próprios textos inspiravam[92].

7. A tradução da *Retórica*

A presente tradução resulta do trabalho desenvolvido com a estreita colaboração de dois outros colegas: Abel do Nascimento Pena, que traduziu o Livro II, e Paulo Farmhouse Alberto, que traduziu o Livro III. A edição adotada foi a de W. D. Ross, *Aristotelis Ars Rhetorica*, Oxford, Oxford University Press, 1959[93]. E a tradução, no seu intento de superar as dificuldades impostas pelo próprio texto, responde a critérios hermenêuticos de esclarecimento que visam torná-lo mais inteligível ao leitor moderno. Seguiu-se, para tanto, o método da equivalência dinâmica, e não o da pura correspondência formal, por aquele melhor permitir a transferência das ideias expressas na língua de origem para a nossa língua sem delas minimamente se perder a essência dos seus conteúdos. Tanto mais que a língua de Aristóteles se caracteriza pelas suas *breuiloquentia* e densidade elíptica, exigindo por vezes uma reestruturação mais consentânea com a dinâmica própria da língua receptora.

---

[91] No capítulo sobre a educação dos jovens, Élio Téon diz que o professor deveria começar por selecionar bons exemplos de textos antigos para cada um dos exercícios e levar os alunos a estudá-los a fundo [*Progymnasmata*, James R. Butts (ed.), University Microfilms International, 1986, 2.1-10].

[92] Diz Téon de Alexandria mais adiante que "a prática dos exercícios é absolutamente necessária não só para os que se preparam para ser oradores, mas também para aqueles que desejam ser poetas ou prosadores" (*ibidem*, 2.138-143).

[93] Relembra-se que este volume é uma reedição, o que justifica o afastamento em relação à norma fixada na *Introdução geral*. (N. do Coord.)

Aparentemente para contrariar esta natural tendência para uma tradução pragmática, conservou-se por transliteração um pequeno número de termos técnicos, por se entender que eles têm raízes tão profundas na história das ideias que substituí-los poderia tornar ainda mais obscura a captação do seu real sentido; termos como, por exemplo, entimema, paradigma, silogismo, homeoteleuto, epidíctico, ético, patético, apodíctico, periódico, etc. O sentido destes e outros termos traduzidos é em geral esclarecido, ou mesmo comentado em nota de rodapé.

À medida que o leitor vai se habituando ao estilo aristotélico de exposição e à forma como ele organiza e explicita os seus conteúdos, mais facilmente irá captando a doutrina veiculada e melhor compreenderá seu ritmo sequencial.

Manuel Alexandre Júnior

BIBLIOGRAFIA

A. Fontes primárias

ARISTÓTELES
- *The Art of Rhetoric*. Trans. J. H. Freese. LCL, Cambridge, MA, Harvard University Press, 1975.
- *Rhétorique*. Trans. M. Dufour (vol. III by M. Dufour and A. Wartelle). Paris, Les Belles Lettres, 1960 (vols. I, II), 1973 (vol. III).
- *Categories, on Interpretation, Prior Analytics*. Trans. H. P. Cooke and H. Tredennick. LCL, Cambridge, MA, Harvard University Press, 1967.
- *Posterior Analytics, Topica*. Trans. H. Tredennick and E. S. Forster. LCL, Cambridge, MA, Harvard University Press, 1976.
- *On Sophistical Refutations, etc*. Trans. E. S. Forster. LCL, Cambridge, MA, Harvard University Press, 1965.
- *Topiques*. Trans. J. Brunschwig, Paris, Les Belles Lettres, 1967.

(ARISTÓTELES)
- *Rhetorica ad Alexandrum*. Trans. H. Rackham. LCL, Cambridge, MA, Harvard University Press, 1965.

ARNIM, H. von (ed.)
- *Stoicorum veterum fragmenta*, 4 vols., Leipzig, Teubner, 1905-1924.

CÍCERO
- *Academicorum reliquiae cum Lucullo*, Ed. O. Plasberg, Stuttgart, Teubner, 1961.
- *De natura deorum and academica*. Trans. H. Rackham. LCL; London, Heinemann, 1933.
- *Brutus*. Ed. H. Malcovati, Leipzig, Teubner, 1965.
- *Brutus*. Trans. G. H. Hendrickson. LCL, Cambridge, MA, Harvard University Press, 1939.
- *De finibus bonorum et malorum*. Ed. T. Schiche, Stuttgart, Teubner, 1966.
- *De finibus bonorum et malorum*. Trans. H. Rackham. LCL; London, Heinemann, 1914.
- *De inuentione, De optimo genere oratorum, Topica*. Trans. H. M. Hubbell. LCL, Cambridge, MA, Harvard University Press, 1976.
- *De natura deorum*. Ed. O. Plasberg, Leipzig, Teubner, 1911.
- *Orator*. Ed. P. Reis, Stuttgart, Teubner, 1963.
- *Orator*. Trans. H. M. Hubbell. LCL, Cambridge, MA, Harvard University Press, 1939.

– *De oratore*. Ed. K. Kumaniecki, Leipzig, Teubner, 1969.
– *De oratore*, 2 vols., vol. I: *De oratore* I e II (trans. E. W. Sutton and H. Rackham); vol. II: *De Oratore* III, *De fato, paradoxa stoicorum, De partitione oratoria* (trans. H. Rackham). LCL, Cambridge, MA, Harvard University Press, 1942.
– *Tusculanae disputationes*. Ed. M. Pohlenz, Stuttgart, Teubner, 1965.
– *Tusculanae disputationes*. Trans. J. E. King. LCL, Cambridge, MA, Harvard University Press, 1945.

(CÍCERO)
– *Ad C. Herennium* (Rhetorica ad Herennium). Trans. H. Caplan. LCL, Cambridge, MA, Harvard University Press, 1977.

DEMÉTRIO
– *Demetrius on Style*. Ed. W. Rhys Roberts. Hildesheim, Georg Olms Verlag, 1969. Also ARISTOTLE. *Poetics and Longinus* (trans. W. Hamilton Fyfe), *Demetrius on Style* (trans. W. Rhys Roberts). LCL, Cambridge, MA, Harvard University Press, 1973.

DIONÍSIO DE HALICARNASSO
– *Critical Essays*. Trans. S. Usher. LCL, 2 vols., Cambridge, MA, Harvard University Press, 1974.

HOCK, R. F., and O'NEIL, Edward N.
– *The Chreia in Ancient Rhetoric*, vol. I: *The Progymnasmata*, Philadelphia, Scholars Press, 1985.

PLATÃO
– *Oeuvres Complètes*, 14 vols., Paris, Les Belles Lettres, 1953-1964.
– *Opera*. Ed. John Burnet, 6 vols., Oxford, Clarendon Press, 1900-1913.
– *Cratylus*, etc. Trans. H. N. Fowler. LCL, Cambridge, MA, Harvard University Press, 1970.
– *Charmides, ... Epinomis*. Trans. W. R. M. Lamb. LCL, Cambridge, MA, Harvard University Press, 1964.
– *Eutrypho, Apology, Crito, Phaedo, Phaedrus*. Trans. H. N. Fowler. LCL, Cambridge, MA, Harvard University Press, 1971.
– *Lysis, Symposium, Gorgias*. Trans. W. R. M. Lamb. LCL, Cambridge, MA, Harvard University Press, 1967.

QUINTILIANO
– *Institutio oratoria*. Trans. H. E. Butler. LCL, Cambridge, MA, Harvard University Press, 1969.
– *Institutionis oratoriae, Libri duodecim*, Oxford, Oxford University Press, 1970.
– *Institutionis oratoriae*, Libri XII. Ed. L. Radermacher, Leipzig, Teubner, 1959.

RABE, H.
– *Hermogenis Opera*, Stuttgart, Teubner, 1969.

ROSS, W. D.
- *Aristotle's Prior and Posterior Analytics*, Oxford, Oxford University Press, 1949.
SPENGEL, L. (ed.)
- *Rhetores Graeci*, 3 vols., Leipzig, Teubner, 1853-1856.
TÉON
- *Aelius. Progymnasmata.* Introd. e trad. de M. Patillon. Paris, Les Belles Lettres, 1997.
WALZ, C. (ed.)
- *Rhetores Graeci*, 9 vols., Stuttgart, Cottae, 1832-1836.

B. Fontes secundárias

ACHARD, Guy
- *Practique rhétorique et idéologique dans les discours "Optimates" de Cicéron*, Mnem., Suppl. 68, Leiden, Brill, 1981.
ADAMIK, Tomás
- "Aristotle's Theory of the Period", *Philologus*, 128:2 (1984), pp. 184-201.
ALEXANDRE JR., Manuel
- *Argumentação Retórica em Fílon de Alexandria*, Lisboa, Instituto Nacional de Investigação Científica, 1990.
- "Rhetorical Argumentation as an Exegetical Technique in Philo of Alexandria", *Hellenica et Judaica. Hommage à Valentin Nikiprowetzky*, Leuven-Paris, Éditions Peeters, 1986, pp. 13-27.
- "Some Reflections on Philo's Concept and Use of Rhetoric", *Euphrosyne*, XIX (1991), pp. 281-90.
- "A Rhetorical Analysis of Philo's De Virtutibus", *Euphrosyne*, XXI (1993), pp. 9-28.
- "The Chreia in Greco-Roman Education", *Grammaire et Rhétorique: Notion de Romanité*. Actes du colloque de Strasbourg (novembre 1990), édités par Jacqueline Dangel, Strasbourg, AECR, 1994, pp. 85-92.
- *Rhetorical Argumentation in Philo of Alexandria*, Atlanta, GA, Scholars Press, 1999.
ANDERSON, Graham
- *The Second Sophistic: A Cultural Phenomenon in the Roman Empire*, London & New York, Routledge, 1993.
ARNHART, Larry
- *Aristotle on Political Reasoning. A Commentary on the "Rhetoric"*, DeKalb, IL, Northern Illinois University Press, 1981.
ATWILL, Janet M.
- "Instituting the Art of Rhetoric: Theory, Practice and Productive Knowledge in the Interpretation of Aristotle's Rhetoric", in *Rethinking*

the History of Rhetoric: Multidisciplinary Essays on the Rhetorical Tradition, Boulder, Westview Press, 1993, pp. 91-118.

AUERBACH, E.
- *Literary Language and its Public in Late Antiquity and in the Middle Ages*, Princeton, Princeton University Press, 1993.

BAIRD, A. Craig
- *Argumentation, Discussion, and Debate*, McGraw-Hill, Series in Speech, Clarence T. Simon, consulting editor, New York, McGraw-Hill Book Company, 1950.

BALTHROP, V. Williams
- "Argument as Linguistic Opportunity: A Search for Form and Function", PSCA. Ed. J. Rhodes and S. Newell, Alta, University of Utah, 1980.

BARKER, Evelyn M.
- "A New Aristotelian Approach to Dialectical Reasoning", RIP (1980), pp. 133-4.

BARTHES, R.
- "L'ancienne rhétorique", *Communications*, 16 (1970), pp. 172-233.

BELLANGER, R.
- *Techniques et practique de l'argumentation*, Paris, Dunod, 1971.

BENOIT, William
- "Analogical Reasoning in Legal Argumentation", PSCA. Ed. Jack Rhodes and Sara Newell, Falis Church, VA, SCA, 1980, pp. 49-61.

BITZER, Lloyd
- "Aristotle's Enthymeme Revisited", *Quarterly Journal of Speech*, 45 (1959), pp. 399-408.

BITZER, Lloyd, and BLACK, Edwin (eds.)
- *The Prospect of Rhetoric*, Englewood Cliffs, NJ, Prentice-Hall, Inc., 1971.

BLACK, E. B.
- *Rhetorical Criticism. A Study in Method*, New York, MacMillan, 1978.

BLACK, Edwin
- "Plato's View of Rhetoric", *Landmark Essays on Classical Greek Rhetoric*, Davis, CA, Hermagoras Press, 1994, pp. 83-100.

BONNELUS, Eduardus
- *Lexicon Quintilianeum*, Hildesheim, Georg Olms, 1962.

BORNECQUE, H.
- *Les clausules métriques latines*. Travaux et mémoires de l'Université de Lille, nouvelle série 1.6., Lille, Au Siège de l'Université, 1907.

BOTHA, Jan
- *Subject to whose Authority? Multiple Readings of Romans 13*, Atlanta, Scholars Press, 1994.

BOUCHARD, Guy
- "Rhétorique des mots, rhétorique des idées", *Laval Theologique et Philosophique*, 35:3 (1979), pp. 301-13.

BRANDT, William J.
- *The Rhetoric of Argumentation*, New York, Bobbs-Merrill, 1970.

BROCKRIEDE, Wayne
- "Rhetorical Criticism as Argument", *Quarterly Journal of Speech*, 50 (1974), pp. 165-74.

BROWN, Peter
- *Power and Persusasion in Late Antiquity: Towards a Christian Empire*, Madison, University of Wisconsin Press, 1992.

BROWNSTEIN, Oscar L.
- "Plato's Phaedrus: Dialectic as the Genuine Art of Speaking", *Quarterly Journal of Speech*, 51 (1965), pp. 392-8.

BRUNSCHWIG, Jacques
- "Aristotle's Rhetoric as a Counterpart to Dialectic", *Essays on Aristotle's Rhetoric*, Berkeley, University of California Press, 1996, pp. 34-55.

BRYANT, D. C. (ed.)
- *Ancient Greek and Roman Rhetoricians. A Biograpbical Dictionary*, New York, 1968.
- *Rhetorical Dimensions in Criticism*, Baton Rouge, LA, Louisiana State University, 1973.

BURGER, Ronna
- *Plato's Phaedrus: A Defense of a Philosophic Art of Writing*, University, AL, University of Alabama Press, 1980.

BURKE, Kenneth
- *The Philosophy of Literary Form*, Baton Rouge, LA, Louisiana State University Press, 1941.
- *A Rhetoric of Motives*, Englewood Cliffs, NJ, Prentice-Hall, Inc., 1950.

BURNYEAT, M. F.
- "Enthymeme: Aristotle on the Rationality of Rhetoric", *Essays on Aristotle's Rhetoric*, Berkeley, University of California Press, 1996.

CALBOLI, Gualtiero (ed.)
- *Cornifici Rhetorica ad C. Herennium: Introduzione, testo critico, commento*, Bologna, Ricardo Patron, 1969.
- "La retorica preciceroniana e la politica a Roma", *Eloquence et rhétorique chez Cicéron, vol. XXVIII de entretien sur l'antiquité classique*, Genève, Vandoeuvres, 1981, pp. 41-107.

CALBOLI MONTEFUSCO, L.
- "Exordium narratio epilogus", *Studi sulla teoria retorica greca e romana delle parti del discorso*, Bologne, Pubblicazioni del Dipartimento di filologia classica e medioevale, 1, 1988.

CAMPBELL, George

- *The Philosophy of Rhetoric*. Ed. Lloyd F. Bitzer, Carbondale, Southern Illinois University Press, 1963.

CAPLAN, Harry
- *Of Eloquence. Studies in Ancient and Medieval Rhetoric*, Ithaca, Cornell University Press, 1970.

CAREY, Christopher
- "Rhetorical Means of Persuasion", *Essays on Aristotle's Rhetoric*, Berkeley, University of California Press, 1996, pp. 399-415.

CARTER, M. F.
- "The Ritual Functions of Epideictic Rhetoric: The Case of Socrates' Funeral Oration", *Rhetorica* 9, 1991, pp. 209-32.

CHARLES, Michel
- *Rhétorique de la lecture*, Paris, Éditions du Seuil, 1977.

CLARK, Donald Lemen
- *Rhetoric in Greco-Roman Education*, New York, Columbia University Press, 1957.

CLARK, Ruth A., and DELIA, Jesse G.
- "Topoi and Rhetorical Competence", *Quarterly Journal of Speech*, 65 (1979), pp. 203 ss.

CLARKE, M. L.
- *Rhetoric at Rome: A Historical Survey*. Third edition. London and New York, Routledge, 1996.
- "The Thesis in the Roman Rhetorical Schools of the Republic", *Classical Quarterly*, 45 (1951), pp. 159-66.

CLASSEN, C. Joachim
- "Poetry and Rhetoric in Lucretius", *American Philological Association* 99 (1968).

COENEN, Hans Georg
- "Rhetorische Argumentation bei Pascal", Essay presented at the *4th Biennial Conference of the International Society for the History of Rhetoric*, Florence, 13-17 June, 1983.

COLE, A. T.
- *The Origins of Rhetoric in Ancient Greece*, Baltimore, Johns Hopkins University Press, 1990.

CONLEY, Thomas M.
- "Πάθη and πίστεις": Aristotle 'Rhetoric' II, 2-11", *Hermes*. ZKP 110:3 (1982), pp. 300-15.
- "Logical Hylomorphism and Aristotle's κοινοὶ τόποι", CSSJ 29 (1978), pp. 92-7.
- *Philo's Rhetoric: Studies in Style, Composition and Exegesis*, Center for Hermeneutical Studies, Monograph I; Berkeley, Center for Hermeneutical Studies, 1987.

CONNORS, Robert J. et al. (eds.)

– *Essays on Classical Rhetoric and Modern Discourse*, Carbondale, Southern Illinois University Press, 1984.
CONSIGNY, S.
– "Gorgias' Use of the Epideictic", *Philosophy and Rhetoric*, 25 (1992) pp. 281-97.
Convegno Italo-Tedesco.
– 1; Bressanone, 1973. *Attualità della retorica. Atti del I Convegno Italo-tedesco*, Saggi di R. Baehr, R. Barilli, G. P Brunetta, A. Daniele et al., Padova, Liviana, 1975.
COOPER, John M.
– "An Aristotelian Theory of Emotions", *Essays on Aristotle's Rhetoric*, Berkeley, University of California Press, 1996, pp. 238-57.
CORBETT, Edward P. J.
– *Rhetorical Analysis of Literary Works*, New York, Oxford University Press, 1969.
– *Classical Rhetoric for the Modern Student*. 3rd ed.; New York, Oxford University Press, 1990.
– "The Theory and Practice of Imitation in Classical Rhetoric", *College Composition and Communication*, 22 (1971), pp. 243-50.
CÔTÉ, Marcel
– "La philosophie du raisonable de Chaïm Perelman", *Laval théologique et philosophique*, 41:2 (1985).
COUSIN, Jean
– *Études sur Quintilien*. Tome I: Contribution à la recherche des sources de l'Institution Oratoire, Amsterdam, Verlag P. Schippers, 1967.
COVINO, William A.
– *The Art of Wondering: A Revisionist Return to the History of Rhetoric*, Porthsmouth, N. Boynton/Cook, 1988.
COVINO, William A., and JOLLIFFE, David A.
– "An Introduction to Rhetoric", *Rhetoric: Concepts, Definitions, Boundaries*, Boston, Allyn and Bacon, 1995, pp. 1-26.
CRABLE, Richard E.
– *Argumentation as Communication: Reasoning with Receivers*, Columbus, OH, Charles Merrill Pub. Co., 1976.
CROWLEY, Sharon
– *Ancient Rhetorics for Contemporary Students*, New York, MacMillan, 1994.
DAUBE, David
– "Rabbinic Methods of Interpretation and Hellenistic Rhetoric", *Hebrew Union College Annual*, 22 (1949), pp. 239-64.
DIETER, Otto Alvin
– "Stasis", *Landmark Essays on Classical Greek Rhetoric*, Davis, CA, Hermagoras Press, 1994.

DOROLLE, Maurice
- *Le raisonnement par analogie*, Paris, Presses Universitaires de France, 1949.

DOUGLAS, Alan E.
- "The Intellectual Background of Cicero's Rhetoric: A Study in Method", ANRW 1, 3, Berlin, W. de Gruyter, 1973, pp. 95-137.

DUBOIS, J., et al.
- *Rhétorique générale*, Paris, Larousse, 1970.

DUCROT et TODOROV
- "Rhétorique et stylistique", *Dictionnaire encyclopédique des sciences du langage*, Paris, Seuil, 1972, pp. 99-105.

EDEN, Kathy
- "Hermeneutics and the Ancient Rhetorical Tradition", *Rhetorica*, 5 (1987), pp. 59-86.
- *Hermeneutics and the Rhetorical Tradition: Chapters in the Ancient Legacy & Its Humanist Reception*, New Haven and London, Yale University Press, 1997.

ENGBERG-PEDERSEN, Troels
- "Is There an Ethical Dimension to Aristotelian Rhetoric", *Essays on Aristotle's Rhetoric*, Berkeley, University of California Press, 1996, pp. 116-41.

ENGEL, E. S.
- *Plato on Rhetoric and Writing*, Unpublished doctoral dissertation, Yale University, 1973.

ENOS, Richard Leo
- *Greek Rhetoric before Aristotle*, Prospect Heights, IL, Waveland Press, 1993.
- "The Platonic Rejection of Sophistic Rhetoric and its Hellenistic Reception", *The Greek Rhetoric before Aristotle*, Prospect Heights, IL, Waveland Press, 1993, pp. 91-132.

ENOS, Theresa (ed.)
- *Encyclopedia of Rhetoric and Composition. Communication from Ancient Times to the Information Age*, New York & London, Garland Publishing, Inc., 1996.

ERICKSON, Keith
- *Aristotle: The Classical Heritage of Rhetoric*. Metuchen, NJ. Scarecrow Press, 1974.
- "Plato's Theory of Rhetoric: A Research Guide", *Rhetoric Society Quarterly*, 7 (1977), pp. 78-90.
- *Plato: True and Sophistic Rhetoric*, Amsterdam, Rodopi, 1979.

ERNESTI, I. C. T.
- *Lexicon Technologiae Graecorum Rhetoricae*, Leipzig, C. Fritsch, 1795.
- Lexicon Technologiae Latinorum Rhetoricae, Leipzig, C. Fritsch, 1797, Hildesheim, G. O. Verlagsbuchhandlung, 1962.

FAHNESTOCK, Jeanne
- "Classical Rhetoric: The Art of Argumentation", *Argument Revisited, Argument Redefined*, Thousand Oaks, CA, Sage, 1996.

FARRELL, Thomas B.
- *Norms of Rhetorical Culture*, New Haven, CT, Yale University Press, 1993.
- "Philosophy against Rhetoric in Aristotle", *Philosophy and Rhetoric*, 28.3 (1995), pp. 181-98.

FLESHLER, Helen
- "Plato and Aristotle on Rhetoric and Dialectic", *Pennsylvania Speech Annual*, 20 (1963), pp. 11-7.

FORD, Andrew
- "The Price of Art in Isocrates: Formalism and the Escape from Politics", *Rethinking the History of Rhetoric: Multidisciplinary Essays on the Rhetorical Tradition*, Boulder: Westview Press, 1993.

FORTENBAUGH, W. W.
- "Aristotle on Persuasion through Character", *Rhetorica*, 10 (1992), pp. 207-44.

FORTENBAUGH, W. W., and MIRHADY, D. C. (eds.)
- *Peripatetic Rhetoric after Aristotle*, New Brunswick, NJ and London, Transaction Publishers, 1994.

FREDE, Dorothea
- "Mixed Feelings in Aristotle's Rhetoric", *Essays on Aristotle's Rhetoric*, Berkeley, California University Press, 1996, pp. 258-85.

FREELEY, Austin J.
- *Argumentation and Debate*. 3rd ed.; Belmont, CA, Wadsworth Publishing Co., 1971.

FUMAROLY, Marc
- *L'âge de l'éloquence*, Paris, Droz, 1980.

FURLEY, D. J., and NEHAMAS, A. (eds.)
- *Aristotless Rhetoric: Philosophical Essays*, Princeton, Princeton University Press, 1994.

GALLARDO, Miguel Ángel Garrido
- *La Musa de la Retórica. Problemas y Métodos de la Ciencia de la Literatura*, Madrid, Consejo Superior de Investigaciones Científicas, 1994.

GARAVELLI, Bice Mortara
- *Manual de Retórica*, Madrid, Cátedra, 1991.

GARVER, Eugene
- *Aristotle's Rhetoric: An Art of Character*, Chicago, University of Chicago Press, 1994.
- "Deception in Aristotle's Rhetoric: How to Tell the Rhetorician from the Sophist, and Which One to Bet on", *Rhetoric Society Quarterly*, 24:1-2 (1994), pp. 75-94.

GENETTE, Gérard
- "La rhétorique des figures", *Les figures du discours*, Paris, Flammarion, 1968, pp. 5-17.
- "La rhétorique restreinte", *Communications*, 16 (1970).

GIRANDIN, Benoit
- *Rhétorique et Théologie: Calvin, le commentaire de l'épitre aux Romains*, Paris, Édition Beauchesne, 1979.

GITAY, Yehoshua
- *Rhetorical Analysis of Isaiah 40-48. A Study of the Art of Prophetic Persuasion*, Ann Arbor, MI, Xerox University Microfilms, 1978.

GOLDSCHMIDT, Victor
- *Essai sur le "Cratyle"*, Paris, Vrin, 1982.

GONZÁLEZ, Antonio A.
- "Cicerón y Quintiliano ante la retórica", *Helmántica. Revista de Filología Clásica y Hebrea*, 34 (1983), pp. 249-66.

GOTOFF, Harold
- *Cicero's Elegant Style*, Urbana, Chicago, London, University of Illinois Press, 1979.

GÖTTERT, Karl-Heinz
- *Argumentation: Grundzüge ihrer Theorie in Bereich theoretischen Wissens und praktischen Handelns*, Tübingen, Niemeyer, 1978.

GOMMEL, J.
- "Rhetorisches Argumentieren bei Thukydides", *Spudasmata*, 10, Hildesheim, Olms, 1966.

GRASSI, Ernesto
- *Rhetoric as Philosophy*, University Park, PA and London, The Pennsylvania State University Press, 1980.

GRENET, Paul
- *Les origines de l'analogie philosophique dans les dialogues de Platon*, Paris, Éditions Contemporaines, 1948.

GRIMALDI, W. M. A.
- "Σημεῖον, τεκμήριον, εἰκός" in "Aristotle's Rhetoric", *American Journal of Philology*, 101.4, 1980.
- "Studies in the Philosophy of Aristotle's Rhetoric", *Hermes, Zeitschrift für klassisch Philologie*, 25. Wiesbaden, Franz Steiner, 1972.

GRIZE, J. B., et al.
- "Recherches sur le discours et l'argumentation", *Travaux du Centre de Recherches Sémiologiques de l'Université de Neuchâtel. Revue Européene des Sciences Sociales*, 32. Genève: Droz, 1974.

GRONBECK, Bruce E.
- "From Argument to Argumentation: Fifteen Years of Identity Crisis", *Proceedings of the Summer Conference on Argumentation*, Alta, University of Utah, 1980.

GRUBE, G. M. A.
- "Educational Rhetorical and Literary Theory in Cicero", *Phoenix* 11, 1962, pp. 234-57.

GWYNN, Aubrey Osborn
- *Roman Education from Cicero to Quintilian*, Oxford, Oxford University Press, 1926.

HARPER, Nancy
- "An Analytical Description of Aristotle's Enthymeme", *The Central States Speech Journal*, 24:4 (1973), pp. 304-9.

HAVELOCK, Eric A., and HERSHBELL, Jackson
- *Communication Arts in the Ancient World*, New York, Hastings House, 1978.

HAVET, Ernest
- *Étude sur la rhétorique d'Aristote*, Paris, Vrin, 1983.

HEATH, Malcolm (trad. and ed.)
- *Hermogenes "On Issues": Strategies of Argument in Later Greek Rhetoric*, Oxford, Clarendon Press, 1996.

HILL, F. I.
- "The Rhetoric of Aristotle", *A Synoptic History of Classical Rhetoric*, New York, Random House, 1972.

HORNER, W. B.
- *The Present State of Scholarship in Historical and Contemporary Rhetoric*, Columbia, MO and London, University of Missouri Press, 1990.

HUNT, Everett Lee
- "Plato and Aristotle ore Rhetoric and Rhetoricians", *Studies in Rhetoric and Public Speaking in Honor of James Albert Winans*, New York, 1962, pp. 3-60.
- "Plato on Rhetoric and Rhetoricians", *Quarterly Journal of Speech*, 6 (1920), pp. 35-56.

HUSEMAN, Richard C.
- "Aristotle's System of Topics", *Landmark Essays on Classical Greek Rhetoric*, Davis, CA, Hermagoras Press, 1994, pp. 191-202.

JACKSON, J. J. (ed.)
- *Rhetorical Criticism*, Pittsburg, Pickwick, 1974.

JACOB, Bernard
- "What if Aristotle Took Sophists Seriously? New Readings in Aristotle's Rhetoric", *Rhetoric Review*, 14.2 (1996), pp. 237-52.

JANSON, Tore
- "The Problems of Measuring Sentence-Length in Classical Texts", *Studia Linguistica*, 18 (1964), pp. 26-36.

JARRATT, Susan C.
- *Rereading the Sophists: Classical Rhetoric Refigured*, Carbondale, Southern Illinois University Press, 1991.

JOHNSON, W. R.
- *Luxuriance and Economy: Cicero and the Alien Style*, University of California Publications Classical Studies 6, Berkeley, University of California Press, 1971.

JOHNSTONE, Christopher Lyle
- "An Aristotelian Trilogy: Ethics, Rhetoric, Politics, and the Search of Moral Truth", *Philosophy and Rhetoric*, 13:1 (1980), pp. 1-24.

JOHNSTONE, Jr. H. W.,
- "A New Theory of Philosophical Argumentation", *Philosophy, Rhetoric and Argumentation*, University Park, The Pennsylvania State University Press, 1965, pp. 126-37.
- *Philosophy and Argument*, University Park, The Pennsylvania State University Press, 1959.

JOST, Walter, and HYDE, Michael J. (eds.)
- *Rhetoric and Hermeneutics in our Time: A Reader*, New Haven and London, Yale University Press, 1997.

KALINOWSKI, Georges
- "Le rationnel et l'argumentation. À propos du 'traité de l'argumentation' de Chaïm Perelman et Lucie Olbrechts-Tyteca", *Revue Philosophique de Louvain*, 70:7, 4th series, 1972.

KENNEDY, George Alexander
- *Aristotle On Rhetoric: A Theory of Civic Discourse*, New York & Oxford, Oxford University Press, 1991.
- *The Art of Persuasion in Greece*, Princeton, Princeton University Press, 1963.
- *The Art of Rhetoric in the Roman World*, Princeton, Princeton University Press, 1972.
- *Classical Rhetoric and its Christian and Secular Tradition from Ancient to Modern Times*, Chapel Hill, NC, The University of North Carolina Press, 1980.
- *Classical Rhetoric under Christian Emperors*, Princeton, Princeton University Press, 1983.
- *Comparative Rhetoric: An Historical and Cross-Cultural Introduction*, New York, Oxford, Oxford University Press, 1998.
- *New Testament Interpretation through Rhetorical Criticism*, Chapel Hill, NC, The University of North Carolina Press, 1984.
- *Quintilian*, New York, Twayne Publishers, Inc., 1969.
- "Theophrastus", *Landmark Essays on Classical Greek Rhetoric*, Davis, CA: Hermagoras Press, 1994, pp. 203-10.

KENNEDY, George Alexander (ed.)
- *The Cambridge History of Literary Criticism. Vol. I. Classical Criticism*, Cambridge, Cambridge University Press, 1989.

KINNEAVY, James L.
- *A Theory of Discourse: The Aims of Discourse*, London & New York, Northon & Company, 1980.
- *Greek Rhetorical Origins of Christian Faith: An Inquiry*, New York and Oxford, Oxford University Press, 1987.

KNEALE, William & Martha
- *The Development of Logic*, Oxford, Clarendon Press, 1965.

KOLLER, H.
- "Die dihäratische Methode", *Glotta*, 39 (1960), pp. 6-24.

KROLL, W.
- "Rhetorik", *Realencyclopaedie der classischen Altertumswissenschaft*, Supplementband VII, Stuttgart, Metzlersche Verlagsbuch-handlung, 1940, pp. 1.039-138.

KUCHARSKY, P.
- "La rhétorique dans le *Gorgias* et le *Phèdre*", *Revue des Études Grecques*, 74 (1961), pp. 371-406.

KUSTAS, George L.
- "Diatribe in Ancient Rhetorical Theory", *Center for Hermeneutical Studies in Hellenistic and Modern Culture*, Colloquy 22, Berkeley, 1976, pp. 1-33.

LANA, I.
- *Quintiliano, il "Sublime" e gli "Esercizi Preparatort" de Elio Teone*, Turin, 1951.

LAUSBERG, Heinrich
- *Elemente der literarischen Rhetorik*. 9th. ed., Munich, Max Heuber, 1987. Tradução portuguesa: *Elementos de Retórica Literária*, Lisboa, Fundação Calouste Gulbenkian, 1966.
- *Handbuch der literarischen Rhetorik: Eine Grundlegung der Literaturwtssenschaft*, 3rd ed., 2 vols., Stuttgart, Franz Steiner, 1990. Tradução em espanhol: *Manual de Retórica Literaria*. 3 vols., Madrid, Editorial Gredos, 1975.

LEEMAN, A. D.
- Orationis Ratio. *The Stylistic Theories and Practice of the Roman Orators, Historians and Philosophers*, 2 vols., Amsterdam, Hakkert, 1963.

LEIGHTON, Stephen R.
- "Aristotle and the Emotions", *Essays on Aristotle's Rhetoric*, Berkeley, University of California Press, 1996, pp. 206-37.

LUNDEEN, L. T.
- *Risk and Rhetoric in Religion. Whitehead's Theory of Language and Discourse of Faith*, Philadelphia, Fortress, 1972.

LUNCH, John Patrick
- *Aristotle's School. A Study of a Greek Educational Institution*, Berkeley, University of California Press, 1972.

MACK, B. L.
- *Rhetoric and the New Testament*, Minneapolis, Fortress Press, 1990.

MADDEN, E. H.
- "The Enthymeme. Crossroads of Logic, Rhetoric and Metaphysics", *Philosophical Review* (1952), pp. 368-376.

MALHERBE, Abraham J.
- "Μὴ γένοιτο in the Diatribe and in Paul", *Harvard Theological Review* 73: 1-2, 1980, pp. 231-40.

MARTIN, H. C., OHMANN, R. M., and WHEATLEY, J. H.
- *The Logic and Rhetoric of Exposition*. 3rd ed., New York, Holt Rinehart and Winston, Inc., 1969.

MARTIN, Josef
- *Antike Rhetorik: Technik und Methode*, Handbuch der Altertums-wissenschaft 2, no. 3, München, Beck, 1974.

MCBURNEY, James H.
- "The Place of the Enthymeme in Rhetorical Theory", *Speech Monographs*, 3 (1936), pp. 49-74.

MCCALL JR., Marsh H.,
- *Ancient Rhetorical Theories of Simile and Comparison*, Cambridge, MA, Harvard University Press, 1969.

MCCOMISKEY, Bruce
- "Sophistic Rhetoric and Philosophy: A Selective Bibliography of Scholarship in English Since 1900", *Rhetoric Society Quarterly*, 24: 3-4 (1994), pp. 24-38.

MERGUET, H.
- *Lexikon zu den philosophischen Schriften Ciceros*, Hildesheim, Olms, 1961.

MEYER, Michel, et LEMPEREUR, Alain
- *Figures et conflits rhétoriques*, Bruxelles, Éditions de l'Université de Bruxelles, 1990.

MICHEL, Alain
- "L'eloquenza romana", *Revue des Études Anciennes* 61 (1959).
- *Rhétorique et philosophie chez Cicéron*, Paris, Presses Universitaires de France, 1960.
- "Rhétorique et philosophie dans les traités de Cicéron", ANRW 1, 3, Berlin, W. De Gruyter, 1973, pp. 139-208.
- "Rhétorique, philosophie et esthétique générale", *Revue d'Études Latines* (1973), pp. 302-26.
- "À propos du Pro Quinctio: les aspects philosophiques de l'argumentation cicéronienne", *Revue des Études Latines*, 34 (1956), pp. 34-5.
- "La théorie de la rhétorique chez Cicéron: Éloquence et philosophie", *Le Classicisme à Rome*, vol. XXV de *Entretien sur l'Antiquité Classique*, Genève, Vandoeuvres, 1978, pp. 109-47.

– "Un type d'argumentation philosophique (l'epicheirema) dans les discours de Cicéron", *Revue des Études Latines*, 35 (1957), pp. 46-7.

MORIER, Henry
– *Dictionnaire de Poétique et de Rhétorique*, Paris, Presses Universitaires de France, 1981.

MORTON, Andrew Q., and MCLEMAN, James
– *Paul the Man and the Myth, A Study in the Authorship of Greek Prose*, New York, Harper and Row, 1966.

MUDD, Charles S.
– "The Enthymeme and Logical Validity", *Quarterly Journal of Speech*, 45 (1959), pp. 409-14.

MURPHY, James J. (ed.)
– *A Synoptic History of Classical Rhetoric*, New York, Random House, 1972.
– *Rhetoric in the Middle Ages: A History of Rhetorical Theory from Saint Augustine to the Renaissance*, Berkeley, University of California, 1974.
– "The Age of Codification: Hermagoras and the Pseudo-Ciceronian *Rhetorica ad Herennium*", *A Synoptic History of Classical Rhetoric*, Davis, CA, Hermagoras Press, 1983, pp. 77-89.

NADEAU, Ray
– "Some Aristotelian and Stoic Influences on the Theory of Stasis", *Speech Monographs*, 26 (1959).
– "Classical Systems of Stases in Greek: Hermagoras to Hermogenes", *Greek, Roman and Byzantine Studies*, 2 (1959), pp. 53-71.
– "Hermogenes' On Stases: A Translation with an Introduction and Notes", *Speech Monographs*, 31 (1964), pp. 361-424.

NAIDOFF, Bruce D.
– "The Rhetoric of Encouragement in Isaiah 40: 12-31", *Zeitschrift für die Alttestamentliche Wissenschaft*, 93:1, Berlin, W. de Gruyter, 1981, pp. 62-76.

NATASON, Maurice (ed.)
– *Philosophy, Rhetoric and Argumentation*, University Park, PA, The Pennsylvania University Press, 1965.

NOBLES, W. Scott
– "The Paradox of Plato's Attitude Toward Rhetoric", *Western Speech*, 21 (1957), pp. 206-10.

NORDEN, Eduard
– *Die antike Kunstprosa vom VI. Jahrhunderts vor Christus bis in die Zeit der Renaissance*, 2 vols., Leipzig, Teubner, 1958, vol. II, pp. 451-79.

NUSSBAUM, Martha Craven
– "Aristotle on Emotions and Rational Persuasion", *Essays on Aristotle's Rhetoric*, Berkeley, University of California Press, 1996, pp. 303-23.

OCHS, Donovan J.
- "Cicero's Rhetorical Theory", *A Synoptic History of Classical Rhetoric*. Ed. James J. Murphy, New York, Random House, 1972.

OLIVER, Robert T.
- "Philosophy Rhetoric, and Argumentation: Congenial or Conjunctive?", *Philosophy, Rhetoric and Argumentation*. Ed. M. Natanson and H. W. Johnstone, Jr., University Park, Pennsylvania State University Press, 1965.

OLTRAMARE, André
- *Les origines de la diatribe romaine*, Lausanne, Payot, 1926.

ORTEGA, Alfonso
- *Retorica: El Arte de Hablar en Publico. Historia, Metodo y Técnicas Oratorias*, Madrid, Grupo Editorial Industrial, 1989.

PACI, E.
- "Dialettica, metodo diairetico e rettorica nel Fedro di Platone", *Archivio di Storia della Filosofia Italiana*, 4 (1935), pp. 145-58.

PATILLON, M.
- *Le corpus d'Hermogène. Essais critiques sur les structures linguistiques de la rhétorique ancienne, accompagnés d'une traduction du corpus*, 3 vols., thèse, Paris, 1985.
- *La théorie du discours chez Hermogène le Rhéteur. Essai sur les structures linguistiques de la rhétorique ancienne* (Collection d'études anciennes, 117), Paris, 1988.

PATILLON, M. (intr. e trad.)
- *Progymnasmata. Aelius Theon*, Paris, Les Belles Lettres, 1997.

PAULHAN, Jean
- *La preuve par l'étymologie, métrique collection*, Paris, Éditions de Minuit, 1953.

PELLETIER, Yvan
- "Aristote et la découverte oratoire", *Laval Théologique et Philosophique* (1) 35:1 (1979), pp. 3-20; (II) 36:1 (1980), pp. 29-46; (III) 37:1 (1981), pp. 45-67.

PERELMAN, Chaïm
- *Le champ de l'argumentation*, Bruxelles, Presses Universitaires, 1970.
- "Éducation et rhétorique", *Revue Belge de Psychologie et de Pédagogie*, XIV: 60 (1952), pp. 129-38.
- *Élements d'une théorie de l'argumentation*, Bruxelles, Presses Universitaires, 1968.
- *L'empire rhétorique. Rhétorique et argumentation*, Paris, Vrin, 1977.
- *The Idea of Justice and the Problem of Argument*, London, Routledge and Kegan Paul, 1963.
- *The New Rhetoric and the Humanities*, Boston, Reidel Publishing Company, 1979.

PERELMAN, Chaïm, and OLBRECHTS-TYTECA, L.
- "Logique et rhétorique", *Revue Philosophique*, 1950.
- *Rhétorique et philosophie, Pour une théorie de l'argumentation de philosophie*, Paris, Presses Universitaires de France, 1952.
- *La Nouvelle rhétorique: Traité de l'argumentation*, Paris, Presses Universitaires de France, 1958.

PERNOT, Laurent
- *La Rhétorique de l'Éloge dans le Monde Gréco-Romain*, 2 vols., Paris, Institut d'Études Augustiniennes, 1993.

PFEIFFER, W. M.
- "True and False Speech in Plato's Cratylus 385b-c", *Canadian Journal of Philosophy*, 2 (1972), pp. 87-104.

POSTER, Carol
- "A Historicist Recontextualization of the Enthymeme", *Rhetoric Society Quarterly*, 22.2 (1992), pp. 1-24.

POULAKOS, Takis (ed.)
- *Rethinking the History of Rhetoric: Multidisciplinary Essays on the Rhetorical Tradition*, Boulder, Westview Press, 1993.
- *Sophistical Rhetoric in Classical Greece*, Columbia, SC, University of South Carolina Press, 1995.
- "Towards a Cultural Understanding of Classical Epideictic Oratory", *Pre Text*, 9 (1988), pp. 147-68.

REICHEL, G.
- *Quaestiones progymnasmaticae*. Dissertation. Leipzig, 1909.

RICHARDS, I. A.
- *The Philosophy of Rhetoric*, New York, Oxford University Press, 1936.

RICOEUR, Paul
- *La métaphore vive*, Paris, Seuil, 1975.
- "Between Rhetoric and Poetics", *Essays on Aristotle's Rhetoric*, Berkeley, University of California Press, 1996, pp. 324-84.

RIPOSATI, Benedetto
- "Problemi di retorica antica", *Introduzione alla filologia classica*, Milan, C. Marzorati, 1951, pp. 657-787.

ROBERTS, William Rhys
- *Greek Rhetoric and Literary Criticism*, New York, Cooper Square, 1963.
- "References to Plato in Aristotle's Rhetoric", *Classical Philology*, 19 (1924), pp. 324-46.

ROMILLY, Jacqueline de
- *Les grands sophistes dans l'Athènes de Périclès*, Paris, Fallois, 1988.
- *Magic and Rhetoric in Ancient Greece*, Cambridge, Harvard University Press, 1975.

ROMMETVEIT, R., and BLAKAR, R. M. (eds.)
- *Studies of Language, Thought and Verbal Communication*, London, Academic Press, 1979.

RORTY, Amelie Oksenberg (ed.)
- *Essays on Aristotle's Rhetoric*, Berkeley, University of California Press, 1996.

ROSS, W. D. (ed.)
- *Aristoteles. Fragmenta Selecta*, Oxonii, Clarendoniano, 1955.

ROWELL, Edward Z.
- "Prolegomena to Argumentation", *Quarterly Journal of Speech* 18, 1932, pp. 1-13, 224-48, 381-405, 585-606.

RUMMEL, Erika
- "Isocrates' Ideal of Rhetoric: Criteria of Evaluation", *Landmark Essays on Classical Greek Rhetoric*, Davis, CA, Hermagoras Press, 1994, pp. 143-56.

RUTHERFORD, I.
- "Inverting the Canon: Hermogenes on Literature", *Harvard Studies in Classical Philology*, 94 (1992), pp. 355-78.

RYAN, E. E.
- *Aristotle's Theory of Rhetorical Argumentation*, Montreal, Bellarmin, 1984.

SCHIAPPA, Edward A. (ed.)
- *Landmark Essays on Classical Greek Rhetoric*, Davis, CA, Hermagoras Press, 1994.
- *Protagoras and Logos: A Study in Greek Philosophy and Rhetoric*, Columbia, SC, University of South Carolina Press, 1991.

SCHMID, W.
- *Über die klassische Theorie und Praxis des antiken Prosarhythmus*, Wiesbaden, 1959.

SCHOENFELD, M.
- "Argumentation et présentation des faits chez Démosthène", *L'Antiquité Classique* (1959), p. 201 ss.

SECOR, Marie, and CHARNEY, David (eds.)
- *Constructing Rhetorical Education*, Carbondale, Southern Illinois University Press, 1992.

SESONSKE, Alexander
- "To Make the Weaker Argument Defeat the Stronger", *Journal of the History of Philosophy*, 6 (1968), pp. 217-31.

SMITH, Robert W.
- *The Art of Rhetoric in Alexandria*, The Hague, Mouton, 1974.

SOLMSEN, F.
- "Aristotle and Cicero on the Orator's Playing upon the Feelings", *Classical Philology*, 33 (1938), pp. 390-404.
- "The Aristotelian Tradition in Ancient Rhetoric", *American Journal of Philology*, 62 (1941), pp. 35-50, 169-80.

STOWERS, Stanley Kent
- *The Diatribe and Paul's Letter to the Romans*, SBL Dissertation Series 57, Chico, CA, Scholars Press, 1981.

SÜSS, Wilhelm
- *Ethos, Studien zur alteren griechischen Rhetorik*, Leipzig, Teubner, 1910.

THIONVILLE, E.
- *La théorie des lieux communs dans les topiques d'Aristote et des principales modifications*, Paris, Vrin, 1983.

THROM, H.
- *Die Thesis. Ein Beitrag zu ihrer Entsthehung und Geschichte. Rhetorische Studien*, XVII, Paderborn, 1932.

TODOROV, Tzvetan, PEPIN, J., et al.
- *Rhétorique et hermeneutique*, Paris, Seuil, 1975.

TOO, Yun Lee
- *The Rhetoric of Identity in Isocrates: Text, Power, Pedagogy*, Cambridge, Cambridge University Press, 1995.

TOULMIN, Stephen Edelston
- *The Uses of Argument*, Cambridge, Cambridge University Press, 1958.

VARGA, A. Kibedi
- *Rhétorique et littérature, études de structures classiques*, Paris, Didier, 1970.

VICO, Giambattista
- *The Art of Rhetoric (Institutiones Oratoriae, 1711-1741)*, VIBS, vol. 37, Amsterdam and Atlanta, Editions Rodopi, 1996.

VIGNAUX, Georges
- *L'argumentation*, Genève, Libraire Droz, 1976.
- *La nouvelle rhétorique* (a critical analysis of *Traité de l'argumentation*), Université de Neuchâtel, Travaux du Centre de Recherches Sémiologique 1, 1969-1970.

VOLKMANN, Richard
- *Die Rhetorik der Griechen und Römer*, 2nd ed., Leipzig, Teubner, 1885; 3rd ed., Munich, Beck, 1901. Reprinted; Hildesheim: Olms, 1963.

WALLACH, Barbara P.
- "Lucretius and the Diatribe, *De Rerum* Natura II, 1-61", *Festschrift für Luitpold Wallach, Gesellschaft, Kultur, Literatur: Rezeption und Originalitat im Wachsen einer europäischen Literatur und Geistigkeit*. Ed. Karl Bosl, Stuttgart, 1975, pp. 49-77.
- "Lucretius and the Diatribe against the Fear of Death, *De Rerum Natura* III, 830-1094", Mnemosyne, Supplement 40, Leiden, Brill, 1976.
- *A History of the Diatribe from its Origin up to the First Century B. C.*, Dissertation, Urbana, University of Illinois Press, 1974.

WELCH, J. W. (ed.)
- *Chiasmus in Christianity, Structures, Analysis, Exegesis*, Hildesheim, Gerstenberg, 1981.

WELCH, K. E.
- *The Contemporary Reception of Classical Rhetoric: Appropriations of Ancient Discourse*, Hillsdale, NJ, Lawrence Erlbaum, 1990.

WENZEL, Joseph W.
- "Perspectives on Argument", *Proceedings of the Summer Conference on Argumentation*, ed. J. Rhodes and S. Newell, Alta, University of Utah, 1980.
- "Toward a Rationale for Value-Centered Argument", *Journal of the American Forensic Association*, 13 (1977), pp. 150-8.

WHITE, Eugene Edward (ed.)
- *Rhetoric in Transition: Studies in the Nature and Uses of Rhetoric*, University Park and London, The Pennsylvania State University Press, 1980.

WILAMOWITZ-MOELLENDORF, U. von
- *Rhetorica: Schriften zur aristotelischen und hellenistischen Rhetorik*, Hildesheim, Olms, 1968.

WILDER, Amos Niven
- *Early Christian Rhetoric: The Language of the Gospel*, New York, Harper and Row, 1964, Cambridge, Harvard University Press, 1971.

WINTERBOTTOM, Michael
- "Quintilian and the Vir Bonus", *Journal of Roman Studies*, 54 (1964), pp. 90-7.

WÖRNER, Markus Hilmar
- "Enthymeme als Argumentationshandlungen", *Kongressbericht der Jahrestagung der Gesellschaft für Angewandt Linguistik (GAL)*, 9, Bd. 4, Heidelberg, 1979.

WORTHINGTON, Ian (ed.)
- *Persuasion: Greek Rhetoric in Action*, London and New York, Routledge, 1994.

WUELLNER, Wilhelm (ed.)
- *Diatribe in Ancient Rhetorical Theory: Protocol of the 22 Colloquy of the Center for Hermeneutical Studies*, Berkeley, The Center for Hermeneutical Studies, 1976.

RETÓRICA

Livro I

1. A natureza da retórica

A retórica[1] é a outra face[2] da dialética; pois ambas se ocupam de questões mais ou menos ligadas ao conhecimento comum e não correspondem a nenhuma ciência em particular. 1354a

De fato, todas as pessoas de alguma maneira participam de uma e de outra, pois todas elas tentam em certa medida questionar e sustentar um argumento[3], defender-se ou acusar[4].

---

[1] Ἡ ῥητορική, adjetivo usado como nome abstrato, correspondendo a ἡ τέχνη ῥητορική.

[2] Ἀντίστροφος traduz-se geralmente por "correlativo". Na lírica coral, a estrutura métrica de uma στροφή repete-se na ἀντιστροφή, representando a primeira o movimento numa direção, e a segunda o movimento contrário. Ambos, porém, em coordenação oposta e complementar, como artes que têm semelhanças gerais e diferenças específicas. Como observa E. M. Cope, duas espécies de um mesmo gênero, a prova; dois modos de prova que afinal se distinguem pela diferença dos meios probatórios que empregam: um, o silogismo formal completo e a indução geral; o outro, o entimema formalmente incompleto e o exemplo (*The Rhetoric of Aristotle, with a Commentary*, Cambridge, University Press, 1877, p. 2). Este paralelismo entre retórica e dialética é aliás aceito por Cícero, ao traduzir a afirmação de Aristóteles por "ex altera parte respondere dialecticae" (*Orator*, 32.114).

[3] Como na dialética.

[4] Como na retórica.

Simplesmente, na sua maioria, umas pessoas fazem-no ao acaso, e, outras, mediante a prática que resulta do hábito. E, porque os dois modos são possíveis, é óbvio que seria também possível fazer a mesma coisa seguindo um método. Pois é possível estudar[5] a razão pela qual tanto são bem-sucedidos os que agem por hábito como os que agem espontaneamente, e todos facilmente concordarão que tal estudo é tarefa de uma arte[6].

Ora, os que até hoje compuseram tratados de retórica ocuparam-se apenas de uma parte dessa arte[7]; pois só os argumentos retóricos[8] são próprios dela, e todo o resto é acessório. Eles, porém, nada dizem dos entimemas[9], que são afinal o corpo da prova, antes dedicam a maior parte dos seus tratados a questões exteriores ao assunto; porque o ataque verbal[10], a compaixão, a ira e outras paixões da alma

---

[5] Θεωρεῖν significa literalmente "ver", mas com a implicação de "teorizar", daquilo que pode ser objeto de teorização ou estudo.

[6] Como τέχνη, a retórica é, para Aristóteles, um corpo de regras e princípios gerais que a razão pode conhecer, uma forma de ἐπιστήμη, por oposição à mera ἐμπειρία, o grau intermédio entre a simples experiência prática e o conhecimento plenamente científico (cf. W. M. A. Grimaldi, *Aristotle, Rhetoric I: A Commentary*, New York, Fordham University Press, 1980, pp. 4-6).

[7] Como observa Grimaldi, esta frase tem sido objeto de várias leituras, mas leituras que não põem em causa a essência do seu sentido. O próprio contexto explicita o que Aristóteles tem em mente, pois anuncia a seguir que o que os tecnógrafos contemporâneos fizeram foi apresentar apenas uma pequena parte da τέχνη. Ao criticá-los, por se concentrarem basicamente no estímulo de uma resposta emocional, Aristóteles está simplesmente dizendo que eles apenas escreveram sobre uma pequena parte da arte retórica. Não nega, portanto, que os πάθη sejam parte da arte retórica. O que põe em causa é o seu mau uso.

[8] O termo πίστις difere no sentido conforme os contextos: fé, meio de persuasão, prova. Em Aristóteles, significa em geral "prova", "prova lógica", "argumentação", "argumento lógico" ou "argumento retórico". A partir daqui, traduzimo-lo simplesmente por "prova". Aristóteles distingue duas categorias de provas – artísticas e não artísticas – e classifica as primeiras em três espécies: prova ética, prova lógica e prova emocional ou patética.

[9] Entimema é um silogismo retórico: a forma dedutiva de argumentação retórica que tem no paradigma a sua forma indutiva.

[10] Διαβολή, ataque verbal calunioso, que inspira a suspeita.

semelhantes a estas não afetam o assunto, mas sim o juiz[11]. De sorte que, se se aplicasse a todos os julgamentos a regra que atualmente se aplica em algumas cidades, sobretudo nas bem governadas, aqueles autores nada teriam para dizer.

Pois todos entendem que as leis o devem referir, e alguns adotam mesmo a prática proibindo que se fale fora do assunto, como também acontece no Areópago, e com toda a razão; pois está errado perverter o juiz incitando-o à ira, ao ódio ou à compaixão. Tal procedimento equivaleria a falsear a regra que se pretende utilizar.

Além disso, é manifesto que o oponente não tem nenhuma outra função senão a de mostrar se o fato em questão é ou não é verdadeiro, aconteceu ou não aconteceu; quanto a saber se ele é grande ou pequeno, justo ou injusto, não havendo uma definição clara do legislador, é certamente ao juiz que cabe decidir, sem cuidar de saber o que pensam os litigantes.

É, pois, sumamente importante que as leis bem-feitas determinem tudo com o maior rigor e exatidão, e deixem o menos possível à decisão dos juízes. Primeiro, porque é mais fácil encontrar um ou poucos homens que sejam prudentes e capazes de legislar e julgar, do que encontrar muitos. Segundo, porque as leis se promulgam depois de uma longa experiência de deliberação, mas os juízos se emitem de modo imprevisto, sendo por conseguinte difícil aos juízes pronunciar-se retamente de acordo com o que é justo e conveniente. E, sobretudo, porque a decisão do legislador não incide sobre um caso particular, mas sobre o futuro e o geral[12], ao passo que o membro da assembleia e o juiz têm de se pronunciar imediatamente sobre casos atuais e concretos. Na sua apreciação dos fatos, intervêm muitas vezes a amizade, a hostilidade e o interesse pessoal, com a consequência de não mais conseguirem discernir a verdade com

---

[11] Nada tem a ver com os fatos essenciais, mas são meramente um aspecto pessoal do homem que está julgando o caso.

[12] Cf. *Ethica Nicomachea* V 14, 1137b13 ss.

exatidão e de o seu juízo ser obscurecido por um sentimento egoísta de prazer ou de dor.

Quanto ao mais, voltamos a dizê-lo, importa deixar à decisão soberana do juiz o mínimo de questões possível, mas não se lhe deve subtrair a tarefa de verificar se um fato ocorreu ou não, se virá ou não a ocorrer, se tem ou não existência real, pois não é possível que o legislador preveja todos esses casos.

E, se o que dizemos é exato, não resta a menor dúvida de que matérias externas ao assunto são descritas como arte por aqueles que definem outras coisas, como, por exemplo, o que devem conter o proêmio ou a narração, e cada uma das demais partes do discurso[13]; pois, ao se ocuparem destas questões, nada mais os preocupa senão o modo como poderão criar no juiz uma certa disposição. Mas, sobre as provas propriamente artísticas, não avançam nenhuma indicação; isto é, sobre aquilo que afinal torna o leitor hábil no uso do entimema.

É por isso que, embora o mesmo método convenha ao gênero deliberativo e ao judicial, e embora a oratória deliberativa seja mais nobre e mais útil ao Estado que a relativa a contratos, aqueles autores nada têm a dizer sobre o primeiro gênero, mas todos se esforçam por elaborar a arte do discurso judicial, porque é menos útil dizer algo fora do assunto nos discursos deliberativos, e porque a oratória política é menos nociva que a judicial, por ser de interesse mais geral. No gênero deliberativo, o ouvinte julga sobre coisas que o afetam pessoalmente e, portanto, o conselheiro apenas precisa demonstrar a exatidão do que afirma. Mas nos discursos judiciais isso não basta, antes há toda a vantagem em cativar o ouvinte; pois os juízes julgam sobre questões alheias e, por conseguinte, buscando o seu interesse e escutando com parcialidade, acabam por satisfazer a vontade

---

[13] Os manuais de retórica demoravam-se no tratamento de cada uma das partes do discurso: ou seja, o proêmio, a narração, as provas e o epílogo.

dos litigantes mas não julgam como devem. Por isso, como 1355a já disse, a lei proíbe em muitos lugares falar do que é alheio ao assunto, ao passo que, nas assembleias deliberativas, são os próprios ouvintes que cuidam de o evitar.

Ora, sendo evidente que o método artístico[14] é o que se refere às provas por persuasão[15] e que a prova por persuasão é uma espécie de demonstração (pois somos persuadidos sobretudo quando entendemos que algo está demonstrado), que a demonstração retórica é o entimema e que este é, geralmente falando, a mais decisiva de todas as provas por persuasão; que, enfim, o entimema é uma espécie de silogismo, e que é do silogismo em todas as suas variantes que se ocupa a dialética[16], no seu todo ou nalguma das suas partes, e é igualmente evidente que quem melhor puder teorizar sobre as premissas – do que e como se produz um silogismo – também será o mais hábil em entimemas, porque sabe a que matérias se aplica o entimema e que diferenças este tem dos silogismos lógicos. Pois é próprio de uma mesma faculdade discernir o verdadeiro e o verossímil, já que os homens têm uma inclinação natural para a verdade e a maior parte das vezes alcançam-na. E, por isso, ser capaz de discernir

---

[14] O estudo da retórica em sentido estrito.

[15] Grimaldi (pp. 19-20) reconhece três significados no termo πίστις: 1) o estado de convicção ou confiança subjetiva que resulta de um raciocínio; 2) o método próprio da arte que produz esse estado de confiança mediante a redução do argumento retórico à sua forma lógica (entimema e exemplo); e 3) as fontes de que procedem as premissas dos argumentos, também assumidas como espécies de prova (ἦθος, πάθος e λόγος). Assim, πίστις tanto significa lealdade, fé, confiança como significa evidência ou prova digna de fé, e as variantes específicas de natureza mais lógica ou psicológica que essas provas podem assumir (cf. David Hay, "*Pistis* as 'Ground for Faith' in Hellenized Judaism and Paul", *Journal of Biblical Literature*, 108, 1989, pp. 461-76).

[16] Dialética é, em Platão e Aristóteles, um conceito abrangente. Apresenta-se na *República* de Platão (531-539) como elemento determinante e vital na educação do filósofo. Poderá definir-se como arte dialógica de argumentação que examina proposições hipotéticas e não certas, bem como as suas consequências. Aristóteles ocupa-se teoricamente dela nos seus *Tópicos*.

sobre o plausível é ser igualmente capaz de discernir sobre a verdade.

Fica portanto claro que os outros autores tratam dentro desta arte o que é alheio ao assunto, como claras ficam as razões por que eles sobretudo se inclinaram para a oratória judicial.

Mas a retórica é útil porque a verdade e a justiça são por natureza mais fortes que os seus contrários. De sorte que, se os juízos não se fizerem como convém, a verdade e a justiça serão necessariamente vencidas pelos seus contrários, e isso é digno de censura. Além disso, mesmo que tivéssemos a ciência mais exata não nos seria fácil persuadir com ela certos auditórios. Pois o discurso científico é próprio do ensino, e o ensino é aqui impossível, visto ser necessário que as provas por persuasão e os raciocínios se formem de argumentos comuns, como já tivemos ocasião de dizer nos *Tópicos*[17] a propósito da comunicação com as multidões. Além disso, é preciso ser capaz de argumentar persuasivamente sobre coisas contrárias, como também acontece nos silogismos; não para fazer uma e outra coisa – pois não se deve persuadir o que é imoral – mas para que não nos escape o real estado da questão e para que, sempre que alguém argumentar contra a justiça, nós próprios estejamos habilitados a refutar os seus argumentos. Ora, nenhuma das outras artes obtém conclusões sobre contrários por meio de silogismos a não ser a dialética e a retórica, pois ambas se ocupam igualmente dos contrários. Não porque os fatos de que se ocupam tenham igual valor, mas porque os verdadeiros e melhores são pela sua natureza sempre mais aptos para os silogismos e mais persuasivos. Além disso, seria absurdo que a incapacidade de defesa física fosse desonrosa, e não o fosse a incapacidade de defesa verbal, uma vez que esta é mais própria do homem do que o uso da força física.

---

[17] *Tópicos* 1.1.

E, se alguém argumentar que o uso injusto desta faculdade da palavra pode causar graves danos, convém lembrar que o mesmo argumento se aplica a todos os bens exceto à virtude, principalmente aos mais úteis, como a força, a saúde, a riqueza e o talento militar; pois, sendo usados justamente, poderão ser muito úteis, e, sendo usados injustamente, poderão causar grande dano.

É, pois, evidente que a retórica não pertence a nenhum gênero particular e definido, antes se assemelha à dialética. É também evidente que ela é útil e que a sua função não é persuadir mas discernir os meios de persuasão mais pertinentes a cada caso, tal como acontece em todas as outras artes; de fato, não é função da medicina dar saúde ao doente, mas avançar o mais possível na direção da cura, pois também se pode cuidar bem dos que já não estão em condições de recuperar a saúde. Além disso, é evidente que pertencem a esta mesma arte o credível e o que tem aparência de o ser, como são próprios da dialética o silogismo verdadeiro e o silogismo aparente[18]; pois o que faz a sofística não é a capacidade mas a intenção. Portanto, na retórica, um será retórico[19] por conhecimento e outro por intenção, ao passo que, na dialética, um será sofista por intenção e outro dialético, não por intenção mas por capacidade[20].

---

[18] Como oportunamente observa G. Kennedy, "Rhetoric uses both logically valid arguments and probabilities. The jump to sophistry in the next sentence perhaps implies a recognition that 'the apparently persuasive' and 'an apparent syllogism' include fallacious arguments that initially sound valid in an oral situation but will not hold up under scrutiny. Both the orator and the dialectician need to be able to recognize these" (*op. cit.*, p. 35, n. 30).

[19] Na época clássica, ῥήτωρ era o orador, e circunstancialmente também o que desempenhava uma função de liderança na assembleia ou um papel ativo no tribunal. No período romano, o termo significa por norma retor, educador, professor de retórica.

[20] A aparente obscuridade desta classificação resulta da falta de um termo diferenciador no campo semântico da retórica como acontece no da dialética. Como observa Quintín Racionero: "en la dialectica, quien usa rectamente de la facultad o capacidad es 'dialéctico' y quien hace un uso desviado de la intención, 'sofista'. En la retórica, en cambio, el nombre es el

Procuremos agora falar do método em si: do modo como e a partir de que fontes poderemos alcançar os nossos objetivos. Depois de novamente definirmos o que é a retórica, como fizemos no princípio, passaremos a expor o que resta do assunto.

2. Definição da retórica e sua estrutura lógica

Entendamos por retórica a capacidade de descobrir[21] o que é adequado a cada caso com o fim de persuadir[22]. Esta não é seguramente a função de nenhuma outra arte; pois cada uma das outras é apenas instrutiva e persuasiva nas áreas da sua competência; como, por exemplo, a medicina sobre a saúde e a doença, a geometria sobre as variações que afetam as grandezas, e a aritmética sobre os números; o mesmo se passando com todas as outras artes e ciências. Mas a retórica parece ter, por assim dizer, a faculdade de

....
mismo en los dos casos – esto es, *rétor*, retórico –, de modo que solo cabe distinguir entre *un rétor por ciencia* (equivalente del dialéctico) *y un rétor por intención* (equivalente del sofista)." De sorte que, "lo que Aristóteles pretende, de todos modos, señalar aquí es que los perjuicios de la retórica, en contra de la crítica platónica, no están ligados al arte o a la facultad oratoria, sino a la intención moral del orador" (Aristóteles, *Retórica*, Madrid, Gredos, 1990, n. 29, p. 173).

[21] Sobre δύναμις... τοῦ θεωρῆσαι, vide David Metzger, "Aristotle's Imperative for Rhetoric", in *The Lost Cause of Rhetoric*, Carbondale, Southern Illinois University Press, 1995, pp. 26-49.

[22] Da reflexão que Quintiliano faz sobre as várias definições clássicas de retórica (*Institutio oratoria*, 2.1-21), quatro se distinguem como as mais representativas: 1) a definição atribuída a Córax e Tísias, Górgias e Platão (a retórica como πειθοῦς δημιουργός, criadora de persuasão; 2) esta de Aristóteles (retórica como "a capacidade de descobrir os meios de persuasão no tratamento de qualquer assunto"); 3) a atribuída a Hermágoras de Temnos (retórica como "a capacidade de falar bem no que respeita ao tratamento e à discussão das questões públicas"); 4) e a de Quintiliano, na linha dos retóricos estoicos (a retórica como "scientia bene dicendi", 2.15.21). São diferenças que refletem preocupações distintas, tanto sobre a natureza e a finalidade da retórica como sobre os seus objeto e conteúdo ético.

descobrir os meios de persuasão sobre qualquer questão dada. E por isso afirmamos que, como arte, as suas regras não se aplicam a nenhum gênero específico de coisas.

Das provas de persuasão, umas são próprias da arte retórica e outras não[23]. Chamo provas inartísticas a todas as que não são produzidas por nós, já existem antes: provas como testemunhos, confissões sob tortura, documentos escritos e outras semelhantes; e provas artísticas, todas as que se podem preparar pelo método e por nós próprios. De sorte que é necessário utilizar as primeiras, mas inventar as segundas.

As provas de persuasão fornecidas pelo discurso são de três espécies: umas residem no caráter moral do orador; outras, no modo como se dispõe o ouvinte; e outras, no próprio discurso, pelo que este demonstra ou parece demonstrar.

Persuade-se pelo caráter quando o discurso é proferido de tal maneira que deixa a impressão de o orador ser digno de fé. Pois acreditamos mais e bem mais depressa em pessoas honestas, em todas as coisas em geral, mas sobretudo nas de que não há conhecimento exato e que deixam margem para dúvida. É, porém, necessário que esta confiança seja resultado do discurso e não de uma opinião prévia sobre o caráter do orador; pois não se deve considerar sem importância para a persuasão a probidade do que fala, como aliás alguns autores desta arte propõem, mas quase se poderia dizer que o caráter é o principal meio de persuasão.

Persuade-se pela disposição dos ouvintes, quando estes são levados a sentir emoção por meio do discurso, pois os juízos que emitimos variam conforme sentimos tristeza ou alegria, amor ou ódio. É desta espécie de prova e só desta que, dizíamos, se tentam ocupar os autores atuais de artes

---

[23] As expressões ἄτεχνοι πίστεις e ἔντεχνοι πίστεις tanto se podem traduzir por provas não técnicas e provas técnicas, como prefere G. Kennedy, como por inartísticas e artísticas ou extrínsecas e intrínsecas, pois se trata das provas que respectivamente não pertencem ou pertencem, resultam ou não da técnica ou arte retórica.

retóricas. E a ela daremos especial atenção quando falarmos das paixões.

Persuadimos, enfim, pelo discurso[24], quando mostramos a verdade ou o que parece verdade, a partir do que é persuasivo em cada caso particular.

Ora, como as provas por persuasão se obtêm por estes três meios, é evidente que delas se pode servir quem for capaz de formar silogismos[25], e puder teorizar sobre os caracteres, sobre as virtudes e, em terceiro lugar, sobre as paixões[26] (o que cada uma das paixões é, quais as suas qualidades, que origem têm e como se produzem). De sorte que a retórica é como um rebento da dialética e daquele saber prático sobre os caracteres a que é justo chamar política. É por isso também que a retórica se cobre com a figura da política, e igualmente aqueles que têm a pretensão de a conhecer, quer por falta de educação, quer por jactância, quer ainda por outras razões inerentes à natureza humana. A retórica é, de fato, uma parte da dialética e a ela se assemelha, como dissemos no princípio[27]; pois nenhuma das duas é ciência de definição de um assunto específico, mas mera faculdade de proporcionar razões para os argumentos.

Sobre a função destas artes e o modo como elas se relacionam entre si, pouco mais nos resta para dizermos o suficiente. Mas no que toca à persuasão pela demonstração real

---

[24] Λόγος significa tanto raciocínio como discurso, referindo-se mais propriamente aqui à vertente lógica do discurso persuasivo.

[25] Raciocinar logicamente.

[26] Compreender o caráter humano, a virtude em todas as suas formas e as paixões.

[27] Não é sem razão que Aristóteles aqui evita o uso das categorias formais de gênero e espécie. Ao dizer que a retórica é uma atividade paralela à dialética, ele não está afirmando que ela é uma espécie da dialética, pois contém elementos que dela não são próprios – especialmenteo efeito persuasivo do caráter e a emoção. Também não afirma que a dialética é uma espécie da retórica, embora enfatize a vertente lógica desta e a sua direta relação com ela; e isto talvez porque a dialética se ocupe das questões universais e a retórica das particulares (cf. G. Kennedy, 1991, 39, n. 46).

ou aparente, assim como na dialética se dão a indução, o 1356b
silogismo e o silogismo aparente, também na retórica acontece o mesmo. Pois o exemplo é uma indução, o entimema é um silogismo, e o entimema aparente é um silogismo aparente. Chamo entimema ao silogismo retórico e exemplo à indução retórica. E, para demonstrar, todos produzem provas por persuasão, quer recorrendo a exemplos, quer a entimemas, pois fora destes nada mais há. De sorte que, se é realmente necessário que toda a demonstração se faça ou pelo silogismo ou pela indução (e isso é para nós claro desde os *Analíticos*[28]), então importa que estes dois métodos sejam idênticos nas duas artes.

Quanto à diferença entre o exemplo e o entimema, ela está clara nos *Tópicos*[29] (pois já aí se falou do silogismo e da indução). Demonstrar que algo é assim na base de muitos casos semelhantes é na dialética indução e na retórica exemplo; mas demonstrar que, de certas premissas, pode resultar uma proposição nova e diferente só porque elas são sempre ou quase sempre verdadeiras, a isso se chama em dialética silogismo e entimema na retórica.

É também claro que cada uma destas espécies retóricas tem o seu mérito; pois o que foi dito na *Metódica*[30] aplica-se igualmente aqui. De fato, uns exercícios retóricos são paradigmáticos e outros entimemáticos; e, de igual modo, uns oradores são melhores em exemplos e outros em entimemas. Não são, portanto, menos persuasivos os discursos baseados em exemplos, mas os que se baseiam em entimemas são mais aplaudidos. Da causa destas diferenças e do modo como se deve usar cada um deles falaremos mais adiante. De momento, tentaremos definir um e outro com mais precisão.

....

[28] *Analytica priora* II 23; *Analytica posteriora* I 1.
[29] *Tópicos* I 1; I 12.
[30] Trata-se de uma obra perdida de Aristóteles. Temos dela notícia em Dionísio de Halicarnasso, *Epistula ad Ammaeum.*, 1.6, 8; no *Catálogo*, 52, de Diógenes Laércio; e em Hesíquio Milésio, *Vita Arist.*

Atendendo a que o persuasivo é persuasivo para alguém (ou é persuasivo e crível imediatamente e por si mesmo, ou parece sê-lo porque demonstrado mediante premissas persuasivas e convincentes), e atendendo a que nenhuma arte se ocupa do particular – por exemplo, a medicina, que não especifica o que é remédio para Sócrates ou Cálias mas para pessoas da sua condição (pois isso é que é próprio de uma arte, já que o individual é indeterminado e não objeto de ciência) –, tampouco a retórica teorizará sobre o provável para o indivíduo – por exemplo, para Sócrates ou Hípias –, mas sobre o que parece verdade para pessoas de uma certa condição, como também faz a dialética[31]. Pois também esta não forma silogismos de premissas tomadas ao acaso (ainda que assim pareça aos insensatos) mas das que o raciocínio requer, e a retórica forma-os da matéria sobre que estamos habituados a deliberar.

A função desta consiste em tratar das questões sobre as quais deliberamos e para as quais não dispomos de artes específicas, e isto perante um auditório incapaz de ver muitas coisas ao mesmo tempo ou de seguir uma longa cadeia de raciocínios. Nós deliberamos sobre as questões que parecem admitir duas possibilidades de solução, já que ninguém delibera sobre as coisas que não podem ter acontecido, nem vir a acontecer, nem ser de maneira diferente; pois, nesses casos, nada há a fazer.

É possível formar silogismos e tirar conclusões tanto de coisas antes estabelecidas pelo silogismo como de premissas de que não se formou silogismo mas que o requerem por não serem correntemente aceitas. Destas duas linhas de raciocínio, a primeira cadeia de silogismos é necessariamente difícil de seguir devido à sua extensão (pois se supõe que o juiz é uma pessoa simples), e a segunda não é persuasiva porque as premissas nem são admitidas por todos, nem são

---

[31] Como assinala G. Kennedy, a dialética constrói a sua prova sobre a opinião geral, da maioria ou dos sábios. Nos *Tópicos* I 10, 104 ss., estabelecem-se as condições para que uma proposição seja dialética: que ela pareça crível aos sábios, sem que ao homem comum pareça incrível.

plausíveis. De sorte que é necessário que o entimema e o exemplo se ocupem de coisas que podem ser para a maior parte também de outro modo: o exemplo como indução, e o entimema como silogismo, formado de poucas premissas e em geral menos do que as do silogismo primário[32]. Porque, se alguma destas premissas é bem conhecida, nem sequer é necessário enunciá-la; pois o próprio ouvinte a supre. Como, por exemplo, para concluir que Dorieu recebeu uma coroa como prêmio da sua vitória, basta dizer: pois foi vencedor em Olímpia[33], sem que haja necessidade de se acrescentar a Olímpia a menção da coroa, porque isso toda a gente o sabe[34].

Como são poucas as premissas necessárias à formação dos silogismos retóricos (a maior parte dos assuntos sobre que incidem juízos e deliberações pode receber solução diferente, pois deliberamos e refletimos sobre as ações, todas elas apresentam em comum esta particularidade, e nenhuma delas é, por assim dizer, necessária), e como as coisas que acontecem à maioria e são possíveis apenas se podem provar mediante silogismos formados de premissas semelhantes, tal como as necessárias se concluem das necessárias (o que também sabemos pelos *Analíticos*)[35], é evidente que, das premissas de que se formam os entimemas, umas serão necessárias, mas a maior parte é apenas frequente. E, uma vez que os entimemas derivam de probabilidades e sinais, é necessário que cada um destes se identifique com a classe de entimema correspondente[36].

---

[32] O silogismo plenamente expresso: com premissa maior, premissa menor e conclusão; o entimema: com menos uma premissa, geralmente a menor.

[33] Os Jogos Olímpicos.

[34] O entimema foi posteriormente entendido como um silogismo abreviado, em que uma das premissas, geralmente a maior, não se expressava. Por exemplo: "Sócrates é mortal porque é homem"; ou, na ordem inversa, "Se Sócrates é homem, é mortal". Em ambos os casos se assume que "todos os homens são mortais".

[35] *Analytica priora* I 8, 29b32-35.

[36] O que significa que os entimemas necessários correspondem aos indícios (σημεῖα ἀναγκαῖα ou τεκμήρια), e os frequentemente verdadeiros correspondem às probabilidades (εἰκότα).

Com efeito, probabilidade[37] é o que geralmente acontece, mas não absolutamente, como alguns definem; antes versa sobre coisas que podem ser de outra maneira, e relaciona-se no que concerne ao provável como o universal se relaciona com o particular. Quanto aos sinais[38], uns apresentam uma relação do particular para o universal, outros uma relação do universal para o particular. Destes sinais, os necessários são *argumentos irrefutáveis*, e os não necessários não têm nome peculiar que traduza a diferença. Chamo, portanto, necessários àqueles sinais a partir dos quais se pode formar um silogismo. E, por isso, é argumento irrefutável o que entre os sinais é necessário, pois quando se pensa que já não é possível refutar uma tese, então pensa-se que se aduz um argumento concludente ou irrefutável [*tekmérion*], como se o assunto já estivesse demonstrado e concluído; visto que *tékmar* [conclusão] e *péras* [fim] significam o mesmo na língua antiga.

Dentre os sinais, um é como o particular em relação ao universal; por exemplo, um sinal de que os sábios são justos é que Sócrates era sábio e justo. Este é na verdade um sinal, mas refutável, embora seja verdade o que se diz, pois não é susceptível de raciocínio por silogismo. O outro, o sinal necessário, é como alguém dizer que é sinal de uma pessoa estar doente o ter febre, ou de uma mulher ter dado à luz o ter leite. E, dos sinais, este é o único que é um *tekmérion*, um argumento concludente, pois é o único que, se for verdadeiro, é irrefutável. É exemplo da relação do universal

---

[37] A probabilidade é uma premissa plausível (ἔνδοξον), na medida em que coincide com uma opinião geralmente admitida.

[38] Σημεῖον é um sinal, signo ou indício de que algo aconteceu ou existe. Por comparação com o conceito de probabilidade, o sinal supõe a relação entre dois fatos. Se esta relação for necessária, o sinal chama-se τεκμήριον (argumento concludente ou prova irrefutável). Se não for necessária, a conclusão reduz-se a uma mera probabilidade. De sorte que tanto o εἰκός como o σημεῖον constituem modos da probabilidade real: no primeiro caso, da probabilidade de um fato; no segundo, da probabilidade de uma relação (cf. Quintín Racionero, *op. cit.*, p. 186, n. 59).

com o particular se alguém disser que é sinal de febre ter a respiração rápida. Este, porém, é também refutável, embora verdadeiro, pois é possível ter a respiração ofegante mesmo sem febre.

Fica, pois, até aqui explicado o que é uma probabilidade, um sinal e um *tekmérion*, bem como o que os distingue. Foi, porém, nos *Analíticos*[39] que estes foram mais explicitamente tratados, bem como a razão pela qual certas proposições são impróprias para o silogismo e outras são adequadas à sua formação.

Já referimos que o exemplo é uma indução e de que coisas esta indução se ocupa. O exemplo não apresenta relações da parte para o todo, nem do todo para a parte, nem do todo para o todo, mas apenas da parte para a parte, do semelhante para o semelhante. Quando os dois termos são do mesmo gênero, mas um é mais conhecido do que o outro, então há um exemplo; como quando se afirma que Dionísio tenta a tirania porque pede uma guarda; pois também antes Pisístrato, ao intentá-la, pediu uma guarda e converteu-se em tirano mal a conseguiu, e Teágenes fez o mesmo em Mégara; estes e outros que se conhecem, todos eles servem de exemplo para Dionísio, de quem ainda não se sabe se é essa a razão por que a pede. Todos estes casos particulares se enquadram na mesma noção geral de que quem aspira à tirania pede uma guarda pessoal.

Dissemos o que tínhamos a dizer sobre as fontes das provas por persuasão que parecem demonstrativas. Mas, quanto aos entimemas, a maior diferença e a mais ignorada por quase todos é a mesma que existe entre os silogismos dentro do método dialético; pois alguns entimemas são formados de acordo com o método retórico, como também alguns silogismos o são de acordo com o método dialético; outros entimemas, porém, são formados conforme outras artes e faculdades, umas já existentes, outras ainda não des-

1358a

---

[39] *Analytica priora* II 27; *Analytica posteriora* I 30.

cobertas. É por isso que estas diferenças não são percebidas pelos ouvintes, e quanto mais se trata o assunto com método mais se sai dos limites da retórica e da dialética. O que dizemos ficará mais claro se o expusermos mais pormenorizadamente.

Digo, pois, que os silogismos retóricos e dialéticos são aqueles que temos em mente quando falamos de *tópicos*[40]; estes são os lugares-comuns em questões de direito, de física, de política e de muitas disciplinas que diferem em espécie, como, por exemplo, o tópico de mais e menos; pois será

....

[40] Não é clara a doutrina aristotélica sobre os τόποι, pois Aristóteles nem nos *Tópicos* nem na *Retórica* nos dá deles uma definição explícita. São princípios ou fontes de argumentação de natureza lógica ou retórica, e apresentam-se geralmente divididos em dois grupos distintos: os ἴδιοι τόποι e os κοινοὶ τόποι. Os primeiros apresentam-se como os tópicos relativos a determinadas artes ou ciências, e especificamente apropriados a cada um dos gêneros do discurso oratório. Deles se forma o maior número de entimemas. Os segundos apresentam-se como tópicos caracteristicamente retóricos, mais gerais, e aplicáveis a todos os gêneros de discurso. Mas esta divisão carece de alguma clarificação. Sendo εἴδη o termo técnico privilegiado por Aristóteles para representar as proposições adequadas a cada gênero, Y. Pelletier sustenta que o primeiro livro da *Retórica* se ocupa das *espécies próprias* de cada gênero, e a maior parte do segundo ocupa-se das *espécies comuns*, pertinentes em comum aos três gêneros oratórios. As primeiras proposições têm por objeto persuadir como útil, justa, bela, ou de qualidade contrária a ação argumentada. As últimas constituem os elementos preparatórios da argumentação principal e têm por objeto persuadir essa ação como possível ou impossível, real ou irreal, com maior ou menor índice da grandeza. Mas só os τόποι de que Aristóteles se ocupa no final do segundo livro são, segundo Pelletier, os verdadeiros lugares-comuns, como fórmulas de seleção e estratégias de argumentação "useful for the discovery and construction of a number of different arguments" ["Aristote et la découverte oratoire", III, *Laval Théologique et Philosophique*, 37 (1981), p. 65. Cf. *ibidem*, I, 35 (1979), pp. 3-20; II, 36 (1980), pp. 29-46; III, 37 (1981), pp. 45-67]. Assim, e no seu entender, Aristóteles distingue três categorias de τόποι: os ἴδια εἴδη, que fornecem as premissas adequadas a cada um dos três gêneros do discurso oratório; os κοινά, que fornecem as premissas adequadas a qualquer dos três gêneros; e os κοινοί τόποι, que constituem os métodos formais de raciocínio "according to which enthymemes can be constructed through the use of the premises provided by the *eide* and *koina*" (L. Arnhart, *Aristotle on Political Reasoning. A Commentary on the "Rhetoric"*, Decalb, IL, Northern Illinois University Press, 1981, p. 51).

tão possível com este formar silogismos ou dizer entimemas sobre questões de direito como dizê-los sobre questões de física ou de qualquer outra disciplina ainda que estas difiram em espécie. São, porém, específicas as conclusões derivadas de premissas que se referem a cada uma das espécies e gêneros; como, por exemplo, as premissas sobre questões de física, das quais não é possível tirar nem entimema nem silogismo aplicável à ética; e outras sobre ética, de que não se pode tirar nem entimema nem silogismo aplicável à física. O mesmo se passa com todas as demais disciplinas. Aqueles raciocínios não farão ninguém compreender qualquer gênero de ciência, pois não versam sobre nenhum assunto particular. Mas os específicos, quanto melhor escolha alguém fizer das suas premissas, mais construirá, sem se dar conta, uma ciência distinta da dialética e da retórica. Pois, se, por acaso, volta aos princípios, não será já dialética nem retórica, mas a ciência de que tomou esses princípios.

Ora, a maior parte dos entimemas deriva destas espécies ditas particulares e específicas, sendo em menor número os que derivam das comuns. É portanto necessário fazer também aqui, como nos *Tópicos*, uma distinção entre as espécies e os lugares de que se devem tomar os entimemas. Eu chamo espécies às premissas próprias de cada gênero, e lugares às que são comuns igualmente a todos. Falaremos, pois, em primeiro lugar das espécies, mas, antes, definiremos os gêneros da retórica para que, determinando quantos são, tomemos separadamente os seus elementos[41] e premissas.

3. Os três gêneros de retórica: deliberativo, judicial e epidíctico

As espécies de retórica são três em número; pois outras tantas são as classes de ouvintes dos discursos. Com efeito, o discurso comporta três elementos: o orador, o assunto de

---

[41] Στοιχεῖα significa aqui τόποι, como em 2.22.13 e em 26.1.

que fala, e o ouvinte; e o fim do discurso refere-se a este último, isto é, ao ouvinte. Ora, é necessário que o ouvinte ou seja espectador ou juiz, e que um juiz se pronuncie ou sobre o passado, ou sobre o futuro. O que se pronuncia sobre o futuro é, por exemplo, um membro de uma assembleia; o que se pronuncia sobre o passado é o juiz; o espectador, por seu turno, pronuncia-se sobre o talento do orador. De sorte que é necessário que existam três gêneros de discursos retóricos: o deliberativo[42], o judicial[43] e o epidíctico[44].

Numa deliberação temos tanto o conselho como a dissuasão; pois tanto os que aconselham em particular como os que falam em público fazem sempre uma destas duas coisas. Num processo judicial temos tanto a acusação como a defesa, pois é necessário que os que pleiteiam façam uma destas coisas. No gênero epidíctico temos tanto o elogio como a censura. Os tempos de cada um destes são: para o que delibera, o futuro, pois aconselha sobre eventos futuros, quer persuadindo, quer dissuadindo; para o que julga, o passado, pois é sempre sobre atos acontecidos que um acusa e outro defende; para o gênero epidíctico o tempo principal é o presente, visto que todos louvam ou censuram eventos atuais, embora também muitas vezes argumentem evocando o passado e conjecturando sobre o futuro.

Cada um destes gêneros tem um fim diferente e, como são três os gêneros, três são também os fins. Para o que delibera, o fim é o conveniente ou o prejudicial; pois o que aconselha recomenda-o como o melhor, e o que desaconselha dissuade-o como o pior, e todo o resto – como o justo ou o injusto, o belo ou o feio – o acrescenta como complemento. Para os que falam em tribunal, o fim é o justo e o injusto, e o resto também estes o acrescentam como acessório. Para os que elogiam e censuram, o fim é o belo e o feio, acrescentando, eles também, outros raciocínios acessórios. Sinal de

---

[42] Ou político.
[43] Ou forense.
[44] Ou demonstrativo.

que o fim de cada gênero é o que acabamos de referir, é que por vezes o orador não chega a disputar sobre nenhuma outra coisa; por exemplo, o orador forense pode não negar que fez algo ou que agiu mal, mas nunca confessará que cometeu intencionalmente a injustiça, pois então não seria necessário o juízo. Do mesmo modo, os oradores que aconselham prescindirão muitas vezes do resto, mas jamais confessarão que recomendam coisas prejudiciais ou que dissuadem de algo que é proveitoso; muitas vezes nem sequer levam em conta que é injusto escravizar os povos vizinhos, mesmo quando não cometeram nenhuma injustiça. De modo semelhante, os que elogiam e os que censuram não consideram se uma pessoa praticou ações convenientes ou prejudiciais, antes com frequência a louvam por haver descuidado os seus interesses pessoais só para cumprir o dever. Louvam, por exemplo, Aquiles por ter ido em socorro do seu amigo Pátroclo, sabendo que tinha por isso de morrer, quando, se não o fizesse, poderia continuar a viver. Para ele tal morte era mais honrosa, mas era conveniente viver[45]. É evidente, pelo que acaba de ser dito, que é primeiramente necessário ter as premissas destas três coisas[46], pois as provas irrefutáveis[47], as probabilidades e os sinais são premissas retóricas. Porque, em geral, todo o silogismo se constrói a partir de premissas, e o entimema não é mais do que um silogismo que se deduz das ditas premissas[48]. Ora, visto que as coisas impossíveis não podem ter sido feitas no passado, nem se podem fazer no futuro, que apenas as coisas possíveis o podem, que as coisas irreais e irrealizáveis não podem ter sido feitas no passado ou fazer-se no futuro, é ne-

1359a

---

[45] Cf. *Il.*, 18.79 ss.

[46] O conveniente, o justo, o belo, e seus contrários.

[47] Τεκμήριον é o nome dado ao ἀναγκαῖον σημεῖον, a prova necessária, concludente ou irrefutável, por oposição ao σημεῖον ἀνώνυμον, bem mais próximo do sentido de εἰκός.

[48] Isto é, dos τεκμήρια, dos εἰκότα e dos σημεῖα (evidências ou argumentos irrefutáveis, probabilidades e indícios).

cessário que o orador deliberativo, o judicial e o epidíctico tenham premissas sobre o possível e o impossível, se algo aconteceu ou não, e se virá a ter ou não lugar. Além disso, como todos os oradores, quando elogiam ou censuram, exortam ou dissuadem, acusam ou defendem, não só se esforçam por provar o que disseram, mas também que o bom ou o mau, o belo ou o feio, o justo ou o injusto são grandes ou pequenos, quer falem das coisas em si, quer as comparem entre si, é evidente que seria também necessário ter premissas sobre o grande e o pequeno, o mais e o menos, tanto em geral como em particular; como, por exemplo, qual é o maior ou menor bem, a maior ou menor ação justa ou injusta; e o mesmo em relação às demais coisas. Acabamos de referir os lugares onde devemos necessariamente ir buscar as premissas. A seguir, devemos fazer distinção entre cada um deles individualmente; isto é, os que pertencem à deliberação, aos discursos epidícticos e, em terceiro lugar, aos judiciais.

4. O gênero deliberativo

Importa primeiramente compreender que coisas, boas ou más, aconselha o orador deliberativo, pois ele não se ocupa de todas as coisas, mas apenas das que podem vir a acontecer ou não. Sobre tudo o que necessariamente existe ou existirá, ou sobre tudo o que é impossível que exista ou venha a existir, sobre isso não há deliberação. Nem mesmo há deliberação para tudo o que é possível; pois, dentre os bens que podem acontecer ou não, uns há por natureza e outros por acaso em que a deliberação de nada aproveitaria. Mas os assuntos passíveis de deliberação são claros; são os que naturalmente se relacionam conosco e cuja produção está nas nossas mãos. Pois desenvolvemos a nossa observação até descobrirmos se nos é possível ou impossível fazer isso. Ora, não é necessário de momento enumerar com exatidão cada coisa sobre o que se costuma deliberar, nem dividi-la em espécies, nem mesmo dar dela uma real definição conforme a verdade, porque tudo isso não é próprio da retórica, mas sim de uma outra arte mais penetrante e verdadeira, e também porque atualmente lhe são atribuídas muitas mais matérias do que as que lhe são próprias. Com efeito, é certo o que atrás dissemos, que a retórica se compõe, por um lado, da ciência analítica e, por outro, do saber político relativo aos caracteres; além disso, ela é semelhante, por um lado à dialética, e por outro aos discursos sofísticos. E, quanto mais se tentarem imaginar a dialética ou a retórica não apenas como faculdades mentais mas como ciências, tanto mais se estará inadvertidamente obscurecendo a sua real natureza, passando-se com isso a construir ciências relativas a determinadas matérias estabelecidas e não só a discursos. Ocupemo-nos, porém, agora do que é útil analisar sobre o assunto, e ainda deixaremos campo de observação para a ciência política.

Os temas mais importantes sobre os quais todos deliberam e sobre os quais os oradores deliberativos dão conselho em público são basicamente cinco, a saber: finanças, guerra e paz, defesa nacional, importações e exportações, e legislação.

Por conseguinte, quem se dispuser a dar conselhos sobre finanças deverá conhecer os recursos que tem a cidade e qual o seu valor, a fim de, se algum for omitido, o repor, e, se algum for insuficiente, o aumentar. Deve também conhecer todas as despesas da cidade, a fim de eliminar o que for supérfluo e reduzir o que for excessivo. Pois não só enriquecem os que aumentam os bens que já possuem, como também os que reduzem os gastos. E não é só pela experiência interna que se alcança uma visão geral destas coisas, é também necessário estar informado do que os outros povos descobriram para aconselhar sobre o assunto.

Quanto à guerra e à paz, é preciso conhecer o poder da cidade, quanta força já tem e a quanta pode chegar, a natureza das forças que tem à sua disposição e as que pode acrescentar; e, além disso, que guerras travou e como pelejou. É necessário saber estas coisas não só sobre a própria cidade, mas também sobre as cidades vizinhas. É necessário ainda saber com que povos se pode esperar fazer a guerra, a fim de manter a paz com as mais fortes e fazer a guerra contra as mais fracas. É também necessário saber se os recursos militares da cidade são iguais ou desiguais aos dos vizinhos, pois nisto também pode ser superior ou inferior. Além disso, é necessário ter estudado não só as guerras da própria cidade, mas também as das outras em função dos seus resultados, pois de causas semelhantes resultam efeitos semelhantes.

Quanto à defesa do país, não se deve ignorar o modo como este é guardado, mas conhecer o número e a espécie das tropas que o defendem, bem como os lugares em que estão as fortalezas (o que é impossível para quem não tem experiência do território), a fim de que a defesa seja reforçada se for pequena, e removida se for em excesso, e se protejam os lugares mais convenientes.

Também, quanto a provisões, é necessário conhecer quantos e quais os gastos suficientes à cidade, que alimentos são produzidos no seu solo e quais são importados, que exportações e importações são necessárias, a fim de se fazerem os devidos tratados e acordos. Pois é necessário que os cidadãos não deem motivo de queixa a duas classes de povos: aos que são mais fortes e aos que são úteis para o comércio.

Para a segurança do Estado é necessário observar todas estas coisas, mas não menos ser entendido em legislação; pois é nas leis que está a salvação da cidade. Portanto, é indispensável saber quantas são as formas de governo, o que convém a cada uma, e por que causas – próprias de uma forma de governo ou contrárias a ela – se corrompem. Digo que se corrompem por causas próprias, porque, excetuando a melhor forma de governo, todas as demais se corrompem quer por afrouxamento, quer por tensão excessiva. Como, por exemplo, a democracia, que se torna mais débil a ponto de finalmente se transformar em oligarquia, não só quando afrouxada, mas também quando tornada extremamente tensa; à semelhança do nariz aquilino e achatado, que se torna normal quando um destes defeitos abranda, ou se altera a ponto de não mais parecer nariz quando se torna excessivamente aquilino e achatado. É útil para a legislação não só saber, pela observação do passado, qual é a forma de governo conveniente, mas também conhecer as dos outros países e que formas de governo se lhes ajustam. É, por conseguinte, claro que os relatos de viagens pelo mundo são úteis para a legislação, pois neles se podem aprender as leis dos povos, como o são para as deliberações políticas as investigações daqueles que escrevem sobre as ações humanas. Mas tudo isso pertence ao domínio da política e não da retórica.

Estas são, pois, as questões mais importantes sobre as quais deve inferir premissas quem se propõe aconselhar. Voltemos agora a referir as fontes de que devem derivar os argumentos de exortação ou dissuasão sobre estes e outros assuntos.

1360b

5. A felicidade, fim da deliberação

Pode dizer-se que cada homem em particular e todos em conjunto têm um fim em vista[49], tanto no que escolhem fazer como no que evitam. Este fim é, em suma, a felicidade e as suas partes[50]. Indiquemos, portanto, a título de exemplo, o que em geral se entende por felicidade e quais os elementos das suas partes constituintes; pois é dela mesma, das ações que para ela tendem e daquelas que lhe são contrárias que versam todos os conselhos e dissuasões. De fato, deve fazer-se o que proporciona a felicidade ou alguma das suas partes, o que a aumenta e não diminui; mas não

---

[49] O termo σκόπος apenas ocorre aqui e mais duas vezes na *Retórica* (em 1362a18 e em 1366a24). É aparentemente sinônimo de τέλος, mas designando o objetivo ou propósito geral.

[50] Elementos constituintes.

se deve fazer o que a destrói ou impede, ou produz os seus contrários.

Seja, pois, a felicidade o viver bem combinado com a virtude, ou a autossuficiência na vida, ou a vida mais agradável com segurança, ou a pujança de bens materiais e dos corpos juntamente com a faculdade de os conservar e usar; pois praticamente todos concordam que a felicidade é uma ou várias destas coisas.

Ora, se tal é a natureza da felicidade, é necessário que as suas partes sejam a nobreza, muitos amigos, bons amigos, a riqueza, bons filhos, muitos filhos, uma boa velhice; também as virtudes do corpo como a saúde, a beleza, o vigor, a estatura, a força para a luta; a reputação, a honra, a boa sorte, e a virtude [ou também as suas partes: a prudência, a coragem, a justiça e a temperança][51]. Com efeito, uma pessoa seria inteiramente autossuficiente se possuísse os bens internos e externos, pois fora destes não há outros. Os bens internos são os da alma e os do corpo; os externos são a nobreza, os amigos, o dinheiro e a honra. Cremos, contudo, que a estes se devem acrescentar certas capacidades e boa sorte, pois assim a vida será muito mais segura. Definamos agora da mesma maneira cada um destes bens em particular.

Nobreza significa para um povo e uma cidade que a origem dos seus membros é autóctone ou antiga, que os seus primeiros chefes foram ilustres, e que muitos descendentes se ilustraram em qualidades invejáveis. Para um indivíduo, a nobreza deriva do homem ou da mulher e tem legitimidade de ambos os lados; como no caso da cidade, significa que os seus primeiros antepassados se distinguiram pela virtude, pela riqueza ou por qualquer outra coisa honrosa, e que muitos foram os membros ilustres da sua linhagem, homens e mulheres, novos e velhos.

O ter bons e numerosos filhos não é tema que ofereça dúvidas. Para a comunidade, isso consiste em ter uma ju-

---

[51] Este passo é omisso nos melhores manuscritos. Trata-se seguramente de uma adição posterior.

ventude numerosa e boa; boa quanto às virtudes do corpo, como estatura, beleza, força e capacidade para a luta; quanto à alma, as virtudes do jovem são temperança e coragem. Para o indivíduo, ter bons e numerosos filhos significa ter muitos filhos próprios, de ambos os sexos, e com as qualidades descritas. No caso das mulheres, as virtudes do corpo são a beleza e a estatura, e as da alma são a temperança e o amor ao trabalho sem servilismo. Os indivíduos e a comunidade devem de modo semelhante procurar desenvolver cada uma destas qualidades nos seus filhos e filhas; pois os povos em que há imoralidade nas mulheres, como os lacedemônios, apenas podem se considerar meio felizes.

Os elementos da riqueza são a abundância de dinheiro e terra, a posse de terrenos que sobressaiam pela sua quantidade, extensão e beleza, e ainda a posse de móveis, escravos e gado superiores em número e em beleza, sendo todos estes bens seguros, dignos de um homem livre e úteis. São úteis sobretudo os bens produtivos, e dignos de um homem livre os de mero desfrute. Chamo produtivos aos bens que dão lucro, e de mero desfrute aqueles que nenhuma utilidade têm que mereça menção, além do seu uso. Segurança pode definir-se como posse de bens em lugares e condições cujo uso está nas nossas mãos; propriedade, como o direito de alienação ou não; e por alienação entendo doação ou venda. Em geral, ser rico consiste mais em usar do que em possuir, pois o exercício e o uso de tais bens é a riqueza.

A boa reputação consiste em ser considerado por todos um homem de bem, ou em possuir um bem tal que todos, a maioria, os bons ou os prudentes o desejam.

A honra é sinal de boa reputação por fazer bem; são justamente honrados sobretudo os que têm feito o bem, eles e também o que tem a capacidade de o fazer. A beneficência refere-se tanto à segurança pessoal e a todas as causas de existência, como à riqueza, como ainda a qualquer outro bem cuja aquisição não é fácil, seja em geral, seja num tempo ou num lugar determinados; porque muitos ganham honras por causas que parecem pouco importantes, mas isso depende dos lugares e das circunstâncias. As componentes da honra são: os sacrifícios, as inscrições memoriais em verso e em prosa, os privilégios, as doações de terras, os principais assentos, os túmulos, as estátuas, os alimentos concedidos pelo Estado; práticas bárbaras, como a de se prosternar e ceder o lugar; e os presentes apreciados em cada país. Pois o presente é a dádiva de um bem e um sinal de honra; e por isso os desejam tanto os que ambicionam riqueza como os 1361b que perseguem honras, pois com eles ambos obtêm o que buscam: bens materiais, o que desejam os avarentos; e honra, o que buscam os ambiciosos.

A virtude do corpo é a saúde; e esta consiste em poder usar o corpo sem enfermidade; pois muitos são saudáveis como se diz que foi Heródico, a quem ninguém consideraria feliz em matéria de saúde, uma vez que, [para a manter], tinha de se abster de todos ou quase todos os prazeres humanos.

A beleza é diferente em cada idade. A beleza do jovem consiste em ter um corpo capaz de suportar as fadigas, tanto da corrida como da força, sendo agradável vê-lo em espectáculo; por isso, os mais belos são os atletas do pentatlo, porque por natureza estão igualmente dotados para a força e a velocidade. A beleza do homem maduro consiste na aptidão para os trabalhos da guerra, e em parecer agradável inspirando temor. A beleza do velho consiste na suficiência para resistir às fadigas inevitáveis e em estar livre de dores para não sofrer nenhum dos inconvenientes da velhice.

O vigor é a capacidade de mover um outro corpo como se quer; ora, um corpo move-se necessariamente puxando-o, empurrando-o, elevando-o, apertando-o ou comprimindo-o, de maneira que, quem é forte, é-o por poder fazer todas estas coisas ou algumas delas.

A virtude da grandeza consiste em superar os outros em altura, extensão e largura, com a reserva de que o excesso não afrouxe os movimentos.

A virtude agonística do corpo é composta de grandeza, vigor e rapidez (pois também o rápido é vigoroso); com efeito, quem puder impulsionar as pernas de uma certa maneira, e movê-las rápida e agilmente, é dotado para a corrida; quem puder apertar e conter é apto para a luta; quem conseguir defender-se a soco está apto para o pugilato; quem puder fazer estes dois exercícios é atleta do pancrácio; e quem os puder fazer todos é atleta do pentatlo.

A boa velhice é uma velhice lenta e sem dor; pois não é boa velhice a do que envelhece rapidamente, nem a do que envelhece devagar mas com sofrimento. Ela depende das virtudes do corpo e da sorte, pois quem não é saudável nem forte não estará livre de sofrimento nem viverá uma vida longa e sem dor sem a ajuda da sorte. À parte o vigor e a saúde, existe ainda uma outra faculdade de longevidade, pois muitos têm a vida longa sem as virtudes do corpo. Mas a minúcia destas questões em nada seria útil para o presente propósito.

O significado de muitos e bons amigos é fácil de compreender a partir da definição de amigo: amigo é aquele que pratica a favor do outro o que julga que é bom para si. Quem tem muitos destes tem muitos amigos; e, se estes são homens virtuosos, tem bons amigos.

A boa sorte consiste na aquisição ou na posse daqueles bens cuja causa é a fortuna: de todos, da maior parte ou dos mais importantes. Ora, a fortuna é a causa de algumas coisas que também as artes proporcionam, e de muitas outras que não dependem das artes, como, por exemplo, as que a natureza dispensa (e também é possível que a fortuna seja contrária à natureza). Pois a arte é a causa da saúde, mas é a natureza a causa da beleza e da estatura. Em geral, os bens procedentes da fortuna são os que provocam a inveja. A fortuna é também a causa daqueles bens que não têm explicação lógica, como quando os restantes irmãos são feios e um deles é belo, ou quando um homem descobriu um tesouro que os outros não viram, ou quando a flecha atingiu o companheiro do lado e não o alvo, ou ainda quando um homem que sempre frequentou um determinado lugar foi o único que faltou, precisamente no dia em que outros foram pela primeira vez e nele encontraram a morte. Todos estes casos parecem ser exemplos de boa sorte.

Quanto à virtude, uma vez que ela é o lugar mais apropriado para os elogios, defini-la-emos quando nos ocuparmos do elogio.

6. O objetivo da deliberação: o bom e o conveniente

Fica assim claro que coisas futuras ou presentes se devem ter em mente na exortação e na dissuasão, pois elas são contrárias. Mas como o objetivo do que delibera é o conveniente, e as pessoas deliberam, não sobre o fim, mas sobre os meios que a ele conduzem, e como tais meios são o que é conveniente sobre as ações e o conveniente é bom, importa dar uma definição geral dos elementos acerca do bom e do conveniente.

Entendamos por bom o que é digno de ser escolhido em si e por si, e aquilo em função de que escolhemos outra coisa; também aquilo a que todos aspiram, tanto os que são dotados de percepção e razão, como os que puderem alcançar a razão; tudo o que a razão pode conceder a cada indivíduo, e tudo o que a razão concede a cada indivíduo em relação a cada coisa, isso é bom para cada um; e tudo o que, pela sua presença, outorga bem-estar e autossuficiência; e a própria autossuficiência; e o que produz ou conserva esses bens; e aquilo de que tais bens resultam; e o que impede os seus contrários e os destrói.

As consequências são de dois tipos: simultâneas ou posteriores; por exemplo, o conhecimento é posterior à aprendizagem, mas a saúde é simultânea à vida. As causas produtoras são de três tipos: umas, como o estar são, produzem saúde; outras, como os alimentos, produzem a saúde; e outras, como o fazer exercício, dão, em geral, saúde. Estabelecido isto, segue-se necessariamente que sejam boas tanto a aquisição de coisas boas como a perda de coisas más; pois neste caso a consequência de não ter mais o mal é concomitante, e no primeiro a de ter o bem é subsequente. O mesmo se aplica à aquisição de um bem maior em vez de um menor, e de um mal menor em vez de um maior; pois, naquilo em que o maior excede o menor, nisso está a aquisição de um e a privação do outro. Também as virtudes são necessariamente um bem; pois é graças a elas que os que as possuem desfrutam de bem-estar, e além disso elas são produtoras de bens e de boas ações. Deverá dizer-se à parte qual é a natureza e a qualidade de cada uma. O prazer também é um bem; pois todos os seres vivos por natureza o desejam. De sorte que as coisas agradáveis e as belas são necessariamente boas; pois as primeiras produzem prazer e, das belas, umas são agradáveis e outras desejáveis por si mesmas.

1362b

Ora, para as enumerar uma a uma, direi que as seguintes coisas são necessariamente boas. A felicidade, porque é desejável em si mesma e autossuficiente, e porque para a obter escolhemos muitas coisas. A justiça, a coragem, a temperança, a magnanimidade, a magnificência e outras qualidades semelhantes, porque são virtudes da alma. A saúde, a beleza e outras semelhantes, porque são virtudes do corpo e produtoras de muitos bens; por exemplo, a saúde é produtora do prazer e da vida, e por isso é tida como a melhor de todas, porque é a causa das duas coisas que a maioria das pessoas mais preza: o prazer e a vida. A riqueza, porque é a virtude da propriedade e produtora de muitos bens. O amigo e a amizade, porque também o amigo é desejável em si mesmo e produz muitos bens. A honra e a glória, porque também elas são agradáveis e geradoras de muitos bens, e geralmente se fazem acompanhar da posse daquelas coisas pelas quais se recebem honras. A capacidade de falar e de agir, porque todas elas são produtoras de bens. Ainda o talento natural, a memória, a facilidade de aprender, a vivacidade de espírito e todas as qualidades do gênero, porque estas faculdades são produtoras de bens. De igual modo todas as ciências e as artes. Também a vida, pois, ainda que nenhum outro bem dela resulte, ela é desejável por si mesma. E a justiça, porque é conveniente para a comunidade.

Estas são, pois, mais ou menos, as coisas geralmente reconhecidas como bens. No caso de bens duvidosos, os silogismos formam-se das seguintes premissas. É bom aquilo cujo contrário é mau. Também o contrário do que convém aos inimigos; por exemplo, se convém muito aos inimigos que sejamos covardes, é claro que a coragem é o que sobretudo convém aos cidadãos. E, em geral, o que parece conveniente é o contrário do que os nossos inimigos desejam ou daquilo de que se regozijam. Por isso se disse: "Certamente que Príamo se alegraria."[52] Nem sempre é o caso, mas geralmente é assim, pois nada impede que por vezes uma mesma coisa seja vantajosa para as duas partes contrárias. Por isso se diz que os males unem os homens, quando uma mesma coisa é prejudicial a um e a outro. Também o que não é excessivo é bom, e o que é maior do que deveria ser é mau. E igualmente o que causou muito trabalho ou despesa, pois é já um bem aparente, e o tipo de bem que se toma como um fim, e fim de muitos esforços; e o fim é um bem. Donde se disse o seguinte: "Para que Príamo tenha de que se gloriar"[53], e "É vergonhoso ficares tanto tempo…"[54], e também o provérbio "partir-se o cântaro à porta"[55].

Também é bom o que a maioria deseja e o que parece digno de ser disputado; pois o que todos desejam é sem dúvida bom, e "a maioria" representa aqui "todos". É igualmente bom o que é objeto de elogio, visto que ninguém louva o que não é bom. E também o que os inimigos e os malvados

---

[52] *Il.*, 1.255. Dito por Nestor sobre a conveniência para os troianos da querela entre Aquiles e Agamêmnon.

[53] *Il.*, 2.176.

[54] *Il.*, 2.298.

[55] É difícil precisar o sentido do provérbio. Desconhecido em grego.

louvam; porque, como todos os outros, eles já o reconhecem se também reconhecem os que sofrem o dano; pois é pela evidência que o reconhecerão, como também que são maus os que os amigos censuram e bons os que os inimigos não censuram. Razão pela qual os coríntios se sentiram injuriados por Simónides quando este escreveu:

Ílion não censura os coríntios.[56]

É bom também aquilo a que uma mulher ou um homem sensato ou virtuoso deram a sua preferência, como, por exemplo, Atena a Odisseu, Teseu a Helena, as deusas a Alexandre e Homero a Aquiles. E, em geral, as coisas preferidas são boas. Ora, as pessoas preferem fazer as coisas que referimos: as más aos seus inimigos, as boas aos seus amigos, e as que são possíveis. Estas, porém, são de dois tipos: coisas que podem acontecer e coisas que facilmente acontecem. E são fáceis todas as que se fazem sem esforço ou em pouco tempo; pois a dificuldade define-se pelo esforço ou pela duração do tempo. Também o que se faz como se deseja é bom; pois se deseja o que não é mau ou um mal menor do que o bem resultante, o que acontece se ignoramos o castigo ou se este é pequeno. É preferível também o que é próprio, o que ninguém mais tem e o que é extraordinário, pois assim é maior a honra. Igualmente o que se harmoniza com a pessoa; ou seja, o que lhe é adequado em razão do seu nascimento ou da sua capacidade, e tudo o que ela pensa que lhe faz falta, por mais pequeno que seja, pois não deixa de preferir fazê-lo. Igualmente que é de execução fácil, porque isso é possível pelo fato de ser fácil. Ora, são de fácil execução as coisas que todos, a maior parte, os iguais ou inferiores, levaram a bom termo. Ainda o que é agradável aos amigos e odioso aos inimigos. E tudo quanto preferem fazer os que admiramos. Também aquilo para que

---

[56] Fr. 36 Diehl.

somos dotados e de que temos experiência, pois pensamos que isso será mais fácil de realizar. E também tudo o que nenhum homem vil preferiria, pois isso é mais louvável. E tudo o que se deseja, pois isso parece não só agradável, mas também melhor. Acima de tudo, cada um considera bom aquilo que é objeto do seu gosto particular; por exemplo: os que gostam de vencer, se houver vitória; os que gostam de honras, se houver honra; os que gostam de dinheiro, se houver dinheiro; e assim por diante. No que diz respeito ao bom e ao conveniente, estas são as premissas de que se devem tirar as provas.

7. Graus do bom e do conveniente

Mas, porque muitas vezes se concorda que duas coisas são convenientes, e se discorda sobre qual delas o é mais, convirá em seguida tratar do maior bem e do mais conveniente[57]. Entendamos, pois, que o excedente é o excedido e algo mais, e que o excedido está contido no excedente. Maior e mais são sempre relativos a menos, mas grande e pequeno, muito e pouco são relativos a uma grandeza média: é grande aquilo que a excede, e pequeno o que não a atinge; e o mesmo se dirá do muito e do pouco. Portanto, visto chamarmos bom ao que é preferível em si e por si, e não por outra coisa, ao que todos os seres desejam e ao que todo o ser que adquirisse razão e prudência preferiria; ao que é próprio para produzir e conservar este bem, ou aquilo a que o bem segue; visto também que aquilo por que se faz algo é um fim, e o fim é a causa de todo o resto, e que é bom para cada indivíduo o que relativamente a ele apresenta es-

---

[57] O tópico do *maior e menor* – em termos de grandeza ou importância – é identificado em I 3 1359a como um argumento comum a todas as espécies de retórica, análogo às questões de possibilidade ou de fato. Distingue-se do tópico do *mais e menos* referido em I 2 1358a, que se aplica a um argumento particular (cf. G. Kennedy, *op. cit.*, pp. 66-7).

tas condições, então o maior número de boas coisas é necessariamente um bem maior do que uma só coisa ou um número menor delas, desde que essa uma ou essas poucas coisas se contem entre as muitas; pois o maior número excede-as e o que é contido é excedido. E, se o máximo de um gênero excede o máximo de outro gênero, o primeiro excede o segundo; e, quando o primeiro gênero é superior ao segundo, o maior do primeiro gênero é superior ao maior do segundo. Por exemplo, se o maior homem é maior do que a maior mulher, os homens são em geral maiores do que as mulheres; e, se os homens são absolutamente maiores do que as mulheres, também o maior homem é maior do que a maior mulher. Pois a superioridade dos gêneros e a dos seus representantes máximos são análogas.

O mesmo acontece quando um bem é sempre acompanhado por outro, mas nem sempre o acompanha (a consequência pode ser concomitante, subsequente ou potencial), pois o uso da segunda coisa está implícita na primeira. Assim, a vida acompanha a saúde, mas não a saúde a vida; o conhecimento acompanha subsequentemente o estudo; e o roubo acompanha potencialmente o sacrilégio, pois quem comete sacrilégio também pode roubar.

As coisas que excedem o que é maior do que algo também são maiores do que esse algo, pois são necessariamente superiores ao maior. E as coisas que produzem um bem maior são maiores; pois isso era o que entendíamos por causa produtora do maior[58]. O mesmo acontece com aquilo cuja causa produtora é maior; pois, se a saúde é preferível ao prazer e um maior bem, então a saúde é um bem maior do que o prazer.

E o que é mais desejável em si mesmo é superior ao que o não é em si; por exemplo, a força é um bem maior que a saúde, pois esta não é desejável por si mesma, ao passo que a força é, e isso era o que afirmávamos ser o bem. E, se uma

---

[58] Vide *Retórica* I 7, 1363b.

coisa é um fim e outra não, o fim é um maior bem; pois uma é desejável por causa de outra coisa, e a outra por si mesma; por exemplo, o exercício físico tem por fim o bem-estar do corpo. Igualmente o que necessita menos de uma ou várias coisas é um maior bem, porque é mais autossuficiente, e ter menos necessidade é precisar de menos coisas ou de coisas mais fáceis. E, quando uma coisa não existe ou não pode existir sem outra, mas esta outra pode existir sem aquela, a que não precisa da outra é mais autossuficiente e, por conseguinte, parece ser um maior bem. Se uma coisa é princípio e outra não, ela é maior. E, se uma coisa é causa e outra não, ela é maior pela mesma razão; pois sem causa ou princípio é impossível que uma coisa exista ou venha a existir[59]. Se há dois princípios, a que procede do maior princípio é maior; e, se há duas causas, a que procede da maior causa é maior. E, inversamente, havendo dois princípios, o princípio da maior é maior; e, havendo duas causas, a causa da maior é maior. Fica, pois, claro pelo que se disse que uma coisa pode ser maior em dois sentidos; porque, se uma coisa é princípio e outra não, a primeira parece ser maior, e igualmente se uma não é princípio mas fim, mas a outra o é; pois o fim é maior, e não o princípio; como Leodamas disse, acusando Calístrato, que o que aconselhou cometeu mais injustiça do que o que realizou a ação, pois não teria havido ação se não tivesse havido quem a aconselhasse. Inversamente, acusando Cábrias, declarou que o que tinha executado a ação era mais culpado do que aquele que a tinha aconselhado; porque a ação não teria sido praticada se não tivesse havido quem a executasse; pois por esta razão se aconselha, para que se executem os atos.

O que é raro é também maior do que o abundante. Como o ouro em relação ao ferro, embora seja menos útil;

---

[59] Na *Metaph.* V 1 Aristóteles registra sete significados da palavra ἀρχή, dizendo contudo que todos têm a propriedade comum de ser "o ponto de partida" de qualquer coisa que existe ou se conhece. Todas as causas são ἀφχαί, mas nem todas as ἀφχαί são causas: a quilha de um navio, por exemplo, ou o alicerce da uma casa (cf. G. Kennedy, *op. cit.*, p. 69, n. 132).

pois a sua posse constitui um maior bem, por ser de mais difícil aquisição. Mas, de um outro modo, o abundante é preferível ao raro, porque a sua utilidade é maior, pois "muitas vezes" excede "poucas"; donde se diz, *o melhor é a água*[60].

Em geral, o mais difícil é maior que o mais fácil, pois é mais raro. Mas, de outro modo, o mais fácil é maior que o mais difícil, pois corresponde ao que desejamos. É também mais importante aquilo cujo contrário é maior e cuja privação é maior. A virtude supera o que não é virtude, e o vício o que não é vício, pois as virtudes e os vícios são fins e os contrários não. E aquelas coisas cujas obras são mais nobres e mais feias são também maiores, e as obras daquelas coisas cujos vícios e cujas virtudes são maiores serão também maiores, pois tal como são as causas e os princípios assim são os efeitos, e tal como são os efeitos assim são também as causas e os princípios. Coisas cuja superioridade é mais desejável e mais bela são também preferíveis; por exemplo: é preferível ter acuidade visual a ter a olfativa, pois a visão é melhor do que o olfato.

É mais belo amar mais os amigos do que o dinheiro, de sorte que o amor aos amigos é mais belo do que o amor ao dinheiro. Inversamente, o excesso das coisas melhores é melhor, e o das coisas mais belas, mais belo. Igualmente, as coisas cujos desejos[61] são mais belos ou melhores; pois os maiores apetites são os dos objetos maiores; e os desejos dos objetos mais belos ou melhores são, pela mesma razão, melhores e mais belos.

E, quanto mais belas e virtuosas são as ciências, tanto mais belos e virtuosos são os seus objetos; pois, assim como é a ciência, assim é a verdade, e cada ciência é soberana no seu próprio domínio. E as ciências das coisas mais virtuosas e belas são análogas pelas mesmas razões. E o que as pessoas sensatas – todas, muitas, a maioria, ou as mais quali-

---

[60] Píndaro, *O.*, 1.1.

[61] Ἐπιθυμία é o desejo que nasce dos apetites, o desejo concupiscente, por relação a βούλησις ou desejo intencional.

ficadas – julgariam ou têm julgado como um bem ou um bem maior, é-o necessariamente assim, ou em absoluto ou na medida da sensatez com que emitiram o seu juízo. Mas isto é comum também às outras coisas; pois a substância, a quantidade e a qualidade de uma coisa são como as podem definir a ciência e a sensatez. Mas nós o temos dito a respeito dos bens, pois definimos como bem o que cada um escolheria para si se fosse sensato. É, pois, claro que é maior o que a sensatez aconselha mais. É preferível também o que existe nos melhores, ou em absoluto, ou na medida em que são melhores; por exemplo, a coragem é melhor do que a força. De igual modo o que escolheria o melhor, ou absolutamente ou na medida em que é melhor; por exemplo, sofrer a injustiça mais do que cometê-la[62], pois isso é o que escolheria o mais justo. E o que é mais agradável é maior que o menos agradável; pois todos os seres buscam o prazer e por ele se deixam seduzir; e estes são os critérios pelos quais temos definido o bem e o fim. É mais agradável o prazer menos doloroso e o que dura mais tempo. E também o mais belo que o menos belo; pois o belo é o agradável ou o desejável em si mesmo. E todas as coisas de que os homens mais desejam ser autores, quer para si mesmos, quer para os amigos, são bens maiores, e são maiores males aquelas coisas de que eles menos o desejam. E as coisas mais duráveis são melhores que as menos duráveis, e as mais seguras que as menos seguras; porque o uso das primeiras é superior em tempo, e o das segundas em desejo; pois podemos fazer um maior uso de coisas que são seguras quando as desejamos.

E, assim como se seguem as correlações de termos e as formas de flexão semelhantes, seguem-se também as demais coisas; por exemplo, se "corajosamente" é mais belo e preferível a "temperadamente", a coragem é também preferível à temperança, e ser corajoso a ser temperado. E o que

---
[62] Vide *Górgias*, 469c2.

todos preferem é melhor do que o que nem todos preferem; e o que a maioria prefere é melhor do que o que prefere a minoria; pois, como dissemos, o bem é o que todos desejam, de sorte que será maior bem o que mais se deseja. Também o que preferem os oponentes, ou os inimigos, ou os juízes ou aqueles a quem estes julgam; pois num caso é, por assim dizer, o veredito de todo o povo, no outro, o das autoridades e dos competentes. Umas vezes é maior bem aquilo de que todos participam, pois seria uma desonra não participar; mas outras é aquilo de que ninguém ou muito poucos participam, pois é mais raro. Também as coisas mais dignas de elogio, porque são mais belas. E de igual modo aquelas cujas honras são maiores, pois a honra é uma espécie de recompensa pelo mérito. E aquelas cujas penas são maiores. E as que são maiores do que as que se reconhecem como grandes ou o parecem. Também as mesmas coisas parecem maiores quando divididas em partes; pois parecem superiores a um maior número de coisas. Pelo que também diz o poeta que as seguintes palavras persuadiram Meléagro a levantar-se para lutar:

1365a

> *Quantos males sobrevêm aos homens cuja cidade é tomada; o povo perece, o fogo destrói a cidade, e estranhos levam os filhos.*[63]

A combinação e a acumulação, como em Epicarmo, produzem o mesmo efeito, pela mesma razão que a divisão (pois a combinação mostra grande superioridade) e porque isso parece ser a origem e a causa de grandes coisas. E, porque o mais difícil de obter e o mais raro é maior, também as ocasiões, as idades, os lugares, os tempos e as faculdades engrandecem as coisas. Pois, se uma pessoa faz coisas acima da sua capacidade, da sua idade, e do que os seus semelhantes podem fazer, e se essas coisas se fazem de tal maneira, em tal lugar ou em tal tempo, terão a grandeza das coisas

---
[63] *Il.*, 9.592-594.

belas, boas e justas, e dos seus contrários; donde o epigrama ao vencedor olímpico:

> *Antes, levando aos ombros um duro jugo, transportava peixe de Agros para Tegeia.*[64]

E Ifícrates louvava-se a si mesmo dizendo donde tinha chegado a tão alto. Também o que é natural é maior do que o adquirido, porque é mais difícil. Donde também diz o poeta:

> *Eu sou o meu próprio mestre.*[65]

E a maior parte do grande é também mais desejável; como Péricles disse, na sua oração fúnebre, que a juventude fora arrebatada da cidade como se do ano se tivesse arrancado a primavera. Também o que é útil em situações de maior necessidade; por exemplo, na velhice e nas enfermidades. E, de duas coisas, é preferível a que está mais próxima do seu fim. Também a que é útil a uma pessoa é preferível à que é útil em absoluto. E a que é possível é preferível à impossível, pois uma é-nos útil e a outra não. Também as coisas que pertencem ao fim da vida; pois são mais fins as que estão próximas do fim. E as que são conformes à verdade são preferíveis às que são conformes à opinião. O que é conforme à opinião define-se como aquilo que não se escolheria se devesse ficar oculto. E por isso poderia parecer que é preferível receber um benefício a fazê-lo; pois se escolheria o primeiro ainda que passasse despercebido, mas parece que não se escolheria fazer o benefício se ele ficasse oculto. São preferíveis também aquelas coisas que se querem mais em realidade do que na aparência, porque estão mais próximas da verdade. E por isso se diz que a justiça tem pouco valor, porque nela o parecer é preferível ao ser. Não é esse, porém, o caso da saúde. Prefere-se também o que é mais útil sob

---

[64] Simônides, fr. 110 Diehl.
[65] *Od.*, 22.347.

múltiplos aspectos; por exemplo, o que é mais útil para viver, viver bem, sentir prazer, e praticar belas ações. Por isso, a riqueza e a saúde parecem ser os maiores bens; pois têm todas estas qualidades. E o que é menos doloroso e é acompanhado de prazer é um maior bem; pois é mais do que um bem, uma vez que o prazer e a ausência de dor são ambos bens. E o maior de dois bens é o que, acrescentado ao original, faz o todo maior. E as coisas cuja presença não passa despercebida são maiores do que aquelas em que passa, pois se aproximam mais da verdade. Por isso, ser rico parecerá ser um maior bem do que aparentá-lo. E o que é muito apreciado, ou porque é único, ou porque é acompanhado por outras coisas, é um maior bem. Por isso a pena não é igual se alguém tira um olho a quem só tem um, ou o tira a quem tem os dois, pois aquele se priva do que mais aprecia.

Temos até aqui enumerado quase todas as premissas de que é necessário tirar as provas para aconselhar e dissuadir.

8. Sobre as formas de governo

O maior e mais eficaz de todos os meios para se poder persuadir e aconselhar bem é compreender as distintas formas de governo, e distinguir os seus caracteres[66], instituições e interesses particulares. Pois todos se deixam persuadir pelo que é conveniente, e o que preserva o Estado é conveniente[67]. Além disso, é soberana a manifestação do

---

[66] O texto de W. D. Ross, na edição de Oxford, regista a lição ἤθη (*sicut* A), em vez de ἔθη (ΘΠ e Γ) adotada por Spengel, Cope e Tovar. Esta leitura, como diz Racionero, favorece toda a argumentação de 1366a8-16, "con el expreso paralelismo ἤθη τῶν πολιτείων de 1366a12" (*Retórica*, Introducción, traducción y notas, Madrid, Gredos, 1990, p. 236).

[67] É com este enquadramento político do "conveniente" que Aristóteles encerra o estudo da oratória deliberativa. E compreende-se, por que, como assinala Quintín Racionero, Aristóteles confirma e amplia progressivamente na sua obra a tese "de la subordinación de las reflexiones sobre la praxis al

soberano, e as manifestações de soberania variam consoante as formas de governo; pois, quantas são as formas de governo, tantas são também as manifestações de soberania. São quatro as formas de governo: democracia, oligarquia, aristocracia e monarquia; de sorte que o poder soberano e o de decisão está sempre em parte dos cidadãos ou no seu todo. A democracia é uma forma de governo em que as magistraturas se repartem por sorte[68]. A oligarquia é uma forma de governo em que elas se atribuem segundo o censo. A aristocracia é uma forma de governo em que elas se atribuem com base na educação. Chamo educação à que é estatuída pela lei, pois os que permanecem fiéis às leis são os que governam na aristocracia; eles parecem necessariamente os melhores, e é daí que esta forma de governo recebeu o nome. A monarquia é, como o nome indica, a forma de governo em que um só é senhor de todos; e, dentre as monarquias, a que exerce o poder sujeita a uma certa ordem é reino, e a que o exerce sem limites é tirania.

1366a

Não se deve ignorar o fim de cada uma destas formas de governo, pois as coisas escolhem-se em função do seu fim. Ora, o fim da democracia é a liberdade, o da oligarquia a riqueza, o da aristocracia a educação e as leis, e o da tirania a defesa pessoal. Torna-se, portanto, claro que é em relação ao fim de cada uma destas formas de governo que se devem distinguir os hábitos, as instituições e os interesses, visto que é em relação ao fim que a escolha se faz. Ora, como as provas por persuasão não procedem só do discurso epidíctico mas também do ético (pois depositamos confiança no orador na medida em que ele exibe certas qualidades, isto é, se nos parece que é bom, bem-disposto ou ambas as coi-

---

marco del saber político: vid. *Ethica Nicomachea* 1. 2 y 8.9, esp. 1160a10-30" (*Retórica*, Introducción, traducción y notas, Madrid, Gredos, 1990, pp. 236-8, n. 208).

[68] Forma característica de eleição nas democracias mais radicais da Grécia, incluindo a de Atenas. Resulta da compreensão de que todos os cidadãos são iguais e igualmente qualificados para participar no governo da cidade.

sas), será necessário que dominemos os caracteres de cada forma de governo; pois o caráter de cada uma dessas formas é necessariamente o elemento mais persuasivo em cada uma delas. E estes caracteres conhecer-se-ão pelos mesmos meios; pois os caracteres manifestam-se segundo a intenção e a intenção é dirigida para um fim.

Acabam de ser referidos, na medida que convém ao assunto na presente ocasião, os fins futuros ou atuais a que devem chegar os que aconselham, as premissas de que eles devem tirar as provas por persuasão sobre o que convém, bem como o modo e os meios de obter conhecimento sobre os caracteres e instituições de cada forma de governo; pois discutiu-se este assunto em pormenor na *Política*.

9. A retórica epidíctica

Depois disto, falemos da virtude e do vício, do belo e do vergonhoso; pois estes são os objetivos de quem elogia ou censura. Com efeito, sucederá que, ao mesmo tempo que falarmos destas questões, estaremos também mostrando os meios pelos quais deveremos ser considerados como pessoas de um certo caráter. Esta era a segunda prova; pois é pelos mesmos meios que poderemos inspirar confiança em nós próprios e nos outros no que respeita à virtude. Mas, como muitas vezes acontece que, por brincadeira ou a sério, louvamos não só um homem ou um deus, mas até seres inanimados ou qualquer animal que se apresente, devemos de igual modo prover-nos de premissas sobre estes assuntos. Falemos, portanto, também delas, pelo menos a título de exemplo.

Pois bem, o belo[69] é o que, sendo preferível por si mesmo, é digno de louvor; ou o que, sendo bom, é agradável

---

[69] Este capítulo ocupa-se das virtudes e do conceito de τὸ καλόν, "o belo", o nobre" e seu contrário "o feio", "o vergonhoso", como fundamentos de elogio e censura na retórica epidítica.

porque é bom. E, se isto é belo, então a virtude é necessariamente bela; pois, sendo boa, é digna de louvor. A virtude é, como parece, o poder de produzir e conservar os bens, a faculdade de prestar muitos e relevantes serviços de toda a sorte e em todos os casos. Os elementos da virtude são a justiça, a coragem, a temperança, a magnificência, a magnanimidade, a liberalidade, a mansidão, a prudência e a sabedoria. As maiores virtudes são necessariamente as que são mais úteis aos outros, visto que a virtude é a faculdade de fazer o bem. Por esta razão se honram sobretudo os justos e os corajosos; pois a virtude destes é útil aos demais na guerra, e a daqueles é útil também na paz. Segue-se a liberalidade; pois os liberais são generosos e não disputam sobre as riquezas, que é o que mais cobiçam os outros. A justiça é a virtude pela qual cada um possui os seus bens em conformidade com a lei; e a injustiça é o vício pelo qual retém o que é dos outros, contrariamente à lei. A coragem é a virtude pela qual se realizam belas ações no meio do perigo, como ordena a lei e em obediência à lei; o contrário é covardia. A temperança é a virtude pela qual uma pessoa se conduz como a lei manda em relação aos prazeres do corpo. O contrário é a intemperança. A liberalidade é a virtude de fazer bem com o dinheiro. A avareza é o contrário. A magnanimidade é uma virtude produtiva de grandes benefícios; a mesquinhez, o seu contrário. A magnificência é a virtude de fazer coisas grandes e custosas; a mesquinhez e a miséria, os seus contrários. A prudência é a virtude da inteligência mediante a qual se pode deliberar adequadamente sobre os bens e os males de que falamos em relação à felicidade.

Sobre a virtude e o vício em geral, bem como sobre as suas partes, chega de momento o que dissemos. Quanto ao resto, não é difícil de ver; pois é evidente que tudo o que produz a virtude é necessariamente belo (porque tende para a virtude), assim como é belo o que procede da virtude; e são estes os sinais e as obras da virtude. Mas, como são belos os sinais de virtude e todas as coisas que são obras ou experiências de um homem bom, segue-se necessariamente que todas as obras ou sinais de coragem e todos os atos corajosamente praticados são igualmente belos; também as coisas justas e as obras feitas com justiça são belas (mas não as justamente sofridas, pois esta é a única virtude em que nem sempre é belo o que se faz com justiça, antes é mais vergonhoso ser castigado justa do que injustamente). E o mesmo acontece com as demais virtudes. Também são belas todas as coisas cujo prêmio é a honra; e as que visam mais a honra do que o dinheiro. Igualmente as coisas desejáveis que uma pessoa não faz por amor de si mesma; coisas que são absolutamente boas, como as que uma pessoa fez pela sua pátria, embora descuidando do seu próprio interesse; coisas que são boas por natureza; e as que são boas, embora não o sejam para o próprio, pois estas últimas sê-lo-iam por egoísmo; são belas as coisas que é possível ter depois da morte mais do que durante a vida; pois o que se faz em vida tem um fim mais interesseiro. Também todas as obras que se fazem em benefício dos outros, pois são mais desinteressadas; e todos os êxitos obtidos para outros, mas não para o próprio; especialmente para os benfeitores, porque isso é justo. E os atos de beneficência, pois são desinteressados. Também o contrário daquelas coisas de que nos envergonhamos; pois nos envergonhamos de palavras, ações e intenções vergonhosas, como também Safo, que, ao dizer-lhe Alceu, "Quero dizer algo, mas a vergonha mo impede"[70], escreveu:

> *Se tivesses o desejo de coisas boas e belas, e a tua língua não se movesse para dizer alguma inconveniência, a vergonha não te dominaria os olhos, antes falarias do que é justo.*[71]

Também são belas as coisas pelas quais o homem luta sem temor; pois, no que toca aos bens que conduzem à gló-

---
[70] Cf. *Anth. lyr.* Bergk-Hiller, fr. 42.
[71] Cf. Safo, fr. 138 Campbell.

ria, é isso que lhe sucede. E são mais belas as virtudes e as ações das pessoas que são mais distintas por natureza, como, por exemplo, as do homem mais do que as da mulher. Também aquelas que são mais proveitosas para os outros do que para nós; por isso o justo e a justiça são coisas belas. Vingar-se dos inimigos é mais belo do que reconciliar-se com eles[72], pois é justo pagar com a mesma moeda, e o que é justo é belo, e é próprio do homem corajoso não se deixar vencer. Também a vitória e a honra se contam entre as coisas belas, pois são preferíveis mesmo que infrutíferas e manifestam superioridade de virtude. Belos são ainda os atos memoráveis, e tanto mais belos quanto mais durável for a memória deles. Também os que nos seguem depois da morte, os que a honra acompanha, os que são extraordinários, e os que a um só pertencem são mais belos, porque mais memoráveis. Ainda os bens improdutivos, pois são mais próprios de um homem livre. São belos também os usos característicos de cada povo, e tudo o que em cada um deles é sinal de elogio; por exemplo, entre os lacedemônios é belo usar o cabelo comprido, pois isso é sinal de um homem livre, e não é fácil fazer um trabalho servil quando se tem o cabelo comprido. É igualmente belo não exercer nenhum ofício vulgar, pois é próprio de um homem livre não viver na dependência de outrem.

No que concerne ao elogio e à censura, devemos assumir como idênticas às qualidades existentes as que lhes estão próximas; por exemplo, que o homem cauteloso é reservado e calculista, que o simples é honesto, e o insensível é calmo; e, em cada caso, tirar proveito destas qualidades semelhantes sempre no sentido mais favorável; por exemplo, apresentar o colérico e furioso como franco, o arrogante como magnificente e digno, e os que mostram algum tipo de excesso como se possuíssem as correspondentes virtudes; por exemplo, o temerário como corajoso e o pródigo

---

[72] Pois, segundo a *Retórica* I 9, 1366b, é justo que a cada um se dê o que lhe é devido.

como liberal; pois assim o parecerá à maioria, e ao mesmo tempo se pode deduzir um paralogismo[73] a partir da causa; pois, se uma pessoa se expõe ao perigo sem necessidade, parecerá muito mais disposta a fazê-lo quando o perigo for belo e, se for generosa com os que por acaso encontra, também o será com os amigos; pois é excesso de virtude fazer bem a todos. Importa também ter em conta as pessoas ante as quais se faz o elogio; pois, como Sócrates dizia, não é difícil elogiar atenienses na presença de atenienses. Convém ainda falar do que é realmente honroso em cada auditório; por exemplo, entre os citas, os lacedemônios ou os filósofos. E, de um modo geral, o que é honroso deverá ser classificado como belo, já que, segundo parece, o honroso e o belo são semelhantes. E todas as ações que são como convém são belas; como, por exemplo, as que são dignas dos antepassados ou de feitos anteriores; pois adquirir mais honra conduz à felicidade e é belo. Também se se ultrapassa o que convém para algo melhor e mais belo; como, por exemplo, se alguém é moderado na ventura, e magnânimo na desventura, ou se se revela melhor e mais conciliador à medida que se eleva. Foi esse o sentido da palavra de Ifícrates, *"donde eu parti e a que cheguei!"*; e do vencedor olímpico, *"Antes suportando sobre os meus ombros um duro..."*[74]; e de Simônides, *"Ela, cujo pai, marido e irmãos foram tiranos"*[75].

Ora, como o elogio se faz de ações e é próprio do homem honesto agir por escolha, é preciso empenharmo-nos em demonstrar que ele agiu por escolha. É igualmente útil mostrar que agiu assim muitas vezes. Por isso, também as coincidências e as causalidades se devem entender como atos intencionais; pois se se produzirem muitas ações semelhantes parecerá que elas são sinais de virtude e de intenção.

---

[73] Argumento falacioso.
[74] Simônides, fr. 110 Diehl.
[75] *Ibidem*, fr. 85 Diehl.

O elogio[76] é um discurso que manifesta a grandeza de uma virtude. É, por conseguinte, necessário mostrar que as ações são virtuosas. Mas o encômio refere-se às obras (e as circunstâncias que as rodeiam concorrem para a prova, como, por exemplo, a nobreza e a educação; pois é provável que de bons pais nasçam bons filhos, e que o caráter corresponda à educação recebida). E por isso fazemos o encômio de quem realizou algo. As obras são sinais do caráter habitual de uma pessoa; pois elogiaríamos até quem nenhuma fez, se estivéssemos convencidos de que era capaz de a fazer. A bênção e a felicitação são idênticas uma à outra, não são, porém, o mesmo que o elogio e o encômio. Mas, como a felicidade engloba a virtude, também a felicitação engloba estes[77].

O elogio e os conselhos[78] pertencem a uma espécie comum; pois o que se pode sugerir no conselho torna-se encômio quando se muda a forma de expressão. Quando, portanto, sabemos o que devemos fazer e como devemos ser, basta que, para estabelecer isso como conselho, se mude a forma de expressão e se dê a volta à frase; dizendo, por exemplo, que importa não nos orgulharmos do que devemos à fortuna, mas só do que devemos a nós mesmos. Dito assim, tem a força de um conselho; mas, expresso como elogio, será: ele não se sente orgulhoso do que deve à fortuna, mas apenas do

---

[76] A distinção entre elogio e encômio encontra-se igualmente na *Ethica Eudemia* II 1, 1219b8, e na *Ethica Nicomachea* I 2, 1101b31-34, se bem que com base em critérios distintos. No primeiro passo, ἐγκώμιον é a narração de obras particulares, e ἔπαινος a de uma distinção da caráter geral. Mas, no segundo, ἔπαινος e ἐγκώμιον são termos usados para explicar que elogiamos por ações e por obras, remetendo-se o elogio especificamente à virtude das ações, e o encômio à das obras. No uso corrente da língua grega, ἔπαινος é um termo geral para elogio ou louvor, e assim usado em muitos contextos; ao passo que ἐγκώμιον se assume geralmente como gênero retórico.

[77] Por relação com "elogio" e "encômio", a "bênção" e a "felicitação" referem-se a uma forma mais elevada de louvor, o qual implica o elogio e o encômio, e se reserva tanto aos seres divinos como aos humanos que mais se aproximam dos deuses (*Ethica Nicomachea* I 2, 1101b31-34).

[78] O termo ὑποθήκη deve entender-se como sinônimo de συμβουλή, "conselho".

que deve a si próprio. De sorte que, quando quiseres elogiar, olha para o conselho que se poderá dar; e, quando quiseres dar um conselho, olha para o que se pode elogiar. A forma de expressão será necessariamente contrária quando a proibição se transforma em não proibição.

Devemos igualmente empregar muitos meios de amplificação[79]; por exemplo, se um homem agiu só, ou em primeiro lugar, ou com poucas pessoas, ou se teve a parte mais relevante na ação; pois todas estas circunstâncias são belas. Também as derivadas dos tempos e das ocasiões, em especial as que superam a nossa expectativa. Também se um homem teve muitas vezes sucesso na mesma coisa; pois esta é grande e parecerá devida não à fortuna, mas a si próprio. Ainda se estímulos e honras foram inventados e estabelecidos por sua causa; e se ele foi o primeiro a receber um encômio, como Hipóloco, ou lhe foi erguida uma estátua na praça pública, como a Harmódio e Aristogíton. De modo semelhante também nos casos contrários. E, se nele não se encontrar matéria suficiente para o elogio, é necessário compará-lo com outros, como o fazia Isócrates, por não estar habituado à oratória judicial. Deve-se, porém, comparar com pessoas de renome, pois resulta amplificado e belo se se mostrar melhor que os virtuosos.

A amplificação enquadra-se logicamente nas formas de elogio, pois consiste em superioridade, e a superioridade é uma das coisas belas. Pelo que, se não é possível comparar alguém com pessoas de renome, é pelo menos necessário compará-lo com as outras pessoas, visto que a superioridade parece revelar a virtude. Entre as espécies comuns a todos os discursos, a amplificação é, em geral, a mais apropriada aos epidíticos; pois estes tomam em consideração as ações por todos aceitas, de sorte que apenas resta revesti-las de grandeza e de beleza. Os exemplos, por seu turno, são mais apropriados aos discursos deliberativos; pois é

---

[79] A αὔξησις, amplificação, é especialmente característica do gênero epidítico.

com base no passado que adivinhamos e julgamos o futuro. E os entimemas convêm mais aos discursos judiciais; pois o que se passou, por ser obscuro, requer sobretudo causa e demonstração.

Ficam assim referidas as fontes de quase todos os elogios e censuras, os elementos a ter em vista quando importa elogiar e censurar, e as fontes dos encômios e das invectivas; pois, adquiridas estas noções, são evidentes os seus contrários; porque a censura deriva dos contrários.

10. Retórica judicial: a injustiça e suas causas

No que diz respeito à acusação e à defesa, poderemos em seguida falar do número e da qualidade das premissas de que se devem construir os silogismos. Importa considerar três coisas: primeiro, a natureza e o número das razões pelas quais se comete injustiça; segundo, a disposição dos que a cometem; terceiro, o caráter e a disposição dos que a sofrem. Falaremos ordenadamente destas questões, depois de haver definido o que é cometer uma injustiça. Entendamos por cometer injustiça causar dano voluntariamente em violação da lei. Ora, a lei ou é particular ou comum. Chamo particular à lei escrita pela qual se rege cada cidade; e comuns, às leis não escritas, sobre as quais parece haver um acordo unânime entre todos. As pessoas agem voluntariamente quando sabem o que fazem, e não são forçadas. Ora, os atos voluntários nem sempre se fazem premeditadamente; mas todos os atos premeditados se fazem com conhecimento, pois ninguém ignora o que decide fazer. Os motivos pelos quais premeditadamente se causa dano e procede mal em violação da lei são a maldade e a intemperança; pois, se algumas pessoas têm um ou mais vícios, naquilo em que são viciosas são também injustas; por exemplo, o avarento em relação ao dinheiro, o licencioso em relação aos prazeres do corpo, o efeminado em relação à indolência, o covarde em relação aos perigos (pois os covardes abandonam por medo os seus companheiros no perigo), o ambicioso pelo seu desejo de honra, o colérico pela ira, o amante de triunfo pela vitória, o rancoroso pelo desejo de vingança, o insensato por confundir o justo e o injusto, e o insolente pelo desprezo da opinião dos outros. E de modo semelhante com os demais, cada um em relação ao objeto do seu vício.

Mas o que se refere a isto é claro, em parte pelo que dissemos sobre as virtudes, e em parte pelo que diremos sobre as paixões. Resta-nos, porém, dizer por que causa se comete injustiça, com que disposição e contra quem. Primeiro, ·distingamos o que nos propomos alcançar ou evitar quando tentamos cometer injustiça; pois é evidente que o acusador deve examinar o número e a natureza das coisas que existem no adversário, e todos desejam quando fazem mal ao próximo, e o defensor deve examinar a natureza e o número das que nele não existem. Ora, todos fazem tudo, umas vezes não por iniciativa própria, outras vezes por iniciativa própria. Das coisas não feitas por iniciativa própria, umas se fazem ao acaso, outras por necessidade; e das que se fazem por necessidade, umas são por coação, outras por natureza. De sorte que todas as coisas que não se fazem por iniciativa própria são resultado do acaso, da natureza ou da coação. Mas as que se fazem por iniciativa própria e de que os próprios são autores, umas se fazem por hábito, outras por desejo, umas vezes pelo desejo racional, outras vezes pelo irracional. A vontade é um desejo racional do bem, pois ninguém quer algo senão quando crê que é bom; mas a ira e a concupiscência são desejos irracionais. De maneira que tudo quanto se faz, necessariamente se faz por sete causas: acaso, natureza, coação, hábito, razão, ira e concupiscência. Mas distinguir as ações na base da idade, dos hábitos morais ou de quaisquer outros motivos é supérfluo; pois, se acontece que os jovens são irascíveis e concupiscentes, não é pela sua juventude que agem assim, mas por ira e concupiscência. Tampouco por riqueza ou pobreza. Sucede, porém, que

1369a

os pobres desejam o dinheiro pela sua indigência, e os ricos desejam os prazeres desnecessários pela sua abundância. E também estes agem assim não por riqueza ou pobreza, mas pelo seu desejo concupiscente. De modo semelhante, os justos e os injustos, e todos quantos se diz que agem de acordo com a sua maneira de ser agirão por estes motivos: ou por razão ou por paixão; uns, porém, por caracteres e paixões honestas, e outros, pelos seus contrários. Acontece que a umas maneiras de ser se seguem umas ações, e a outras, outras; pois talvez no temperante, por ser temperante, se manifestem opiniões e desejos bons acerca das coisas agradáveis, mas acerca destas se manifeste no intemperante o contrário. Por isso, devemos pôr de lado estas distinções e examinar as consequências habituais de certas qualidades; pois, se uma pessoa é branca ou preta, alta ou baixa, nada é determinado em consequência de tais qualidades, mas, se ela é nova ou velha, justa ou injusta, já é diferente. E, em geral, devemos considerar todas as circunstâncias que fazem diferenciar os caracteres dos homens; por exemplo, se uma pessoa se considera rica ou pobre, feliz ou infeliz, fará alguma diferença. Mas falaremos disso mais tarde; por agora, falemos em primeiro lugar do que resta do nosso tema.

Resultam do acaso os fatos cuja causa é indeterminada, aqueles que não se produzem em vista de um fim, nem sempre, nem geralmente, nem de modo regular. Tudo isto é evidente da definição do acaso. Resultam da natureza todos os fatos que têm uma causa interna e regular; pois se produzem sempre ou geralmente da mesma maneira. Quanto aos que são contrários à natureza, nenhuma necessidade há de precisar se eles se produzem por uma causa natural ou por alguma outra; pois poderia parecer que o acaso é também a causa de tais coisas. Resultam da coação os atos que se produzem contra o desejo e os raciocínios dos mesmos que os praticam. E resulta do hábito o que se faz por se haver feito muitas vezes. Fazem-se por cálculo os atos que, dos bens mencionados[80], parecem ser convenientes ou como fins ou como meios para atingir um fim, quando são feitos por conveniência; pois também os intemperantes praticam alguns atos convenientes, não porém por conveniência, mas por prazer. Por paixão e ira se cometem os atos de vingança. Mas há uma diferença entre vingança e castigo; pois o castigo é infligido no interesse do paciente, e a vingança no interesse daquele que a exerce com o fim de se satisfazer.

Sobre o que é a ira, mostrá-lo-emos quando falarmos das paixões[81]. Faz-se pelo desejo tudo o que parece agradável. Também o familiar e o habitual se contam entre as coisas agradáveis; pois muitas coisas que não são naturalmente agradáveis se fazem com prazer quando se tornam habituais. Assim, em resumo, todos os atos que os homens praticam por si mesmos são realmente bons ou parecem sê-lo, são realmente agradáveis ou parecem sê-lo. Ora, como os homens fazem voluntariamente o que fazem por si mesmos, e involuntariamente o que não fazem por si mesmos, segue-se que tudo o que fazem voluntariamente será bom ou aparentemente bom, será agradável ou aparentemente agradável. Com efeito, incluo no número das coisas boas a libertação das que são más ou parecem más, ou a troca de um mal maior por um menor (pois são até certo ponto desejáveis); e igualmente no número das coisas agradáveis a libertação das que são ou parecem molestas, ou ainda a troca de uma mais molesta por outra que o é menos. Devemos, pois, familiarizar-nos com o número e a qualidade das coisas convenientes e agradáveis. Ora, como já falamos do conveniente ao tratarmos do gênero deliberativo, falemos agora do agradável. Devemos, entretanto, considerar suficientes as nossas definições se elas em cada caso não forem obscuras nem rigorosas[82].

---

[80] *Retórica* I 6.
[81] *Ibidem*, II 2.
[82] Demasiado técnicas.

11. O prazer como matéria de oratória judicial

Admitamos que o prazer é um certo movimento da alma e um regresso total e sensível ao seu estado natural, e que a dor é o contrário. Ora, se esta é a natureza do prazer, é evidente que o que produz a disposição referida é agradável, e o que a destrói ou produz o movimento contrário é doloroso. É, portanto, em geral, necessariamente agradável tender para o nosso estado natural, e principalmente quando recuperam a sua própria natureza as coisas que se produzem conforme ela. Os hábitos são igualmente agradáveis; porque o que é habitual acontece já como se fosse natural, pois o hábito é de algum modo semelhante à natureza; com efeito, o que acontece muitas vezes está próximo do que acontece sempre; a natureza é própria do que acontece sempre, e o hábito do que acontece muitas vezes[83]. É agradável também o que não resulta da coação, pois a coação é contrária à natureza. Por isso o que é necessário é doloroso, e com razão se disse:

Toda a ação imposta por necessidade é naturalmente penosa.[84]

As preocupações, o esforço e a aplicação intensa são dolorosos; porque envolvem a necessidade e a coação, se

---

[83] E. M. Cope (*An Introduction to Aristotle's Rhetoric*, Hildesheim, 1970, pp. 226-228) estuda as principais variantes do termo "hábito" (ἔθος) em Aristóteles. Na *Ethica Nicomachea* II 1, 1103a14-26, o hábito é apresentado como a causa das virtudes que se referem ao caráter ou às virtudes éticas, por oposição às virtudes dianoéticas que têm a sua origem na aprendizagem e na arte. O hábito é em si mesmo um processo de fixação de condutas, que se opera mediante a repetição de movimentos e impulsos gravados na memória. Como observa Racionero, "a semelhança do hábito com a natureza ou, melhor, a ideia de que o hábito constitui algo assim como uma natureza induzida ou segunda, encontra-se várias vezes em Aristóteles. Distingue-se do "modo de ser" (ἕξις), que supõe uma tendência geral de comportamento, e de "caráter" (ἦθος), que constitui uma inclinação suave e duradoura da personalidade, mas que tanto pode ser natural como adquirida pela força do hábito (*op. cit.*, p. 265, n. 271).

[84] Pentâmetro atribuído a Eveno de Paros, fr. 8 West.

não forem habituais; pois neste caso o hábito os torna agradáveis. Os seus contrários são agradáveis; por isso as distrações, a ausência de trabalhos e cuidados, os jogos, o descanso e o sono se contam entre as coisas agradáveis, pois nada disto se faz por necessidade. Agradável é também tudo aquilo de que temos em nós o desejo, pois o desejo é apetite do agradável. Dos desejos, uns são irracionais e outros racionais. Chamo irracionais aos que não procedem de um ato prévio da compreensão; e são desse tipo todos os que se dizem ser naturais, como os que procedem do corpo; por exemplo, o desejo de alimento, a sede, a fome, o desejo relativo a cada espécie de alimento, os desejos ligados ao gosto e aos prazeres sexuais e, em geral, os desejos relativos ao tato, ao olfato, ao ouvido e à vista. São racionais os desejos que procedem da persuasão; pois há muitas coisas que desejamos ver e adquirir porque ouvimos falar delas e fomos persuadidos de que são agradáveis.

Ora, como o prazer consiste em sentir uma certa emoção, e a imaginação[85] é uma espécie de sensação enfraquecida, segue-se que o lembrar e o esperar são acompanhados por uma certa imagem daquilo que se lembra e espera. E, se isto é assim, é evidente que há prazer tanto para os que lembram como para os que esperam, visto que também há sensação. De sorte que, necessariamente, todos os prazeres ou são presentes na sensação, ou passados na memória, ou futuros na esperança; pois sentimos o presente, lembramos o passado e esperamos o futuro. Por conseguinte, as coisas que se recordam são agradáveis, não só as que eram agradáveis quando existiam, mas também algumas que então não o eram, se depois delas resultou alguma coisa bela e boa.

....

[85] Traduzimos aqui o termo φαντασία por "imaginação", tendo em consideração o contexto e a definição que o próprio Aristóteles dele avança no *De anima* III 3, 427b27-429a29, como "um movimento da sensação em ação", e a distinção mais adiante entre "a fantasia própria do sentido" e a "fantasia racional" que, pela sua capacidade de combinar várias imagens numa só, serve de base para as deliberações (cf. Q. Racionero, *op. cit.*, p. 266, n. 276).

Donde também se disse: "*Mas é agradável lembrar os perigos estando salvo*"[86]; e: "*O homem regozija-se mesmo nos sofrimentos ao recordá-los, ele que muito padeceu e muito realizou.*"[87]

A razão disto é que também é agradável não sofrer o mal. O que esperamos é agradável, quando a sua presença parece trazer-nos grande alegria ou utilidade, e utilidade sem dor. Em geral, as coisas que nos alegram estando presentes também nos alegram quando as esperamos e recordamos. Por isso, até a ira é agradável, como também Homero escreveu sobre ela: "*que é muito mais doce que o mel que destila gota a gota*"[88]; pois ninguém se ira contra quem não pode ser atingido pela sua vingança; e, contra quem nos é muito superior em força, ou não nos iramos, ou nos iramos menos.

Os desejos são na sua maioria acompanhados de um certo prazer; pois as pessoas gozam de algum prazer, quer lembrando-se de como o alcançaram, quer esperando que o alcançarão; por exemplo, os que, tendo febre, são afligidos pela sede, têm prazer em lembrar-se de que beberam e em esperar que virão a beber. E, de igual modo, os namorados têm prazer em falar, escrever e fazer sempre algo que se refira ao objeto amado, pois em todas estas circunstâncias a memória lhes faz crer que se encontram em presença dele. O começo do amor é o mesmo para todos: quando não só se deleitam na presença da pessoa amada, mas também se deleitam em lembrá-la quando ausente, e lhes sobrevém a dor de ela não estar presente; e até nessas aflições e lamentos há um certo prazer; pois a dor deve-se à sua ausência, mas o prazer a recordá-la e, de algum modo, a vê-la e às coisas que fazia ou como era. Por isso, com razão se disse: "*Assim falou, e em todos eles provocou o desejo de chorar.*"[89]

---

[86] Eurípides, *Andromeda*, fr. 133 Nauck.
[87] *Od.*, 15.400-401.
[88] *Il.*, 18.109.
[89] *Il.*, 23.108; *Od.*, 4.183.

A vingança também é agradável; pois, se é doloroso não alcançar uma coisa, é agradável alcançá-la; e os iracundos afligem-se em demasia quando não logram vingar-se, mas regozijam-se quando esperam fazê-lo. É igualmente agradável a vitória, não só para os que gostam de vencer, mas para todos; pois produz uma imagem de superioridade, a qual, com mais ou menos empenho, todos desejam. E porque a vitória é agradável, também são necessariamente agradáveis os jogos de combates e disputas (pois neles muitas vezes se obtém a vitória), tais como jogos de ossos, da bola, de dados e de damas. O mesmo acontece com os jogos que 1371a requerem esforço; pois uns se tornam agradáveis quando a eles nos habituamos, e outros o são imediatamente, como, por exemplo, a caça com cães e toda a sorte de caça. Porque onde há combate há igualmente vitória. Por isso também a oratória judicial e a erística são agradáveis para quem tem o hábito e a capacidade de as usar.

A honra e a boa reputação contam-se entre as coisas mais agradáveis, porque cada um imagina que possui as qualidades de um homem virtuoso, e sobretudo quando o afirmam pessoas que ele considera dizerem a verdade. Contam-se entre eles os vizinhos mais do que os que se encontram afastados, os familiares e concidadãos mais do que os estranhos, os contemporâneos mais do que os vindouros, os sensatos mais do que os insensatos, e a maioria mais do que a minoria; pois é mais provável que digam a verdade os que acabamos de mencionar do que os seus contrários, já que nenhuma importância ligamos à honra ou à opinião daqueles que temos em pouca conta, como as crianças e os animais; e, se ligamos, não é pela opinião em si, mas por alguma outra razão.

O amigo figura também entre as coisas agradáveis; porque é agradável amar (pois quem não gosta de vinho não tem prazer em bebê-lo) e é agradável ser amado; pois também neste caso uma pessoa tem a impressão de possuir um bem desejado por todos os homens dotados de sentimento; e ser amado é ser objeto de afeição por si mesmo. É igualmente agradável ser admirado pela mesma razão que receber honras. Agradáveis são também a adulação e o adulador, pois o adulador é um aparente admirador e um aparente amigo. Fazer muitas vezes as mesmas coisas é agradável; pois, como dissemos, o que é habitual é agradável. Também a mudança é agradável; pois mudar está na ordem da natureza, porque fazer sempre a mesma coisa provoca um excesso da condição normal. Donde se disse:

Doce é a mudança de todas as coisas.[90]

Por esta razão, também o que se vê periodicamente é agradável, tanto pessoas como coisas; pois há mudança do presente, e é ao mesmo tempo raro o que se faz com intervalos. De igual modo o aprender e o admirar são geralmente agradáveis; pois no admirar está contido o desejo de aprender, de sorte que o admirável é desejável, e no aprender se alcança o que é segundo a natureza[91]. Contam-se ainda entre as coisas agradáveis fazer o bem e recebê-lo; pois receber um benefício é alcançar o que se deseja, e fazer o bem é possuir e ser superior: dois fins a que todos aspiram. E, porque é agradável fazer o bem, é também agradável ao homem corrigir o seu próximo e completar o que está nele incompleto[92]. E, como aprender e admirar é agradável, necessário é também que o sejam as coisas que possuem estas qualidades; por exemplo, as imitações, como as da pintura, da escultura, da poesia, e em geral todas as boas imitações, mesmo que o original não seja em si mesmo agradável; pois não é o objeto retratado que causa prazer, mas o raciocínio de que ambos são idênticos, de sorte que o resultado é que aprendemos alguma coisa. São ainda agradáveis as aventuras e o salvar-se por pouco dos perigos, pois todas estas coi-

---

[90] Eurípides, *Or.*, 234.
[91] O verdadeiro conhecimento ou filosofia.
[92] Isto é, suprir as suas necessidades.

sas causam admiração. Visto que é agradável tudo quanto é conforme à natureza, e que as coisas do mesmo gênero são entre si conformes à natureza, todos os seres congêneres e semelhantes se agradam a maior parte do tempo; por exemplo, o homem ao homem, o cavalo ao cavalo e o jovem ao jovem. Donde se escreveram os seguintes provérbios: "cada um deleita-se com o da sua idade", "busca-se sempre o semelhante", "a fera conhece a fera", "sempre o gaio com o gaio", e outros semelhantes a estes.

Ora, como as coisas semelhantes e congêneres são todas elas agradáveis para uma pessoa, e como cada um experimenta no mais alto grau este sentimento para consigo próprio, segue-se necessariamente que todos são mais ou menos amantes de si mesmos; pois é sobretudo no indivíduo em si mesmo que todas estas semelhanças existem. E, porque todos são amantes de si mesmos, todos têm necessariamente por agradáveis as coisas que lhes pertencem, por exemplo as suas obras e as suas palavras. Por isso amam com tanta frequência os aduladores, os amantes, as honras e os filhos; porque os filhos são obra sua. É também agradável completar o que está incompleto, pois desde então a obra passa a ser de quem a concluiu. E, porque é muito agradável mandar, é também agradável passar por sábio; pois a sensatez é própria do mando, e a sabedoria é ciência de muitas e admiráveis coisas. Além disso, como os homens são em geral ambiciosos, é necessariamente agradável censurar o próximo e governá-lo, assim como ocupar o seu tempo naquilo em que julgam ser os melhores, como também diz o poeta:

> *Nisto cada um se esforça,*
> *a dedicar a maior parte de cada dia*
> *para conseguir de si mesmo ser o melhor.*[93]

De modo semelhante como são agradáveis o jogo, toda a espécie de folga e o riso, também o que é risível deve ser

---
[93] Eurípides, *Antiope*, fr. 183 (Nauck).

1372a agradável, tanto pessoas como palavras e obras. As coisas risíveis foram definidas separadamente nos livros sobre a *Poética*[94]. Eis o que tínhamos para dizer sobre as coisas agradáveis; as dolorosas são manifestas pelos seus contrários.

12. Agentes e vítimas de injustiça

12.1 – CARACTERÍSTICAS DOS QUE COMETEM A INJUSTIÇA

Estas são as razões pelas quais se comete injustiça. Refiramos agora em que disposição e contra quem ela se comete. As pessoas cometem injustiça quando pensam que a ação se pode cometer e ser cometida por elas: ou porque entendem que o seu ato não será descoberto ou, se o for, que ficará impune; ou então porque, se este for punido, a punição será menor do que o lucro que esperam para si mesmos ou para aqueles de quem cuidam. Falaremos mais adiante das ações que parecem possíveis ou impossíveis, pois são comuns a todos os gêneros de discurso. Quem sobretudo pensa que pode cometer injustiça impunemente são os dotados de eloquência, os homens de ação, os que têm grande experiência de processos, se tiverem muitos amigos e forem ricos. É sobretudo quando se encontram nas condições referidas que eles pensam poder cometer a injustiça; ou então quando têm amigos, servos ou cúmplices que satisfazem essas condições; pois, graças a esses meios, eles podem agir sem ser descobertos nem punidos. E igualmente se são amigos dos que sofrem a injustiça ou dos juízes; pois, por um lado, os amigos não estão prevenidos contra a injustiça dos seus amigos e procuram a reconciliação antes de recorrerem aos tribunais; por outro, os juízes são favoráveis aos seus amigos e ou os deixam em completa liberdade, ou lhes infligem penas leves.

Estão em condições de não ser descobertos aqueles que têm um perfil contrário às acusações. Por exemplo, o débil

---
[94] *Poética* II.

ser acusado de violência, ou o pobre e feio de adultério. Também os atos que se cometem inteiramente às claras e à vista de todos; pois nenhuma precaução se toma para os prevenir, pelo fato de ninguém ousar sequer imaginá-los. E os que são tão grandes e tão graves que ninguém se pensaria capaz de os cometer; pois também estes não são prevenidos, porque todos se previnem contra o que é habitual, quer sejam enfermidades ou injustiças, mas ninguém toma precauções contra uma doença que nunca ninguém teve. Nas mesmas condições estão os que não têm inimigos ou têm muitos; pois os primeiros pensam que não serão descobertos porque não se tomam precauções contra eles, e os segundos, que não são descobertos porque não é crível que vão atacar quem está prevenido, e porque têm a defesa de que não se arriscariam a tentá-lo. Os que têm algum meio de ocultar a sua ação, quer seja artifício, lugar ou disposição favorável. Os que, se forem descobertos, conseguem evitar o processo, adiá-lo, ou corromper os juízes. Os que, se forem condenados, podem evitar o pagamento ou adiá-lo por longo tempo; ou quem, por falta de recursos, nada terá a perder. Aqueles para quem o ganho é evidente, importante ou imediato, e o castigo pequeno, inseguro ou distante. Aqueles para quem o castigo não é igual ao benefício, como parece acontecer no caso da tirania. Aqueles para quem as injustiças são lucro, mas os castigos apenas desonra. Aqueles a quem, pelo contrário, as injustiças proporcionarão algum elogio, se lhes acontece, por exemplo, vingarem ao mesmo tempo o pai e a mãe, como no caso de Zenão, e se o castigo apenas envolve a perda de dinheiro, o exílio ou coisa semelhante; pois por ambos os motivos [o ganho e a honra] e em ambas as disposições se comete a injustiça; mas as pessoas não são as mesmas, antes em cada um dos casos denotam caracteres opostos. Os que muitas vezes praticaram a injustiça sem que fossem descobertos ou punidos; e os que muitas vezes foram malsucedidos; pois nestes casos, como nos combates, há sempre os que estão dispostos a reiniciar a luta. Aqueles

1372b

para quem o prazer é imediato, mas a dor sentida mais tarde, ou aqueles para quem o ganho é imediato, mas o castigo é sofrido mais tarde; pois esse é o caso dos intemperantes, e a intemperança aplica-se a tudo o que se deseja. Aqueles para quem, pelo contrário, a dor e o castigo são imediatos, mas o prazer e o proveito são posteriores e mais duradouros; pois estas são as coisas que os temperantes e mais sensatos perseguem. Os que podem dar a impressão de terem agido por acaso, ou por necessidade, ou por natureza ou por hábito e, em geral, de terem cometido um erro, mas não uma injustiça. Aqueles para quem é possível obter indulgência. Os que são necessitados. E há duas espécies de necessidade: a necessidade do indispensável, como no caso dos pobres; e a necessidade do supérfluo, como no caso dos ricos. Também os que gozam de muito boa reputação e os que estão privados dela; os primeiros por não parecerem culpáveis, e os segundos por não se poderem desconsiderar mais.

12.2 – CARACTERÍSTICAS DOS QUE SOFREM A INJUSTIÇA

Estas são, pois, as disposições que levam as pessoas a cometer a injustiça. Cometem-na contra as seguintes pessoas e nas seguintes circunstâncias. Contra quem possui aquilo de que eles próprios têm falta, ou para as necessidades da vida, ou para o supérfluo, ou para o gozo dos sentidos, tanto contra os que estão longe como contra os que estão perto; pois o despojo dos últimos é rápido e o castigo dos primeiros é lento, como acontece com os que despojam os cartagineses[95]. Contra os que não tomam precauções nem se guardam, antes são confiantes; pois é fácil apanhá-los todos desprevenidos. Contra os indolentes; pois é característico dos diligentes sair em defesa própria. Contra os tímidos; pois não são inclinados a lutar por questões de ganho. Contra os que foram muitas vezes alvo de injustiça sem acudir aos tri-

---

[95] Na mente de Aristóteles estão, talvez, os ataques de piratas gregos sobre navios cartagineses.

bunais, porque, como diz o provérbio, são presa dos mísios[96]. Contra os que nunca sofreram injustiça e os que a sofreram muitas vezes; pois ambos estão desprevenidos: uns porque nunca injustiçados; os outros porque não o esperam ser outra vez. Contra os que foram caluniados ou estão expostos a sê-lo; pois os tais não se resolvem a acusar por temerem os juízes, nem, se o fizerem, os conseguem persuadir; neste número contam-se os invejados e os odiados. Contra aqueles em relação aos quais o agressor pode invocar como pretexto que os seus antepassados, eles próprios ou os seus amigos fizeram mal ou tiveram a intenção de o fazer, quer a si mesmo, quer aos seus antepassados, quer aos que estão sob o seu cuidado; pois, como diz o provérbio, "a maldade apenas precisa de um pretexto". Contra os inimigos e os amigos; pois fazer mal a uns é fácil, e a outros agradável. Contra os que não têm amigos. Contra os que não são hábeis no falar, nem no agir; pois, ou não tentam defender-se, ou preferem conciliar-se, ou não levam a defesa a bom termo. Contra os que não têm vantagem em perder tempo à espera do veredito ou de uma indenização, como é o caso dos estrangeiros e dos trabalhadores por conta própria; pois transigem com pouco e facilmente desistem dos processos. Contra os que cometeram muitas injustiças ou injustiças semelhantes às que agora sofrem; pois quase parece não ser injustiça que uma pessoa sofra um mal semelhante àquele que se habituou a infligir a outrem; refiro-me, por exemplo, a alguém que maltrata quem tem por hábito ultrajar os outros. Contra os que já nos fizeram mal, ou o quiseram fazer, ou o querem agora fazer, ou se preparam para o fazer; pois isto tem algo de agradável e belo e quase parece não ser uma injustiça. Contra aqueles cujo mal dará prazer aos nossos amigos, ou àqueles que admiramos ou amamos ou têm poder sobre nós, ou, numa palavra, àqueles por quem pautamos a nossa vida. Contra aqueles em relação aos quais é possível alcan-

1373a

---

[96] Dito muito frequente para designar os que não sabem ou não podem defender-se.

çar indulgência. Contra aqueles que censuramos e com quem já divergimos, como Calipo fez com Díon[97]; pois também tais casos quase parecem não ser atos de injustiça. Contra os que estão a ponto de ser atacados por outros, se eles não atacarem primeiro, quando já não é possível deliberar; foi assim, diz-se, que Enesidemo enviou a Gélon[98] o prêmio de cótabo ao ter ele reduzido à escravidão uma cidade, porque deste modo se antecipou ao que ele próprio tinha a intenção de fazer. Contra aqueles a quem se causa dano para depois se lhes poderem fazer muitos atos de justiça, na ideia de que é fácil reparar o mal feito; tal como disse Jasão, o Tessálio[99], que convém cometer algumas injustiças a fim de que também se possam fazer muitas coisas justas.

Também facilmente se cometem as injustiças que todos os homens ou a maior parte deles costumam cometer; pois pensam vir a ser perdoados das suas ofensas. Os roubos fáceis de ocultar: tais como os que rapidamente se consomem, como, por exemplo, os alimentos; ou os objetos que podem mudar de forma, cor, ou composição; ou os que se escondem com facilidade em muitos lugares, tais como os que se transportam facilmente ou os que é possível ocultar

---

[97] Observa Q. Racionero que Aristóteles está falando de fatos que conhecia bem, pois se tratava de dois condiscípulos seus na Academia. "Calipo había acompañado a Dión en la expedición que éste dirigió contra Dionisio II en el 357, para liberar a los sicilianos de su tiranía, pero cayó en desgracia de los mercenarios de Dión. Para salvarse urdió un complot como resultado del cual Dión perdió la vida (354)" (*op. cit.*, p. 279, n. 309). Esta história é narrada por Plutarco na *Vita Dion.*, 54-6.

[98] História mal conhecida. Há registro apenas de um Enesidemo, membro da guarda pessoal de Hipócrates, tirano de Gela, e pai de Téron, tirano de Ácragas (488-472 a.C.). Quanto a Gélon, sabe-se que foi tirano de Gela e posteriormente se estabeleceu em Siracusa (485 a.C.). *Vide* W. M. A. Grimaldi, *op. cit.*, p. 283. O cótabo era um jogo corrente em simpósios, que consistia em acertar em algo com o vinho contido num copo. O prêmio do vencedor eram ovos, bolos e carnes doces. A principal fonte de informação sobre este jogo é Ateneu, 479c-e, 487d-e, 665c-668f.

[99] Trata-se do tirano de Feras entre 385 a.C. e 370 a.C. (Plutarco, *Moralia*, 817s-818a).

em pequenos esconderijos; também os de coisas indistintas em tudo semelhantes às que tem quem comete a injustiça. As injustiças que as vítimas têm vergonha de declarar, como os ultrajes sofridos pelas mulheres da sua família, por elas próprias, ou pelos seus filhos. Os delitos em que o recurso a tribunal pareceria ato de pessoa conflituosa, como os danos de pouca monta e facilmente perdoáveis.

Este é um relato mais ou menos completo das circunstâncias em que se comete a injustiça, a natureza das injustiças, as vítimas destas e suas causas.

13. Critérios de justiça e de injustiça

Distingamos agora todos os atos de injustiça e de justiça, começando por observar que o que é justo e injusto já foi definido de duas maneiras em relação a dois tipos de leis e a duas classes de pessoas. Chamo lei tanto à que é particular como à que é comum. É lei particular a que foi definida por cada povo em relação a si mesmo, quer seja escrita ou não escrita; e comum, a que é segundo a natureza. Pois há na natureza um princípio comum do que é justo e injusto, que todos de algum modo adivinham mesmo que não haja entre si comunicação ou acordo; como, por exemplo, o mostra a *Antígona* de Sófocles ao dizer que, embora seja proibido, é justo enterrar Polinices, porque esse é um direito natural:

> Pois não é de hoje nem de ontem, mas desde sempre que esta lei existe, e ninguém sabe desde quando apareceu.[100]

E como diz Empédocles acerca de não matar o que tem vida, pelo fato de isso não ser justo para uns e injusto para outros:

---

[100] Sófocles, *Antígona*, 456-7.

> *Mas a lei universal estende-se largamente através do amplo éter e da incomensurável terra.*[101]

E como também o diz Alcidamante no seu Messeníaco[102]:

> *Livres deixou Deus a todos, a ninguém fez escravo a natureza.*[103]

Em relação às pessoas, a justiça é definida de duas maneiras; pois o que se deve e não deve fazer é definido, quer em relação à comunidade, quer em relação a um dos seus membros[104]. Por conseguinte, é possível cometer a injustiça e praticar a justiça de duas maneiras, pois ela pratica-se em relação a um determinado indivíduo ou em relação à comunidade; porque o que comete adultério ou fere alguém comete injustiça contra um dos indivíduos, mas o que não cumpre os seus deveres militares comete-o contra a comunidade.

Tendo sido feita a distinção dos vários tipos de delitos, uns contra a comunidade e outros contra um ou vários indivíduos, retomemos o assunto e digamos o que significa sofrer injustiça. Sofrer injustiça é ser vítima de um tratamento injusto por parte de um agente voluntário; pois cometer injustiça definiu-se antes como um ato voluntário. E porque quem sofre injustiça sofre necessariamente um dano, e um dano contra a sua vontade, claramente se vê,

....
[101] Empédocles, DK B 135.

[102] *Vide* G. Kennedy, *op. cit.*, p. 103. Alcidamante era um sofista anterior a Aristóteles, discípulo de Górgias e mestre de retórica. Este discurso era provavelmente do gênero epidítico.

[103] Observa G. Kennedy que os manuscritos de Aristóteles não avançam aqui uma citação, que ela é suprida por um comentador medieval. Como a edição de Oxford a contempla, nós a registramos igualmente.

[104] A legislação grega fazia distinção entre ofensa pública (γραφή) e violação de direitos privados (δίκη); mas, como observa G. Kennedy, essa distinção difere da compreensão moderna de lei criminal e civil, na medida em que muitas ações hoje consideradas crimes, incluindo o homicídio, eram então tidas como violações de direitos privados (*op. cit.*, p. 103, n. 231).

pelo que atrás fica dito, em que consistem os danos; pois as ações boas e más foram atrás definidas em si mesmas, e se disse que são voluntárias as que se fazem com conhecimento de causa. De sorte que, necessariamente, todas as acusações se referem ou à comunidade ou ao indivíduo, tendo o acusado agido ou por ignorância e contra a sua vontade, ou voluntariamente e com conhecimento; e, neste último caso, com intenção ou por força da emoção. Falaremos da cólera na parte em que nos ocuparmos das paixões; já falamos, porém, das coisas que se fazem por escolha e da disposição com que se fazem.

Mas como muitas vezes o acusado reconhece haver praticado uma ação, mas não está de acordo com a qualificação dela ou com o delito que essa qualificação implica – confessa, por exemplo: que tomou algo, mas não o roubou; que feriu primeiro, mas não ultrajou; que teve relações com uma mulher, mas não cometeu adultério; que roubou, mas não cometeu sacrilégio (porque o objeto roubado não pertencia a um deus); que cultivou terra alheia, mas não do domínio público; que conversou com o inimigo, mas não cometeu traição –, por esta razão, seria necessário dar definições destas coisas, do roubo, do ultraje, do adultério, a fim de que, se quisermos mostrar que o delito existe ou não existe, possamos trazer à luz o direito[105]. Ora, todos estes casos têm a ver com a questão de determinar se a pessoa acusada é injusta, imoral ou não injusta; pois é na intenção que reside a malícia e o ato injusto, e termos tais como ultraje e roubo indicam já a intenção; porque, se uma pessoa feriu outra, isso não significa que em todos os casos cometeu um ultraje, mas apenas se a feriu por uma certa razão, como para a desonrar, ou agradar a si mesmo. Nem, se tomou um objeto às escondidas, cometeu em todos os casos um roubo, mas apenas se o tomou para prejudicar alguém, e para dele se apropriar. Passa-se em todos os outros casos o mesmo que nestes.

1374a

---

[105] Hermágoras de Temnos desenvolve posteriormente a doutrina aqui implícita na chamada στάσις de definição, ou nos estados de causa.

Ora, como dissemos que há duas espécies de atos justos e injustos (uns fixados pela escrita e outros não), ocupamo-nos até aqui dos que as leis registram; mas dos que as leis não registram há também duas espécies: a dos que, por um lado, representam o mais elevado grau da virtude e do vício, a que se reservam censuras e elogios, desonras, honras e recompensas; por exemplo, agradecer a quem nos faz bem, pagar o bem com o bem, acudir aos amigos e coisas semelhantes a estas; e a dos que, por outro, correspondem a uma omissão da lei particular e escrita. Pois o equitativo parece ser justo, e é equitativa a justiça que ultrapassa a lei escrita. Ora, esta omissão umas vezes acontece contra a vontade dos legisladores, e outras por sua vontade: contra a vontade dos legisladores, quando o caso lhes passa despercebido; e, por sua vontade, quando não o podem definir a rigor, mas se veem na necessidade de empregar uma fórmula geral que, não sendo universal, é válida para a maioria dos casos. Também os casos em que não é fácil dar uma definição devido à sua indeterminação; por exemplo, no caso de ferir com um instrumento de ferro, ou determinar o seu tamanho e a sua forma, pois não chegaria a vida para enumerar todas as possibilidades. Se, pois, não é possível uma definição exata, mas a legislação é necessária, a lei deve ser expressa em termos gerais; de modo que, se uma pessoa não tem mais que um anel no dedo quando levanta a mão ou fere outra, segundo a lei escrita é culpada e comete injustiça, mas segundo a verdade não a comete, e isso é equidade.

1374b   Ora, se a equidade é o que acabamos de dizer, é fácil de ver quais são os atos equitativos e quais não o são, e quais as pessoas que não são equitativas. Os atos que devem ser perdoados são próprios da equidade, e é equitativo não julgar dignos de igual tratamento os erros e os delitos, nem as desgraças. Ora, as desgraças são ações inesperadas e feitas sem perversidade, os erros são ações não inesperadas e feitas sem maldade, mas os delitos não são inesperados e fazem-se com maldade; pois o que é provocado pelo desejo faz-se por maldade. É igualmente próprio da equidade perdoar as falhas humanas. Também olhar, não para a lei, mas para o legislador; não para a palavra, mas para a intenção do legislador; não para a ação em si, mas para a intenção; não para a parte, mas para o todo; não para o que uma pessoa agora é, mas para o que ela sempre foi ou o tem geralmente sido. Também lembrar-nos mais do bem do que do mal que nos foi feito, e dos benefícios recebidos mais do que dos concedidos. Também suportar a injustiça sofrida. Também desejar que a questão se resolva mais pela palavra do que pela ação. E ainda querer mais o recurso a uma arbitragem do que ao julgamento dos tribunais; pois o árbitro olha para a equidade, mas o juiz apenas para a lei; e por esta razão se inventou o árbitro, para que prevaleça a equidade.

Fica deste modo definido o que se refere à equidade.

14. Critérios sobre a gravidade dos delitos

Um delito é maior na medida em que procede de uma injustiça maior. E por isso os menores podem ser muito graves, como por exemplo o de que Calístrato acusou Melanopo, que defraudou por dolo os construtores do templo em três semióbolos sagrados[106]. Mas no caso da justiça é o contrário[107]. Estes delitos graves estão em potência nos delitos menores; pois quem roubou três semióbolos sagrados também será capaz de cometer qualquer injustiça. Umas vezes é assim que é julgada a gravidade de um delito, outras o é pela extensão do dano. Um delito é maior quando para ele não há castigo equivalente, antes todo o castigo lhe é inferior; quando para ele não há remédio, por ser difícil se não impossível de reparar; e, quando a vítima não pode recla-

---

[106] Praticamente nada se sabe deste episódio; apenas que Calístrato e Melanopo eram embaixadores de Tebas e rivais políticos por volta de 370 a.C. (cf. Xenofonte, *Hellenica*, 6.3.2-3; Plutarco, *Vita Demost.*, 13).

[107] Os atos de justiça mais insignificantes não são os maiores.

mar justiça, por o delito ser irremediável; pois a justiça é castigo e remédio. Também se o que sofreu o dano e a injustiça se castigou severamente a si mesmo; pois é justo que o que cometeu o dano sofra um castigo ainda maior; por exemplo, Sófocles[108], ao falar a favor de Euctémon[109] depois de este haver posto termo à vida por ter sido ultrajado, declarou que não fixaria uma pena inferior à que a vítima tinha fixado contra si mesma. Um delito é também maior quando foi um só a cometê-lo, ou foi o primeiro, ou se cometeu com a ajuda de poucos; quando se cometeu muitas vezes a mesma falta; quando por causa dele se procuraram e inventaram meios de prevenção e castigo. Em Argos, por exemplo, é castigado aquele por cuja causa se estabeleceu uma nova lei, e aqueles por cuja causa se construiu uma prisão. O delito mais brutal é também o mais grave. Igualmente o mais premeditado. E o que inspira nos ouvintes mais temor que compaixão. Os recursos retóricos são neste caso os seguintes: que o acusado ignorou ou transgrediu muitas normas de justiça, como, por exemplo, juramentos, promessas, provas de fidelidade, votos matrimoniais; pois é um acúmulo de muitas injustiças. Os delitos são ainda maiores quando cometidos no preciso lugar em que se castigam os delinquentes, como fazem as falsas testemunhas; pois onde é que uma pessoa não cometeria um delito se o ousa cometer no próprio tribunal? São também maiores quando causam a maior vergonha; e quando são cometidos contra a pessoa de quem se recebeu um benefício; pois neste caso a injustiça é maior, porque ao benfeitor se faz o mal e não o bem que lhe é devido. É também mais grave o delito que viola as leis não escritas; pois é próprio de uma pessoa melhor ser justa sem que a necessidade a obrigue. Ora, as leis

---

[108] Sugere Cope (I, 263) que este Sófocles é o mesmo adiante referido em 3.18,19a26, aparentemente um dos trinta tiranos, referido por Xenofonte (*Hellenica*, 2.3.2).

[109] Xenofonte refere-se com este nome a um arconte de 408-407 a.C. nas *Hellenica*, 1.2.1.

escritas são compulsórias, mas as não escritas não. Pode, contudo, argumentar-se de outra maneira que o delito é mais grave, se viola as leis escritas; pois quem comete a injustiça que atrai o temor e envolve o castigo também cometerá a que não tem castigo a temer.

É isto o que temos a dizer sobre a maior ou menor gravidade do delito.

15. Provas não técnicas na retórica judicial

Como continuação do que acabamos de expor, vamos agora falar sumariamente das provas a que chamamos não técnicas; pois elas são específicas da retórica judicial. Estas provas são cinco em número: as leis, os testemunhos, os contratos, as confissões sob tortura e o juramento.

Falemos primeiro das leis, mostrando como elas devem ser usadas tanto na exortação e na dissuasão como na acusação e na defesa. Pois é óbvio que, se a lei escrita é contrária aos fatos, será necessário recorrer à lei comum e a argumentos de maior equidade e justiça. E é evidente que a fórmula "na melhor consciência" significa não seguir exclusivamente as leis escritas; e que a equidade é permanentemente válida e nunca muda, como a lei comum (por ser conforme à natureza), ao passo que as leis escritas estão frequentemente mudando; donde as palavras pronunciadas na *Antígona* de Sófocles; pois esta se defende, dizendo que sepultou o irmão contra a lei de Creonte, mas não contra a lei não escrita:

1375b

> *Pois esta lei não é de hoje nem de ontem, mas é eterna*
> *[...] Esta não devia eu [infringir], por homem algum...*[110]

É também necessário dizer que o justo é verdadeiro e útil, mas não o que o parece ser; de sorte que a lei escrita não é propriamente uma lei, pois não cumpre a função da

---
[110] Sófocles, *Antígona*, 456, 458.

lei; dizer também que o juiz é, por assim dizer, um verificador de moedas, nomeado para distinguir a justiça falsa da verdadeira; e que é próprio de um homem mais honesto fazer uso da lei não escrita e a ela se conformar mais do que às leis escritas. É necessário ainda ver se, de algum modo, a lei é contrária a outra já aprovada ou a si mesma; por exemplo, por vezes uma lei determina que todos os contratos sejam válidos, e outra proíbe que se estabeleçam contratos à margem da lei. Também se a lei é ambígua, a fim de a contornar e ver a que sentido se acomoda, se ao justo ou ao conveniente, e em seguida usar a interpretação devida. E, se as circunstâncias que motivaram a lei já não existem mas a lei subsiste, então é necessário demonstrá-lo e lutar contra a lei por esse meio.

Mas, se a lei escrita favorece a nossa causa, convirá dizer que a fórmula "na melhor consciência" não serve para o juiz pronunciar sentenças à margem da lei, mas apenas para ele não cometer perjúrio no caso de ignorar o que a lei diz; que ninguém escolhe o bom em absoluto, mas o que é bom para si; que nenhuma diferença existe entre não haver lei e não fazer uso dela; que, nas outras artes, não há vantagem em ser mais hábil do que o médico; pois o erro de um médico é menos prejudicial do que o hábito de desobedecer à autoridade; e que procurar ser mais sábio do que as leis é precisamente o que é proibido pelas leis que são louvadas. São estas as distinções que estabelecemos em relação às leis.

Quanto às testemunhas, elas são de duas espécies: as testemunhas antigas e as testemunhas recentes; e, destas últimas, umas participam do perigo, as outras ficam de fora. Chamo testemunhas antigas aos poetas e a todos aqueles homens ilustres cujos juízos são bem conhecidos; por exemplo, os atenienses usaram Homero como testemunha no assunto de Salamina[111], e, recentemente, os habitantes

---

[111] A passagem da *Ilíada* 2.557-258 é citada por Sólon, na disputa com os habitantes de Mégara a favor das reivindicações atenienses sobre a ilha de Salamina.

de Tênedos usaram o testemunho de Periandro de Corinto contra os sigeus[112]. Também Cleofonte[113] se serviu contra Crícias dos versos elegíacos de Sólon, para dizer que a sua família de há muito era notória pela sua licenciosidade; porque, de outro modo, Sólon nunca teria escrito:

> *Diz, te peço, ao ruivo Crícias que dê ouvidos ao seu pai.*[114]

Estes são, pois, os testemunhos sobre eventos passados; mas para os eventos futuros servem também os intérpretes de oráculos, como fez Temístocles, ao referir o muro de madeira para significar que era necessário travar uma batalha naval[115]. Os provérbios, como se disse, são também testemunhos; por exemplo, se alguém aconselha a não se tomar um velho por amigo, serve-lhe como testemunho o provérbio: "Nunca faças bem a um velho." E, se aconselha a matar os filhos, depois de ter morto os pais, pode dizer:

> *Insensato é aquele que, depois de ter morto o pai, deixa com vida os filhos.*[116]

Testemunhas recentes são todas aquelas pessoas ilustres que emitiram algum juízo; pois os seus juízos são úteis

---

[112] Nada mais se conhece deste fato, a não ser o relatado no texto, nem mesmo da existência de disputas entre os povos de Tênedos e Sigeu.

[113] Referência ao conhecido demagogo que interveio nos assuntos de Atenas nos últimos anos da Guerra do Peloponeso. Crícias era um dos trinta tiranos, parente de Platão.

[114] Sólon, fr. 18 Diehl-Beutler-Adrados.

[115] Esta é uma referência às palavras do oráculo conservadas por Heródoto (7.141-147): "Zeus previdente adverte Tritogenia (Atenas) que só o muro de madeira é inexpugnável." Quando as forças de Xerxes se dirigiam para Atenas, os cidadãos consultaram o oráculo de Delfos, que lhes disse para confiarem nos seus "muros de madeira", e Temístocles interpretou esta palavra como referência à sua renovada armada. Evacuaram então a cidade e derrotaram os persas na batalha de Salamina.

[116] Atribuído por Clemente de Alexandria (*Strommata*, 7.2.19) a Estasino de Chipre, autor do poema épico *Cypria*, fr. 25 Allen.

para os que disputam sobre as mesmas coisas. Por exemplo, Eubulo utilizou nos tribunais contra Cares o que Platão havia dito contra Arquíbio, que "confissões de vício se tornavam comuns na cidade"[117]. São também as testemunhas que participam do risco de serem processadas, se dão a impressão de estarem mentindo. Tais testemunhas servem apenas para determinar se um fato ocorreu ou não, se é ou não é esse o caso; mas não são testemunhas sobre a qualidade do ato, como, por exemplo, se é justo ou injusto, se é conveniente ou inconveniente. Sobre estas matérias, são mais dignas de crédito as testemunhas que estão fora da causa, e as mais dignas de todas são os antigos, pois não são corruptíveis. Para quem não tem testemunhas, os argumentos de persuasão invocados relativamente aos testemunhos podem ser os seguintes: que se deve julgar com base em probabilidades, isto é, "na melhor consciência"[118]; que os argumentos de probabilidade não se podem deixar corromper por dinheiro; e que os argumentos de probabilidade não podem ser surpreendidos em falso testemunho. Para quem tem testemunhas diante de um adversário que não as tem, os seus argumentos serão: que as probabilidades não valem perante o tribunal; e que não haveria necessidade de testemunhas, se bastasse especular na base de argumentos de probabilidade. Uns testemunhos referem-se ao próprio, outros à pessoa do adversário; uns aos fatos, outros ao caráter moral das duas partes; de sorte que é evidente que em nenhuma circunstância deve faltar um testemunho útil; pois, se não é possível produzir sobre os fatos um argumento favorável à nossa causa ou desfavorável à do adversário, é ao menos possível produzi-lo sobre o caráter, para provar a nossa honestidade ou a maldade do adversário. Quanto aos demais argumentos sobre a testemunha – se é amiga, inimi-

---

[117] Nada sabemos das circunstâncias que envolveram o julgamento de Cares.

[118] Esta era uma expressão-tipo que vinculava os jurados atenienses ao uso da maior discrição na formulação dos seus vereditos.

ga ou indiferente, se é de boa, má ou mediana reputação, e quaisquer outras diferenças do gênero –, devem formar-se a partir dos mesmos lugares de que derivamos os entimemas.

No que diz respeito aos contratos, o uso dos argumentos visa aumentar ou anular a sua importância, provar que são dignos ou indignos de crédito: se nos são favoráveis, que são dignos de crédito e válidos; se são favoráveis ao adversário, então o contrário. Ora, para provar que eles são ou não são dignos de crédito, os métodos em nada se distinguem dos que se referem às testemunhas; pois é do que os seus signatários ou depositários forem que depende a confiança que os contratos inspiram. 1376b

Quando a existência do contrato é reconhecida e este nos é favorável, então importa amplificar a sua importância; pois o contrato é uma lei particular e parcial; e não são os contratos que conferem autoridade às leis, mas são as leis que tornam legais os contratos. Em geral, a própria lei é uma espécie de contrato, de sorte que quem desobedece a um contrato ou o anula, anula as leis. Além disso, a maior parte das transações, e todas as que são voluntárias, fazem-se mediante contratos; de sorte que, se estes se tornam inválidos, anula-se toda a relação mútua entre os homens. Os demais argumentos que igualmente se ajustam ao assunto são fáceis de ver.

Mas, se os contratos nos são desfavoráveis e favoráveis ao nosso adversário, em primeiro lugar, são adequados os argumentos que nos permitirão combater uma lei que nos é contrária; pois é absurdo pensarmos que não devemos obedecer às leis, quando elas estão malfeitas e os legisladores se enganaram, mas que é necessário obedecer aos contratos. Depois, podemos argumentar que o juiz é o árbitro da justiça; pelo que não é a letra do contrato que ele deve considerar, mas a solução mais justa. Que não é possível perverter a justiça por fraude ou coação (porque ela é natural), mas que os contratos se podem igualmente fazer por quem pode estar sendo enganado e coagido. Além disso, importa também verificar se os contratos são contrários a alguma das leis escritas ou das leis universais e, dentre as escritas, se às nacionais ou às estrangeiras; depois, se eles se opõem a outros contratos posteriores ou anteriores, porque, ou os posteriores são válidos e os anteriores não, ou os anteriores são retos e os posteriores fraudulentos, da maneira que for mais útil. Importa ainda olhar para o interesse, se ele é de algum modo contrário ao dos juízes, e todos os argumentos do gênero; pois estes são igualmente fáceis de descobrir.

As confissões sob tortura[119] são testemunhos de natureza peculiar, e parecem merecer confiança, porque nelas está presente uma certa necessidade[120]. Não é certamente difícil dizer sobre estas confissões os argumentos possíveis: se elas nos forem favoráveis, poderemos valorizá-las, dizendo que são os únicos testemunhos verídicos; se nos forem contrárias e favorecerem o adversário, poderemos então refutá-las, dizendo a verdade sobre todo gênero de torturas; pois os que são forçados não dizem menos a mentira que a verdade, ora resistindo com obstinação para não dizerem a verdade, ora dizendo facilmente a mentira para que a tortura acabe mais depressa. É necessário poder invocar exemplos do passado que os juízes conheçam.

É também necessário dizer que as confissões sob tortura não são verdadeiras; pois muitos há que são pouco sensíveis e de pele dura como pedra, capazes de nas suas almas resistir nobremente à coação, mas os covardes e timoratos apenas se mantêm fortes antes de verem os instrumentos da sua tortura; de sorte que nada de crível há nas confissões sob tortura.

Sobre os juramentos, podem-se fazer quatro distinções; pois, ou se permite o juramento ao adversário e se aceita prestá-lo, ou não se faz uma coisa nem outra, ou se faz uma

---

[119] A tortura de escravos para testemunhar era uma prática corrente na Grécia, dependente apenas do consentimento dos seus senhores.

[120] Cf. Quintín Racionero, *in* Aristóteles, *Retórica*, Madrid, Gredos, 1990, p. 298, n. 361. No mundo antigo, a tortura é, em determinados casos, necessária para a confissão.

coisa e não a outra; e, neste caso, ou se permite o juramento sem aceitar prestá-lo, ou se aceita prestá-lo sem o permitir. A par destas, uma outra distinção pode ainda ser feita: se o juramento já foi prestado, quer pelo próprio, quer pelo seu adversário.

Pois bem, não se permite o juramento ao adversário porque é fácil cometer perjúrio, porque ele, depois de jurar, se recusa a pagar a dívida, e porque se entende que, se ele não jurou, os juízes condená-lo-ão; também porque o risco de deixar a decisão com os juízes é preferível, por neles se ter confiança e não no adversário.

Uma pessoa recusa-se a jurar alegando que o juramento se faz por dinheiro; que, se fosse desonesta, juraria sem dificuldade, porque mais vale ser desonesto por alguma coisa do que por nada; que, jurando, teria vantagem, e, não jurando, não; e que, por conseguinte, a sua recusa poderia ter por causa a virtude, mas não o receio de perjúrio. Aplica-se aqui o dito de Xenófanes[121] de que

> *o desafio de um ímpio contra um homem piedoso carece de igualdade;*

é como se um homem forte desafiasse um fraco a dar golpes ou a recebê-los.

Se a pessoa aceita jurar, é porque tem confiança em si mesma, mas não no adversário. E, dando a volta ao dito de Xenófanes, deverá então dizer-se que assim há igualdade, se o ímpio aceita o juramento e o homem piedoso jura; e que é grave não querer jurar em matérias em que se considera justo que os juízes apenas decidam depois de haver jurado.

Mas, se permite o juramento, dirá que é piedoso querer deixar o assunto com os deuses, que o adversário não deve recorrer a outros juízes, porque a ele se concede tomar a decisão. Também que seria absurdo ele não querer jurar

---

[121] Xenófanes de Cólofon, filósofo e poeta que viveu por volta de 500 a.C. (fr. A 14 Diels).

em assuntos sobre os quais acha justo que outros prestem juramento.

Ora, se está claro como convém falar em cada um destes casos em particular, também está claro como convém falar quando se combinam dois a dois. Por exemplo, se uma pessoa quer prestar juramento mas não permiti-lo, se o permite mas não o quer prestar, se o quer prestar e permitir, ou se não quer uma coisa nem outra. Pois estas são forçosamente as combinações que se podem formar a partir dos casos referidos, de sorte que os argumentos terão igualmente de ser combinações dos já mencionados.

Se antes se fez um juramento contrário ao que agora é prestado, é necessário dizer que não há perjúrio; pois o cometer injustiça é voluntário e o perjúrio é cometer injustiça, mas o que se faz por violência ou engano é involuntário. Devemos, pois, aqui concluir que o perjúrio se faz com a mente e não com os lábios. Mas, se o juramento feito pelo adversário for contraditório, deverá dizer-se que tudo destrói quem não é fiel ao que jurou; pois é por isto também que os juízes aplicam as leis sob juramento. Poderá também dizer-se: "acham que devereis julgar permanecendo fiéis aos vossos juramentos, mas eles não permanecem fiéis aos seus". E muitas outras coisas se poderão dizer na amplificação do assunto.

Isto é o que se nos oferece dizer sobre as provas não técnicas.

Livro II

1. A emoção

Tais são, pois, as matérias donde convém extrair os argumentos para aconselhar e desaconselhar, louvar e censurar, acusar e defender-se; tais são também as opiniões e as premissas que são úteis para as provas, pois é sobre tais matérias e a partir dessas premissas que se retiram os entimemas que tratam propriamente[1] de cada um dos gêneros oratórios.

Uma vez que a retórica tem por objetivo formar um juízo (porque também se julgam as deliberações e a ação judicial é um juízo), é necessário procurar não só que o discurso seja demonstrativo e digno de crédito, mas também que o orador mostre possuir certas disposições e prepare favoravelmente o juiz. Muito conta para a persuasão, sobretudo nas deliberações e, naturalmente, nos processos judiciais, a forma como o orador se apresenta e como dá a entender as suas disposições aos ouvintes, fazendo com que, da parte destes, também haja um determinado estado

---

[1] Ἰδίᾳ. Aristóteles emprega este termo não no seu sentido adverbial (propriamente ou particularmente), mas numa acepção mais técnica: entimemas que, embora tendo um enunciado próprio, dependem especificamente de uma matéria argumental, sem ter de recorrer a *lugares-comuns*.

de espírito em relação ao orador. A forma como o orador se apresenta é mais útil nos atos deliberativos, mas predispor o auditório de uma determinada maneira é mais vantajoso nos processos judiciais. Os fatos não se apresentam sob o mesmo prisma a quem ama e a quem odeia, nem são iguais para o homem que está indignado ou para o calmo, mas, ou são completamente diferentes ou diferem segundo critérios de grandeza. Por um lado, quem ama acha que o juízo que deve formular sobre quem é julgado é de não culpabilidade ou de pouca culpabilidade; por outro, quem odeia acha o contrário. Quem deseja e espera alguma coisa, se o que estiver para acontecer for à medida dos seus desejos, não só lhe há de parecer que tal coisa acontecerá, como até será uma coisa boa; mas para o insensível e para o mal-humorado passa-se exatamente o contrário.

Três são as causas que tornam persuasivos os oradores, e a sua importância é tal que por elas nos persuadimos, sem necessidade de demonstrações: são elas a prudência, a virtude e a benevolência[2]. Quando os oradores recorrem à mentira nas coisas que dizem ou sobre aquelas que dão conselhos, fazem-no por todas essas causas ou por algumas delas. Ou é por falta de prudência que emitem opiniões erradas ou então, embora dando uma opinião correta, não dizem o que pensam por malícia; ou sendo prudentes e honestos não são benevolentes; por isso, é admissível que, embora sabendo eles o que é melhor, não o aconselhem. Para além destas, não há nenhuma outra causa. Forçoso é, pois, que aquele que aparenta possuir todas estas qualidades inspire confiança nos que o ouvem. Por isso, o modo como é possível mostrar-se prudente e honesto deve ser deduzido

---

[2] Φρόνησις enquanto virtude intelelectual e faculdade da razão prática; ἀρετή é a virtude de abrangência moral que acompanha a φρόνησις nas decisões práticas; εὔνοια traduz a benevolência necessária que acompanha a atitude e o comportamento respeitoso do orador ante os ouvintes. Cf. *Política* V 7, 1309a, estas mesmas virtudes aplicadas aos magistrados. Cf. também Ésquines, *Contra Ctesifonte*, 169-70.

das distinções que fizemos relativamente às virtudes, uma vez que, a partir de tais distinções, é possível alguém apresentar outra pessoa e até apresentar-se a si próprio sob este ou aquele aspecto. Sobre a benevolência e a amizade, falaremos na parte dedicada às emoções[3].

As emoções são as causas que fazem alterar os seres humanos e introduzem mudanças nos seus juízos, na medida em que elas comportam dor e prazer: tais são a ira, a compaixão, o medo e outras semelhantes, assim como as suas contrárias. Mas convém distinguir em cada uma delas três aspectos. Explico-me: em relação à ira, por exemplo, convém distinguir em que estado de espírito se acham os irascíveis, contra quem costumam irritar-se e em que circunstâncias; é que, se não se possui mais do que um ou dois destes aspectos, e não a sua totalidade, é impossível que haja alguém que inspire a ira. E o mesmo acontece com as outras emoções. Ora, como nas nossas análises anteriores fizemos a descrição das respectivas premissas, assim também procederemos em relação às emoções e distingui-las-emos segundo o método estabelecido.

2. A ira

Vamos admitir que a ira é um desejo acompanhado de dor que nos incita a exercer vingança explícita devido a algum desprezo manifestado contra nós, ou contra pessoas da nossa convivência, sem haver razão para isso. Se a ira é isto, forçoso é que o iracundo se volte sempre contra um determinado indivíduo, por exemplo contra Cléon, mas não contra o homem em geral; e que seja por algum agravo que lhe fizeram ou pretendiam fazer, a ele ou a algum dos seus; além disso, toda a ira é acompanhada de certo prazer, resultante da esperança que se tem de uma futura vingança. De fato, existe prazer em pensar que se pode alcançar o que se

---

[3] Πάθη, habitualmente traduzido por "paixões".

deseja; mas, como ninguém deseja o que lhe é manifestamente impossível, o irascível deseja o que lhe é possível. Por isso, razão tem o poeta para dizer sobre a ira[4]:

> que, muito mais doce do que o mel destilado, cresce nos corações dos homens.[5]

Por isso, há um certo prazer que acompanha a ira, e também porque o homem vive na ideia de vingança, e a representação[6] que então se gera nele inspira-lhe um prazer semelhante ao que se produz nos sonhos.

O desdém é uma opinião em ato relativo a algo que, aparentemente, não parece digno de nenhum crédito (pois pensamos que tanto as coisas más como as boas são dignas de interesse, assim como o que para elas tende, ao passo que ao que não damos nenhuma ou muito pouca importância supomo-lo desprovido de valor). Há três espécies de desdém: o desprezo, o vexame e o ultraje.

Quem desdenha despreza (pois se despreza tudo o que se julga não ter valor; precisamente, o que não tem valor é o que inspira desprezo), da mesma forma que, quando se rebaixa alguém, se mostra claramente desprezo por ele.

O vexame é um obstáculo aos atos de vontade, não para daí se tirar proveito próprio, mas para impedir que não aproveite a outro. E, como aquele que comete vexames não tira daí proveito pessoal, despreza-o, pois, como se torna evidente, nem sequer supõe que a pessoa vexada o possa prejudicar (é que, nesse caso, sentiria temor e não desdém), nem possa vir a obter dela alguma coisa que valha a pena (pois, nesse caso, pensaria em ser amigo dela).

Da mesma forma, quem ultraja despreza. Consiste o ultraje em fazer e em dizer coisas que possam fazer sentir vergonha

---

[4] Θυμός.

[5] *Il.*, 18.109-110.

[6] Φαντασία: "representação" ou "imaginação" mais do que propriamente "fantasia" de tipo sensorial ou racional.

a quem as sofre, não porque haja outro interesse além do fato em si, mas por mero prazer. Com efeito, quem exerce represálias não comete ultraje, mas vingança. Aquilo que causa prazer aos que ultrajam é o fato de eles pensarem que o exercício do mal os torna superiores. É por isso que os jovens e os ricos são insolentes, pois ao procederem dessa forma julgam elevar-se acima dos demais. A desonra é inerente ao ultraje, e desonrar é desprezar, porque aquilo que não tem nenhum valor também não merece nenhuma estima, nem para o bem, nem para o mal. Assim, Aquiles, irado, diz:

> *desonrou-me, pois me arrebatou e ficou com a minha recompensa*[7]

e

> *como a um desterrado privado de honra*[8],

como se por causa disso ficasse cheio de ira. Muitos pensam que é conveniente ser mais respeitado pelos que nos são inferiores em estirpe, em poder, em virtude e, em geral, em tudo aquilo em que se é muito superior; por exemplo, o rico é superior ao pobre em questões de dinheiro; o orador ao que não sabe falar em matéria de eloquência; o governante ao governado; o que se considera digno de comandar ao que só merece ser comandado. Por isso se disse:

1379a

> *fúria grande é a dos reis, alimentadores de Zeus*[9]

e

> *mas também guarda no peito rancor*[10],

---

[7] *Il.*, 1.356.
[8] *Ibidem*, 4.648.
[9] *Ibidem*, 2.196.
[10] *Ibidem*, 1.82.

uma vez que é por causa da superioridade que se indignam os homens. Há ainda quem pense que se deve receber mais consideração daqueles que, segundo nós, nos devem tratar bem; e esses são aqueles a quem nós fizemos ou fazemos bem, nós ou alguém por nós, ou alguma pessoa do nosso conhecimento, ou ainda aqueles a quem queremos ou quisemos fazer algum favor.

Pelo que fica dito, já se vê com clareza quais são as disposições em que se encontram as pessoas que se encolerizam, contra quem o fazem e por que causas. Os seres humanos encolerizam-se quando sentem tristeza, pois quem sente amargura é porque deseja alguma coisa. Ora, se algum obstáculo se opuser ao seu desejo, quer diretamente, como por exemplo quando alguém o impede de beber, quer indiretamente, em ambos os casos o resultado será nitidamente o mesmo. O ser humano encolerizar-se-á se alguém se opuser à sua ação ou se alguém não colaborar com ele, ou se, de alguma forma, alguém o perturbar quando estiver em tal estado. Eis a razão pela qual os enfermos, os pobres, os que estão em guerra, os amantes, os que têm sede e, em geral, os que desejam ardentemente alguma coisa e não a satisfazem são iracundos e facilmente irritáveis, sobretudo contra aqueles que menosprezam a sua situação. Assim, por exemplo: o doente encoleriza-se contra os que [desprezam] a sua doença, o pobre contra os que [são indiferentes] à sua pobreza, o soldado contra os que [subestimam] a sua guerra, o apaixonado contra os que [desdenham] do seu amor, e assim por diante; e, além destes casos, todos os outros em que se atente contra os nossos desejos. Na verdade, cada pessoa abre caminho à sua própria ira, vítima da paixão que a possui. De resto, acontece o mesmo quando surge algo que é contrário à nossa expectativa, uma vez que o inesperado entristece muito mais, assim como o imprevisto causa mais prazer quando vem ao encontro dos nossos desejos. Daí que seja possível ver com toda a clareza quais são os momentos, tempos, estados de espírito[11] e idades mais propensos à ira, bem como em que lugares e momentos acontece; acrescente-se ainda que, quanto mais estamos nestas condições, mais propensos somos à ira.

Assim, os que nesses estados de espírito estão predispostos à ira enfurecem-se contra os que se riem, gozam e escarnecem deles – visto que os insultam –, bem como contra os que infligem ofensas tais que são sinais de opróbrio. Tais são, necessariamente, as ações inúteis que nem dão proveito a quem as pratica, uma vez que parece só terem por causa o desejo de ultrajar. Irritam-se, também, contra os que falam mal deles e mostram desprezo pelas coisas que eles mais estimam, como, por exemplo, os que põem toda a sua ambição na filosofia, caso alguém fale contra a filosofia ou contra os que a colocam no plano meramente pessoal; ou ainda quando alguém despreza a sua aparência[12], e assim por diante em casos semelhantes. Isto é muito mais frequente quando suspeitam que não são superiores nas ações de que se gabam, ou absolutamente, ou se o são só em grau diminuto, ou acham que não o são segundo uma opinião estabelecida; é que, quando se acham muito seguros da sua superioridade em assuntos que constituem objeto de gozo, não se preocupam nada com isso. Por outro lado, irritam-se mais com os amigos do que com os que não são amigos; na verdade, pensam que é mais lógico receber deles bom tratamento do que ao contrário. Também se enfurecem contra aqueles que estão acostumados a honrá-los ou a considerá-los, se depois não procederem do mesmo modo, por acharem que estão sendo desprezados por eles; caso contrário, continuariam a portar-se da mesma maneira. O mesmo acontece contra os que não agem reciprocamente, nem pa-

---

[11] Διαθέσεις traduz uma *disposição* (termo que usamos com alguma frequência na tradução) facilmente variável ou um estado de espírito físico, psíquico ou moral que se altera e que depende do *hábito* (*éthos*) e da *maneira de ser* de cada um.

[12] Τὴν ἰδέαν.

gam com a mesma moeda[13]. Também se enfurecem contra os que agem contra os seus interesses, se forem seus inferiores, pois todos quantos assim procedem dão a impressão de os desprezar, uns tratados como inferiores, outros como se os favores dispensados viessem de inferiores; crescem em cólera contra os que não são tidos em nenhuma consideração, se, ainda por cima, lhes mostram desprezo; é que a ira é uma forma de desprezo contra os que não têm o direito de desprezar; ora, os inferiores não têm o direito de desprezar. O mesmo contra os amigos, se não falarem bem deles ou se não lhes fizerem bem, e, mais ainda, se falarem e agirem contra eles ou se não estiverem atentos às suas necessidades – tal como, na tragédia de Antifonte[14], Plexipo se enfurecia contra Meléagro. Ora, não se dar conta disto é sinal de desprezo, já que as coisas que nos interessam não nos passam despercebidas. Igualmente, contra os que se regozijam com as desgraças e, em geral, contra os que permanecem indiferentes aos infortúnios, o que é sinal de hostilidade ou de desprezo. Também contra os que não se importam do mal que causam, razão pela qual a ira cresce contra os mensageiros de más notícias, e contra os que dão ouvidos a maledicências ou tornam públicos os nossos defeitos: são iguaizinhos aos que nos desprezam ou aos nossos inimigos. Mas os amigos compadecem-se dos amigos, e todos os seres humanos sofrem ante o espectáculo das suas próprias fraquezas. E ainda contra os que nos desprezam diante de cinco categorias de pessoas: as que rivalizam conosco, as que admiramos, aquelas por quem queremos ser admirados, as que nos

---

[13] Lit. "não correspondem de forma igual".

[14] Antifonte, *Meleager*, 1399b27. Não se confunda este Antifonte, trágico de Siracusa e contemporâneo de Dionísio I, com Antifonte de Ramnunto, mestre de retórica, ou ainda com Antifonte, o Sofista (cf. Plutarco, *Vidas dos dez oradores*, 1.832 C ss., e Filóstrato, *Vida dos sofistas*, I, 15, 3). A referência alude ao episódio em que Plexipo, um dos irmãos da mãe de Meléagro (Alteia), foi morto por este numa disputa provocada por Ártemis pela posse da cabeça do javali de Cálidon, sendo depois perseguido pelas Erínias (cf. Apolodoro, 1.67, e Ovídio, *Metam.*, 8.270 ss.).

inspiram respeito e as que nos respeitam. Se alguém nos desprezar diante delas, maior será a nossa ira. Também contra os que desprezam as pessoas a quem seria vergonhoso que não socorrêssemos, tais como pais, filhos, mulheres, subordinados. E também contra os que não reconhecem um favor, porque o desprezo consiste em fazer alguma coisa fora do que é devido. E contra os que ironizam diante dos que falam sério, porque a ironia é qualquer coisa de desdenhoso[15]. Também contra os que são benfeitores de outros, mas não nossos, pois constitui atitude desprezível considerar que o que é digno para uns não o seja para outros. Mas também a falta de memória, inclusive o esquecimento de coisas insignificantes, como, por exemplo, esquecer-se do nome de certa pessoa, pode provocar a ira, pois o esquecimento parece ser um sinal de desprezo; com efeito, o esquecimento tem por causa a falta de interesse, que é uma certa forma de desprezo.

E com isto falamos, simultaneamente, das pessoas 1380a contra quem se sente ira, em que estados de espírito e por que motivos. É evidente que o orador deve dispor, por meio do discurso, os seus ouvintes de maneira que se sintam na disposição de se converterem à ira, representando os seus adversários culpados daquilo que a provoca e como sujeitos dotados de um caráter capaz de a excitar.

3. A calma

Uma vez que estar encolerizado é o contrário de estar calmo, e a cólera é o oposto da calma, temos de tratar dos estados de espírito dos calmos, em relação a quem, e por que razões assim estão. Vamos admitir que a calma pode ser de-

---

[15] A ironia parece constituir um poderoso recurso oratório que o estagirita atribui originariamente a Górgias. Para uma teorização da ironia entre os antigos, veja-se Aristóteles, *Ethica Nicomachea* IV 8, 1127b22-23; Cícero, *De oratore*, 2.67, 269 ss.; Quintiliano, *Instituto oratoriae*, 8.6.44; 9.2.44 ss.

finida como um apaziguamento e uma pacificação da cólera. Ora, se os seres humanos se encolerizam contra os que os desprezam e esse desprezo é voluntário, é evidente que, em relação aos que não procedem da mesma maneira, ou o fazem involuntariamente ou aparentam fazê-lo, mostram-se calmos. De modo semelhante, mostram-se calmos com os que pretendem o contrário do que eles próprios fizeram; com os que fazem o mesmo consigo próprios, pois ninguém parece desprezar-se a si próprio; com os que reconhecem as suas faltas e se arrependem, visto que o mal-estar que provocaram nos outros os faz sentir culpados e põe termo à cólera. Um indício do que acabamos de dizer está no castigo dado aos escravos: castigamos sobretudo os que nos contradizem e negam as suas faltas, mas apaziguamos a nossa cólera com os que reconhecem que são castigados com justiça[16]. A razão deste procedimento reside no fato de que negar uma evidência é uma vergonha e que o desaforo é desprezo e desdém; pelo menos, não nos envergonhamos diante daqueles por quem temos um grande desprezo e dos que se humilham na nossa presença e não nos contradizem, pois parecem admitir que são inferiores, e os inferiores são medrosos, e quem não é medroso não despreza. A prova de que a ira cessa em relação aos que se humilham está nisto: até os cães mostram que não mordem as pessoas que se sentam[17]; e com os que falam a sério, quando eles também procedem com seriedade, pois lhes parece que quem fala a sério não desdenha; e com os que retribuem um favor com um favor maior; com os necessitados e suplicantes, porque são mais humildes; com os que não são soberbos, nem trocistas, nem desdenhosos com ninguém, nem com gente honrada, nem com os que são semelhantes a eles. Em

---

[16] Para idênticas considerações sobre o tratamento dado aos escravos, cf. *Oeconomica* I 55, 1344a-b.

[17] Alusão ao episódio da *Od.*, 14.31, quando Ulisses, diante dos cães ferozes de Eumeu, "sentou-se logo, deixando cair da mão o bastão que levava". Ver ainda Plínio, *Nat. hist.*, 8.41.61.

geral, as coisas que produzem serenidade devem examinar-se pelos seus contrários. Mostramo-nos calmos com os que temermos e respeitamos, pois enquanto estamos nessa disposição não sentimos cólera; com efeito, é impossível sentir, a um tempo, medo e cólera. Quanto aos que agem por cólera, ou não nos encolerizamos com eles, ou nos encolerizamos menos, pois, ao que parece, não agiram por desprezo: é que nenhum homem irado despreza, visto que o desprezo não comporta mágoa, enquanto a ira é acompanhada de mágoa. Também nos mostramos calmos com os envergonhados. 1380b

É evidente que nos mostramos calmos quando nos encontramos num estado de espírito contrário ao que dá origem à cólera. Por exemplo, no jogo, no riso, nas festas, nos dias felizes, num negócio bem-sucedido, na prosperidade e, em geral, na ausência de dor, de prazer sem insolência e de indulgente esperança. Além disso, mostram-se calmos os que dão tempo ao tempo e não se deixam dominar repentinamente pela ira, porque o tempo faz cessar a ira[18]. Mas a ira, mesmo aquela mais forte que se sente contra uma certa pessoa, cessa, se já antes tiver havido vingança contra outra. Por isso, Filócrates respondeu bem quando, diante do povo irritado, alguém lhe perguntou: "Por que não te defendes?" – "Ainda não." – "Mas então quando?" – "Quando vir que caluniaram outro."[19] Na verdade, as pessoas ficam calmas depois de verem esgotada a sua ira contra outra. Foi o que aconteceu a Ergófilo: se bem que os atenienses estivessem mais indignados com ele do que com Calístenes, deixaram-no ir em liberdade porque na véspera tinham condenado

---

[18] Expressão já proverbial na literatura grega. Cf. Sófocles, *Electra*, 179, e Tucídides, 3.38.

[19] Filócrates estava à frente do partido pró-macedônio que se opunha ao partido radical liderado por Licurgo e Demóstenes e foi um dos principais responsáveis pelo tratado de paz com a Macedônia em 346 a.C., cujas consequências foram catastróficas para Atenas. Perseguido, exilou-se e foi condenado à morte à revelia em 343 a.C.

Calístenes à morte[20]. E as pessoas tornam-se calmas se os seus ofensores forem apanhados e se sofrerem um tratamento pior do que aquele que poderiam infligir-lhes os que estão encolerizados contra eles, pois creem que já obtiveram de algum modo vingança; e também se elas próprias pensam que cometeram uma injustiça e estão sofrendo o castigo merecido, pois a ira não se vira contra o que é justo: é que, então, considera-se que não se está sofrendo um mal que não seja merecido, pois isso era próprio da ira. Por isso, é preciso repreender primeiro com palavras, pois assim até os escravos se ofendem menos quando são castigados. Também ficamos calmos quando pensamos que aquele que queremos castigar não sabe que sofre castigo por causa de nós, nem o aplicamos como represálias. Com efeito, a ira, por definição, é qualquer coisa de pessoal, como é evidente. Por isso, tem razão Homero ao escrever:

Diz-lhe que foi Ulisses, saqueador de cidades[21]

uma vez que não se poderia considerar Ulisses completamente vingado, se Polifemo não soubesse quem tinha sido o autor e a causa dos seus infortúnios. Deste modo, ninguém se encoleriza nem contra os que não se dão conta da ira, nem contra os mortos, visto que estes sofreram até o fim e já não podem sentir dor, nem têm a percepção do que desejam os que estão irados. Por isso, razão tem o poeta para dizer, acerca do cadáver de Heitor, ao querer pôr fim à cólera de Aquiles,

maltrata uma terra surda, furibundo[22].

---

[20] Calístenes e Ergófilo eram estrategos que participaram na expedição do Queroneso e foram acusados de alta traição em 326 a.C. por terem concluído um tratado de paz com Perdicas, rei da Macedônia, o que provocou, uma vez mais, a indignação de Demóstenes (*De falsa leg.*, 180).

[21] *Od.*, 9.504.

[22] *Il.*, 24.54. Palavras ditas por Apolo num concílio dos deuses.

Portanto, fica claro que os que desejam tranquilizar um auditório devem recorrer a estes tópicos[23], devendo trabalhá-los no sentido daqueles contra quem estão irritados ou inspiram temor, ou sentimento de respeito, ou são benfeitores deles, ou agiram contra a própria vontade, ou estão arrependidos do que fizeram.

4. A amizade e a inimizade

Falemos agora das pessoas que se amam e que se odeiam e por que razões. Mas antes definamos o que é a amizade e o que é amar. Admitamos que amar é querer para alguém aquilo que pensamos ser uma coisa boa, por causa desse alguém e não por causa de nós. Pôr isto em prática implica uma determinada capacidade da nossa parte. É amigo aquele que ama e é reciprocamente amado. Consideram-se amigos os que pensam estar mutuamente nestas disposições. 1381a

Colocadas estas hipóteses, é necessário que seja nosso amigo aquele que se regozija com as coisas boas e se entristece com as nossas amarguras, sem outra razão que não seja a pessoa amada. Todos nós nos alegramos quando acontece aquilo que desejamos, mas todos nos entristecemos com o contrário, de tal sorte que a dor e o prazer são sinais da vontade. Também são amigos aqueles que têm por boas e más as mesmas coisas, e por amigos e inimigos as mesmas pessoas. Daí resulta, forçosamente, querer para os amigos o que se deseja para si próprio; de modo que são amigos aqueles que, ao quererem para si o que querem para a pessoa amada, mostram com toda a evidência que são amigos dela. Amam-se os nossos benfeitores, tanto os que cuidam de pessoas que estão a nosso cargo como os que nos prestam serviços, sejam estes importantes ou feitos com boa intenção, ou em ocasiões oportunas e tendo em vista o nosso interesse, ou

---

[23] *Tópoi* ou "tópicos gerais". Refere-se provavelmente aos argumentos apontados no começo deste livro.

os que eventualmente achamos que estariam dispostos a beneficiar-nos. E também os amigos dos nossos amigos, os que amam os que nós amamos e os que são amados pelas pessoas que nós amamos. Do mesmo modo, os que têm os mesmos inimigos que nós e odeiam os que nós odiamos, assim como aqueles que são odiados pelos mesmos que nós odiamos. Para todas estas pessoas parece haver as mesmas coisas boas que há para nós; por conseguinte, desejam para elas as mesmas coisas boas que para nós, o que, segundo a nossa definição, é próprio do amigo.

Amamos ainda os que estão dispostos a fazer-nos bem, quer em dinheiro, quer em segurança. É por isso que temos em grande estima os liberais, os corajosos e os justos. Por outro lado, supomos que são assim as pessoas que não vivem a expensas de outros, como, por exemplo, as que vivem do seu trabalho; e, entre estas, as que vivem do trabalho do campo e, sobretudo, as que trabalham por conta própria[24]. E os moderados, porque não são injustos, e os pacíficos, pela mesma razão; e aqueles de quem queremos ser amigos, se manifestarem os mesmos desejos que nós. Tais são os que pela sua virtude são bons e gozam de boa reputação, quer perante o mundo inteiro, quer entre os homens mais qualificados, quer ainda entre os que admiramos ou os que nos admiram.

E ainda os que são agradáveis no seu trato e convivência, como, por exemplo, os complacentes e os que não espreitam toda e qualquer ocasião para refutar os nossos erros e não são amigos de brigas, nem de discórdias (pois todos estes são aguerridos e os que nos combatem mostram claramente que querem o contrário de nós). Também os que têm habilidade para gracejar e para suportar gracejos:

---

[24] Não sendo muito comum a "apologia" do trabalho e do cultivo dos campos (cf. Aristóteles, *Oeconomica* I 2, 134a25, a agricultura é "a mais virtuosa de todas as ocupações naturais"), convém registrar o fato, tendo em conta que o que sempre prevaleceu desde os poemas homéricos e disso se fizeram eco a literatura e a arte (à exceção de Hesíodo) foram ancestrais preconceitos fisiocráticos, denegrindo o trabalho braçal.

em ambos os casos, gera-se um espírito de camaradagem, que os torna capazes de admitir uma graça e de gracejar de bom gosto.

Também amamos os que elogiam as boas qualidades que possuímos, especialmente aquelas que temos receio de não possuir. E ainda os que têm um aspecto limpo, no vestuário e, em geral, na maneira de viver. E os que não repreendem, nem as nossas faltas, nem os favores que nos outorgaram, pois tanto uns como outros só servem para criticar. Também os que não são rancorosos, nem alimentam queixas, mas, ao contrário, estão sempre dispostos a acalmar-se, pois supomos que essas pessoas terão para nós a mesma atitude que têm para os outros. E os que não são caluniadores, nem se metem na vida do vizinho, nem na nossa, mas apenas procuram saber as coisas boas, pois é assim que age o homem de bem. E os que não fazem frente aos irascíveis ou tomam as coisas demasiado a sério, porque esses são arruaceiros. E os que se interessam por nós, por exemplo os que nos admiram, os que nos acham pessoas honestas, os que rejubilam com a nossa companhia e, acima de tudo, os que partilham esses sentimentos naqueles assuntos em que nós queremos ser particularmente admirados ou parecer honestos e agradáveis. Também os nossos semelhantes e os que se ocupam das mesmas coisas que nós, desde que não nos incomodem, nem tenham os mesmos meios de subsistência que nós, pois é daí que vem o provérbio

oleiro contra oleiro[25].

E os que desejam as mesmas coisas que nós, desde que seja possível partilhá-las conjuntamente, pois, caso contrário, acontece o mesmo que antes.

[25] Velho adágio já mencionado por Hesíodo (*Opera et Dies*, 25) que traduz a rivalidade entre pessoas do mesmo ofício. Vejam-se ainda citações do mesmo adágio nas obras seguintes: *Ethica Eudemia* VII 1, 1235a18; *Poética* V 10, 1312b4.

Também amamos aqueles com quem temos uma tal relação de amizade que não temos vergonha de atos vergonhosos segundo a opinião comum, sem que todavia os desprezemos. Mas aqueles na presença dos quais temos vergonha, atos vergonhosos são de verdade[26]. E aqueles com quem rivalizamos ou pelos quais queremos ser emulados, mas não invejados, a esses também os amamos ou queremos ser amigos deles.

E o mesmo acontece com aqueles a quem ajudamos a adquirir bens, desde que isso não nos traga males maiores. E aqueles que amam os amigos, ausentes e presentes. Por isso, todos os seres humanos amam as pessoas que procedem assim com os mortos. E, em geral, amamos os que são verdadeiramente amigos dos seus amigos e não os abandonam na adversidade. Dentre as pessoas de bem, amamos, sobretudo, os que são bons amigos e os que não são fingidos conosco: tais são os que nos falam das suas próprias fraquezas, pois já dissemos que com os amigos não nos envergonhamos de atos que são vergonhosos segundo a opinião pública; portanto, se quem sente vergonha destes atos não ama, quem não sente vergonha parece-se com quem ama. Também amamos a quem não nos inspira medo e a quem nos inspira confiança, pois ninguém ama a quem se teme.

A camaradagem, a familiaridade, o parentesco e outras relações semelhantes são espécies de amizade. Um favor produz amizade, tal como o fazê-lo sem ser solicitado e sem ostentar que se fez, pois assim parece que se fez só por causa do favorecido e não por outro motivo qualquer.

1382a   Quanto à inimizade e ao ódio há que estudá-los a partir dos seus contrários. A cólera, o vexame e a calúnia são as causas da inimizade. Ora, a cólera resulta de coisas que afetam diretamente uma pessoa, mas a hostilidade também pode resultar de coisas que nada têm de pessoal: basta supormos que

---

[26] O contexto dialético da passagem não esclarece totalmente a sintaxe suspensa da frase. Note-se, no entanto, a distinção tradicional entre o que é "opinião e verdade". (πρὸς δόξαν καὶ πρὸς ἀλήθειαν).

uma pessoa tem tal ou tal caráter para a odiarmos. Por outro lado, a cólera refere-se sempre a um indivíduo particular, por exemplo a Cálias ou a Sócrates, mas o ódio também abrange toda uma classe de pessoas: todo o mundo odeia o ladrão e o sicofanta[27]. O tempo pode curar a cólera, mas o ódio é incurável. A primeira procura despertar dó, o segundo procura fazer mal, já que o colérico deseja sentir o mal que causa, mas ao que odeia isso nada importa. As coisas que causam pena são todas sensíveis, mas as que causam maiores males são as menos sensíveis, como a injustiça e a loucura; com efeito, a presença do mal não nos causa pena. A ira também é acompanhada de pena, mas não o ódio; o homem irado sente pena, mas não o que odeia. Um pode sentir compaixão em muitas circunstâncias, o outro nunca; o primeiro deseja que aquele contra quem está irado sofra por sua vez; o segundo que deixe de existir aquele a quem odeia.

Do que até agora dissemos, resulta claro que é possível demonstrar que classe de pessoas são inimigas e amigas, e fazer que o sejam se não o forem, ou refutá-las se afirmam que o são; e se, devido à ira ou à inimizade, se tornam nossas adversárias, então há que "encaixá-las"[28] nas duas categorias[29], conforme cada um prefira.

5. O temor e a confiança

Quais as causas do medo? Quem tememos e em que estado de espírito sentimos medo? É o que vamos esclarecer a seguir. Vamos admitir que o medo consiste numa situação aflitiva ou numa perturbação causada pela representação de

---

[27] Sicofanta: "delator", "informador". Etimologicamente, o sicofanta era o que informava o governo do contrabando de figos (*sykon* = "figo"). O termo serviu depois para designar outras formas de denúncia, especialmente políticas, já que Atenas pululava de oportunistas e delatores.

[28] ἄγειν: "conduzi-las".

[29] Isto é, na de "amigo" ou de "inimigo".

um mal iminente, ruinoso ou penoso. Nem tudo o que é mal se receia, como, por exemplo, ser injusto ou indolente, mas só os males que podem causar mágoas profundas ou destruições; isto só no caso de eles surgirem não muito longínquos, mas próximos e prestes a acontecer; os males demasiado distantes não nos metem medo. Com efeito, toda a gente sabe que vai morrer, mas, como a morte não está próxima, ninguém se preocupa com isso.

Se o temor é isto, forçoso é admitir que as coisas temíveis são as que parecem ter um enorme poder de destruir ou de provocar danos que levem a grandes tristezas. É por isso que os sinais dessas eventualidades inspiram medo, pois mostram que o que tememos está próximo. O perigo consiste nisto mesmo: na proximidade do que é temível.

O que tememos são o ódio e a ira de quem tem o poder de fazer mal (é claro que essas pessoas querem e podem, e a prova é que estão prontas a fazê-lo); tememos a injustiça que dispõe desse mesmo poder, pois é por um ato de vontade deliberada que o injusto é injusto; a virtude ultrajada, se tiver esse mesmo poder (é evidente que, quando uma pessoa é insultada, é-o sempre intencionalmente, e passa a dispor desse poder); e o medo dos que podem fazer algum mal, visto que, por força das circunstâncias, tais pessoas também hão de estar preparadas para agir. Como em sua maioria os seres humanos são bastante maus, dominados pelo desejo do lucro e covardes nos perigos, na maior parte dos casos é perigoso estar à mercê de outrem; por conseguinte, é de recear que os que são cúmplices de uma má ação não venham a tornar-se delatores, ou que os covardes não nos abandonem nos perigos. Os que podem cometer injustiça são temidos pelos que podem ser vítimas dela, porque, a maior parte das vezes, os seres humanos, se puderem cometer injustiça, cometem-na. E o mesmo sucede com os que foram vítimas de injustiça ou acham que foram, uma vez que estão sempre à espreita de uma oportunidade. São também temíveis os que cometeram injustiças, quando dispunham dessa capacidade, porque também eles, por sua vez, temem a vingança; segundo o que foi estabelecido, isto é uma coisa temível. E os que são antagonistas em coisas que não são possíveis de obter por uns e outros ao mesmo tempo: acabam por estar sempre em luta uns contra os outros. E os que amedrontam os que são mais poderosos que nós, pois, se podem prejudicar os que nos são superiores, mais podem prejudicar-nos a nós. E os que temem os que são mais poderosos que nós, pela mesma razão apontada. Também os que aniquilaram pessoas mais fortes que nós e os que atacaram gente mais fraca do que nós, porque esses, ou já são temíveis, ou podem vir a sê-lo, logo que o poder deles tiver aumentado. Dentre os que lesamos, e que são nossos inimigos ou adversários, temos de recear, não os arrebatados, nem os que falam com franqueza, mas antes os mansos, os irônicos e os velhacos; é que nunca se sabe se estão prontos a atacar, de tal modo que também nunca é evidente saber se estão longe de o fazer. Tudo o que é temível é mais temível ainda quando há uma falha irreparável, ou porque é completamente impossível, ou porque não depende de nós, mas dos nossos adversários. E o mesmo sucede com coisas que não têm arranjo ou não são fáceis de arranjar. Em suma, são temíveis todas as coisas que inspiram compaixão, quando acontecem ou estão para acontecer aos outros. Pouco mais ou menos, estas são as coisas mais importantes que tememos e as que, por assim dizer, inspiram temor.

Falemos agora das disposições em que se encontram os que sentem medo. Se o medo é acompanhado pelo pressentimento de que vamos sofrer algum mal que nos aniquila, é óbvio que aqueles que acham que nunca lhes vai acontecer nada de mal não têm medo, nem receiam as coisas, as pessoas e os momentos que, na sua maneira de pensar, não podem provocar medo. Assim, pois, necessariamente, sentem medo os que pensam que podem vir a sofrer algum mal e os que pensam que podem ser afetados por pessoas, coisas e momentos.

Creem que nenhum mal lhes pode acontecer as pessoas que estão ou pensam estar em grande prosperidade (daí o serem insolentes, desdenhosas e atrevidas, mas são a riqueza, a força, as muitas amizades e o poder que as fazem assim), as que pensam já ter sofrido toda a espécie de desgraças e permanecem frias perante o futuro, à semelhança dos que alguma vez já levaram uma surra de paulada[30]. Para que sintamos receio é preciso que haja alguma esperança de salvação pela qual valha a pena lutar. E aqui vai um sinal disso: o medo leva as pessoas a deliberar, ao passo que ninguém delibera sobre casos desesperados. Portanto, quando for vantajoso para um orador que os ouvintes sintam temor, convém adverti-los no sentido de que pode acontecer-lhes mesmo alguma coisa de mal (sabendo que até outros mais poderosos que eles também sofreram); convém ainda demonstrar-lhes como é que gente da mesma condição sofre ou já sofreu, tanto por parte de pessoas de quem não se esperaria como por coisas e em circunstâncias de que não se estava à espera.

Uma vez que ficou esclarecido o que é o medo, as coisas temíveis e em que disposições sentimos medo, torna-se clara, pelo que precede, a natureza da confiança, que coisas inspiram confiança e quais as nossas disposições em relação a ela. A confiança[31] é o contrário do medo, e o que inspira confiança é o contrário do que inspira medo, de modo que a esperança é acompanhada pela representação de que as coi-

---

[30] O castigo com varas ou paus é confirmado pelas referências aos "apaleados" feitas por Lísias, *Contra Agor.*, 56; Demóstenes, *Philip.*, III, 126; Plutarco, *Dio*, 28. Segundo estes autores, este tipo de flagelação podia conduzir à morte do réu ou limitar-se a um castigo exemplar. Em todo o caso, a alusão à indiferença dos "apaleados" pode ser encarada como expressão de valor proverbial entre os gregos.

[31] Θάρρος ou Θάρσος também significa "coragem", "valor" (*andreía*), mas Aristóteles está falando das paixões ou disposições passionais que opõem a confiança ao medo (φόβος), assim como a "coragem" é uma virtude por oposição à "covardia", que é um vício. Vício é para Aristóteles tudo o que é excessivo no comportamento humano.

sas que estão próximas podem salvar-nos, ao passo que as que causam temor não existem ou estão longe. Infundem, pois, confiança as desgraças que estão longe e os meios de salvação que estão perto; a possibilidade e a disponibilidade de socorros numerosos e grandes, ou ambos ao mesmo tempo; e também o fato de não termos sido vítimas de injustiças nem as termos cometido; não termos competidores, em geral, nem eles disporem de poder ou, tendo poder, que sejam nossos amigos e nos tenham feito algum bem, ou nós a eles; e aqueles com quem há comunhão de interesses, mesmo que sejam mais numerosos ou mais poderosos do que nós, ou ambas as coisas.

São confiantes os que estão nas disposições seguintes: os que pensam ter alcançado grandes êxitos e não sofreram nenhum desaire, ou os que muitas vezes estiveram à beira de perigos e deles escaparam. Porque os homens tornam-se insensíveis por duas razões: ou porque não têm experiência ou porque têm meios à sua disposição, tal como, nos perigos do mar, confiam no futuro tanto os que não têm experiência das tempestades como os que, graças à sua experiência, dispõem de socorros. Passa-se o mesmo quando o que há a temer não é idêntico para os nossos semelhantes, nem para os inferiores, nem para aqueles em relação aos quais nos achamos superiores; mas só realizamos isso quando estamos em vantagem, ou sobre eles pessoalmente, ou sobre os seus superiores, ou sobre os seus iguais. Também se achamos que dispomos de mais e melhores coisas, graças às quais inspiramos receio. Tais coisas são: a muita riqueza, a força física, amigos, terras, equipamentos bélicos, quer de todos os tipos, quer dos mais importantes. E ainda se não tivermos cometido injustiças contra ninguém nem contra muitas pessoas nem contra aqueles que inspiram temor e, em geral, se estivermos bem com os deuses, tanto obedecendo aos seus presságios e oráculos como às demais coisas[32]. É

---

[32] Segundo a maioria das edições (cf. Kassel e nota *ad loc.*, Dufour, Ross), o texto apresenta aqui uma lacuna ou, provavelmente, uma interpolação da autoria do próprio Aristóteles.

que a cólera inspira confiança; por outro lado, o não cometer injustiças, mas sofrê-las, provoca cólera, sendo de supor que a divindade socorre os que são vítimas da injustiça. O mesmo acontece quando, numa determinada empresa, pensamos que nada teremos de sofrer [nem sofreremos] ou que vamos ter êxito.

E assim, falamos das coisas que inspiram temor e confiança.

6. A vergonha e a desvergonha

Que tipo de coisas provocam vergonha e desvergonha, diante de quem e em que disposições, vê-lo-emos claramente a seguir. Vamos admitir que a vergonha pode ser definida como um certo pesar ou perturbação de espírito relativamente a vícios, presentes, passados ou futuros, suscetíveis de comportar uma perda de reputação. A desvergonha consiste num certo desprezo ou insensibilidade perante estes mesmos vícios. Se a vergonha é o que acabamos de definir, necessariamente experimentaremos vergonha em relação a todos aqueles vícios que parecem desonrosos, quer para nós, quer para as pessoas por quem nos interessamos. São desta natureza os atos que resultam de um vício, como, por exemplo, abandonar o escudo e fugir, pois tal ato resulta da covardia[33]. Do mesmo modo, privar alguém de uma fiança [ou tratá-lo injustamente], porque isto é efeito da injustiça[34]. E também manter relações sexuais com quem não se deve ou onde e quando não convém, porque isto é resultado de libertinagem. De igual modo, tirar proveito de coisas mesquinhas ou vergonhosas ou de pessoas impossibilitadas,

---

[33] Cf. Ésquines, *Contra Ctesifonte*, 175-176, um perfeito exemplo de covardia.

[34] Não devolver o pagamento de uma fiança era considerado roubo e sujeito a um complicado e moroso processo judicial. O tópico é aflorado em Cícero, *Tusculanae disputationes*, 3.8.

como, por exemplo, dos pobres ou dos defuntos; donde, o provérbio: *surripiar de um cadáver*[35], porque tais atos provêm da cobiça e da mesquinhez. Não socorrer com dinheiro, podendo fazê-lo, ou socorrer menos do que se pode. Do mesmo modo, ser socorrido pelos que têm menos posses do que nós e pedir dinheiro emprestado a quem parece que no-lo vem mendigar, assim como mendigar a quem parece que no-lo vem reclamar, ou reclamar a quem parece que vem mendigar; elogiar uma coisa para dar a sensação de que a estamos pedindo e, apesar da recusa, fazer como se nada fosse; tudo isto é sinal de mesquinhez. De modo semelhante, elogiar alguém que está presente ou exaltar as suas virtudes e atenuar os seus defeitos, mostrar-se demasiado compungido com quem sofre na nossa presença, e outros atos semelhantes, são sinais de adulação.

É vergonha não suportar canseiras que os mais idosos suportam, ou os que vivem no luxo, ou os que gozam de uma posição econômica superior à nossa ou, em geral, os mais impossibilitados que nós: tudo isto é sinal de indolência. Também receber benefícios de alguém com frequência e censurar o bem que nos fez: tudo isto é sinal de baixeza de espírito e de mesquinhez. Igualmente, falar aos quatro ventos de si próprio e de tudo se vangloriar, e declarar como próprias as coisas alheias: isto é pura gabarolice.

Paralelamente, também os atos que provêm de cada um dos outros vícios de caráter, bem como sinais deles ou coisas semelhantes a eles, pois tais atos são em si vergonhosos e ignominiosos. Além disso, é vergonhoso não participar naquelas coisas belas em que participam, ou todos os homens, ou todos os nossos pares, ou a maior parte dos homens – entendo por "nossos pares" os nossos compatriotas, os nossos cidadãos, os que são da nossa idade, da mesma família e, em geral, os que são da nossa condição – pois já é uma vergonha não participar, por exemplo, do mesmo grau

---

[35] Provérbio que aparece citado em Diógenes Laércio, 5.84.

de educação; e outras coisas semelhantes. Todas estas coisas são ainda mais vergonhosas se se tornar claro que o são por culpa nossa, pois assim mais parecem ter a sua origem num vício, se formos diretamente responsáveis do que aconteceu no passado, no presente ou no futuro. Também sentimos vergonha dos que sofrem, sofreram ou hão de sofrer atos que comportam desonra ou reprovação; são deste tipo os atos que nos conduzem à servidão do corpo ou a atos vergonhosos que comportem violências físicas. E o mesmo acontece em relação a atos que conduzem à devassidão, tanto voluntários como involuntários (são involuntários os atos impostos pela força); efetivamente, é falta de coragem ou prova de covardia suportar tais atos e não se defender deles.

São estas e outras coisas como estas que causam vergonha. Mas visto que a vergonha é uma representação imaginária que afeta a perda de reputação, pela perda em si mesma, não por causa das suas consequências, e, como ninguém se importa com a reputação senão por causa daqueles que têm reputação, segue-se forçosamente que sentiremos vergonha na presença daquelas pessoas cuja opinião nos interessa. Ora, interessa-nos a opinião de quem nos admira, de quem admiramos ou por quem queremos ser admirados; daqueles com quem ambicionamos rivalizar em honrarias e daqueles cuja opinião não é de desprezar. Queremos ser admirados por todos esses e admiramos ainda todos os que usufruem algum bem digno de estima ou de quem temos eventualmente necessidade de obter algum bem que lhes pertence, como é o caso dos amantes. Rivalizamos com os nossos pares e preocupa-nos a opinião dos sensatos, na medida em que eles dizem a verdade: tais são os idosos e as pessoas instruídas. Sentimos vergonha do que está à vista, e, mais ainda, do que está a descoberto (daí o provérbio: *nos olhos está o pudor*[36]). Eis a razão pela qual sentimos mais

---

[36] Trata-se do *pudor* (αἰδώς), não da *vergonha* (αἰσχύνη), já que são duas noções próximas, mas distintas. Este provérbio, nas suas múltiplas variantes, é muito popular na literatura grega clássica e helenística (cf. *Append.*

vergonha diante daqueles que estarão sempre presentes e
nos rodeiam de atenções, porque em ambos os casos anda- 1384b
mos debaixo de olho. A mesma coisa acontece diante daqueles que não estão sujeitos às mesmas acusações que nós,
pois é evidente que a opinião deles é contrária à nossa. E
também perante os que não são indulgentes com as pessoas
que estão visivelmente em falta. Como costuma-se dizer,
com o que cada um faz não se indigna o vizinho; por conseguinte, o que não se faz é evidentemente indigno que outros
o façam. Também sentimos vergonha na presença dos que
se dedicam a propalar tais faltas junto de muitos outros, visto que a diferença entre "o não parecer" e "o não propalar" é
nula. São propensos à charlatanice os que foram vítimas de
uma injustiça, porque estão sempre à espera de vingança,
assim como os maldizentes, porque, se não poupam os que
não cometem erros, menos ainda os que os cometem. Igualmente diante dos que passam a vida descobrindo as faltas
alheias, como, por exemplo, os trocistas e os poetas cômicos, porque estes são, à sua maneira, maldizentes e charlatães. Sentimos vergonha diante dos que nunca falharam em
nada, pois esses ainda estão na posição dos que são admirados. Por esta mesma razão, também sentimos vergonha
diante dos que nos solicitam pela primeira vez, porque a
nossa reputação está intacta aos olhos deles; tais são os que
ainda recentemente procuravam ser nossos amigos (pois só
têm conhecimento das nossas melhores qualidades, razão
pela qual está tão bem aplicada a resposta de Eurípides aos

---

proverb., I 10 e I 38 Gott.) e sublinha aquilo a que desde a época homérica E.
R. Dodds denominou *shame culture*. De fato, numa cultura da vergonha, as
raízes do pudor estão na visibilidade (Sófocles, *Trachiniae*, 596), o que corroboraria a etimologia popular do termo (embora não atestada por nenhum
dicionário): αἰδώς < de ἀ–ιδώς (que não vê). A semântica do alfa privativo
remete-nos para a metáfora do olhar que Aristóteles desenvolverá quer do
ponto de vista *subjetivo* (a vista como sentido expressivo das paixões e dos
afetos), quer *objetivo*, isto é, como argumento retórico por meio do qual o
orador pode demonstrar como certos enunciados são capazes de fazer "saltar à vista" de todos a natureza e a profundidade das paixões.

siracusanos)³⁷ e, dentre os nossos antigos conhecidos, os que não conhecem nada de mal que nos diga respeito.

Temos vergonha não só dos atos que foram qualificados como vergonhosos, mas também dos sinais deles; por exemplo, não só entregar-se aos prazeres do amor, mas também aos sinais desses mesmos prazeres; não só cometer atos vergonhosos, mas falar deles. De modo semelhante, sentimos vergonha não só diante das pessoas que acabamos de mencionar, mas também diante daquelas que lhes vão revelar a nossa vida³⁸, por exemplo os criados e os amigos. Em geral, porém, não sentimos vergonha nem diante daqueles cuja opinião soberanamente desprezamos, por serem infiéis à verdade (porque ninguém cora diante de criancinhas ou de animais), nem temos a mesma atitude diante de conhecidos e de desconhecidos: diante de conhecidos, sentimos vergonha pelo que de verdadeiramente vergonhoso possam pensar de nós; diante de pessoas mais distantes, coramos por respeito a normas estabelecidas.

Sentimos vergonha nas disposições seguintes: primeiro, se alguém que está à nossa frente estiver nas mesmas disposições daqueles de quem dizíamos acima que eram pessoas que nos faziam sentir vergonha. Essas pessoas eram as que nós admiramos ou que nos admiram ou por quem queremos ser admirados ou a quem pedimos algum serviço que só alcançaremos se gozarmos de boa reputação. Ou tais pessoas são testemunhas oculares da nossa conduta (como Cídias, que, no seu discurso sobre a clerúquia de Samos³⁹, pediu aos

---

³⁷ Segundo um escoliasta medieval (Rabe, 106 s.), a historieta é atribuída a Eurípides. Crê-se, no entanto, que não se trata de Eurípides, poeta trágico, mas de Heurípides, general ateniense enviado como embaixador a Siracusa na Sicília, que deu a resposta seguinte: "Homens de Siracusa, se não fosse por outra razão que a de virmos aqui pedir-vos ajuda, devíeis ter vergonha, porque estamos aqui como admiradores vossos."

³⁸ Alusão ao tópico do público e do privado.

³⁹ Κληρουχία designava um tipo de colonização que pressupunha a repartição das terras entre colonos atenieneses e povos colonizados. Como este sistema beneficiava os atenienses, acabou por ser motivo de abusos de nume-

atenienses que imaginassem todos os gregos formando um círculo em redor deles, para ver e não só para ouvir o que iam votar), ou porque estão perto de nós, ou porque logo vêm a saber do nosso comportamento. É por esta razão que, nos momentos de infortúnio, não queremos ser vistos pelos que antes eram nossos êmulos, pois os êmulos são admiradores. Sentimos vergonha quando recaem sobre nós atos e ações vergonhosas, quer provenham de nós, quer dos nossos antepassados ou de outros a quem nos une algum grau de parentesco; e, de modo geral, aqueles por quem sentimos respeito, sejam eles os que acabamos de referir, sejam os que nos estão confiados, ou porque fomos mestres ou conselheiros deles, ou porque, tratando-se de outros iguais a nós, rivalizamos com eles no que toca a honrarias. Muitas coisas se fazem ou deixam de se fazer por causa da vergonha que sentimos diante dessas pessoas. E mais envergonhados ficamos se corremos o risco de ser vistos e se temos de conviver às claras com quem conhece os nossos atos. É o que querem dizer as palavras de Antifonte, o poeta, quando estava prestes a ser morto à pancada por ordem de Dionísio. Ao ver que os que iam morrer com ele tapavam a cara quando passavam em frente das portas da cidade, disse: "Por que vos escondeis? Temeis que algum destes vos veja amanhã?"[40]

1385a

Sobre a vergonha, é isto que há para dizer. Sobre a desvergonha, é óbvio que teremos de procurar argumentos a partir dos seus contrários.

....

rosas revoltas dos naturais. Uma das mais célebres foi a de Samos em 440-339 a.C., logo após o triunfo de Péricles. De Cídias nada sabemos. É provável, no entanto, que tenha estado envolvido militarmente na segunda revolta de Samos contra a colonização ateniense em 352 a.C. ou posteriormente.

[40] O episódio é referido pelo Pseudo-Plutarco (*Vida dos dez oradores*, 1.832C ss.). Antifonte poeta, integrado numa embaixada, compareceu diante de Dionísio, tirano de Siracusa (e também compositor de tragédias ridicularizadas por outros). Este perguntou ao poeta qual era o melhor bronze do mundo. Antifonte respondeu que o melhor bronze era aquele de que estavam feitas as estátuas de Harmódio e Aristogíton. Esta referência aos tiranicidas irritou de tal maneira o tirano que o condenou imediatamente à morte.

7. A amabilidade

A quem se faz um favor[41], por que motivos e em que disposições, esclarecê-lo-emos quando tivermos definido o favor. Vamos admitir que "favor" pode ser definido como um serviço, em relação ao qual aquele que o faz diz que faz um favor a alguém que tem necessidade, não em troca de alguma coisa, nem em proveito pessoal, mas só no interesse do beneficiado. Um favor é grande, se a necessidade for extrema, ou se o favor for importante e envolver dificuldades maiores, ou quando se faz em circunstâncias críticas, ou quando se é o único, o primeiro ou o principal benfeitor. Por sua vez, as necessidades são desejos e, entre estes, especialmente os que vão acompanhados de pena, quando não são satisfeitos: por exemplo, o amor, e os que têm a sua origem em maus-tratos físicos e em situações de perigo, uma vez que tanto o que corre perigo como o que sente pena experimentam tais desejos. É por isso que os pobres e os exilados a quem se presta um auxílio, por pequeno que seja, mas atendendo à gravidade das suas necessidades e às circunstâncias, se mostram gratos. Por exemplo, aquele que deu a Liceu a esteira[42]. Assim sendo, é necessário que a ajuda que se presta responda essencialmente a este tipo de necessidades, e, se não, em circunstâncias análogas ou mais importantes.

Uma vez que ficou claro a que pessoas, por que razões, e com que disposições se faz um favor, torna-se evidente que se devem extrair os argumentos destas fontes, mostrando que algumas pessoas estão ou estiveram em tal pena ou necessidade, e que outras prestaram ou prestam um serviço, respondendo a esta ou àquela necessidade. Também se

---

[41] Χάρις.

[42] Não é conhecido o conteúdo do episódio, mas pode muito bem aludir a algum fato ocorrido com Aristóteles quando ensinava no Liceu durante a sua primeira estada em Atenas. Em todo o caso, a história devia ser conhecida em meios frequentados por filósofos, o que reforça a sua natureza "acadêmica".

torna claro a partir de que argumentos é possível recusar um favor e pôr em evidência os mal-agradecidos afirmando que, ou foi só no interesse deles que prestaram ou prestam um serviço (e isto, na nossa definição, não era um favor), ou que aconteceu por acaso, ou por força das circunstâncias; ou que o serviço é apenas uma restituição, não uma dádiva, e que tanto se fez sabendo como não sabendo; em ambos os casos tratou-se de uma permuta, e portanto não deveria considerar-se favor. Esta questão deve ser examinada à luz de todas as categorias[43], já que o favor existe ou porque é o que é, ou pela quantidade, qualidade, tempo e lugar. Em todo o caso, um sinal de que não se prestou um pequeno serviço é quando aos nossos inimigos prestamos os mesmos serviços, ou idênticos ou maiores; é claro que tais serviços não tiveram em mira os nossos interesses. Também há que examinar se foi um serviço insignificante – e só o sabe quem o fez –, uma vez que ninguém reconhecerá ter necessidade de coisas insignificantes.

1385b

8. A piedade

Acabamos de falar do favor e da ingratidão. Falaremos agora do tipo de coisas que são dignas de piedade[44], quem tem piedade e em que disposições experimentamos esse sentimento. Vamos admitir que "a piedade" consista numa certa pena causada pela aparição de um mal destruidor e aflitivo, afetando quem não merece ser afetado, podendo também fazer sofrer a nós, ou a algum dos nossos, principalmente quando esse mal nos ameaça de perto. É evidente que, por força das circunstâncias, aquele que está a ponto de sentir piedade se encontra numa situação de tal ordem que há de pensar que ele próprio, ou alguém da sua proxi-

---

[43] As categorias são os *koinoí tópoi* [tópicos gerais] de onde se podem extrair argumentos retóricos relativos ao "favor" (χάρις).

[44] Ἔλεος, que também traduzimos por "compaixão".

midade, acabará por sofrer algum mal, idêntico ou muito semelhante ao que referimos na nossa definição. É por isso que a compaixão não afeta nem os que estão completamente perdidos (pois pensam que já nada mais podem sofrer, visto que já tudo sofreram), nem os que se acham superfelizes, que são propensos à soberba; de fato, se pensam que já possuem todos os bens, é evidente que não há mal que os possa afetar, porque isto também é um bem. Por outro lado, os que acham que pode recair sobre eles o mal são aqueles que já sofreram algum e escaparam dele: por exemplo, os idosos, devido à sua prudência e experiência; os fracos e, sobretudo, os covardes; os instruídos, porque são mais calculistas; também os que têm pais, filhos ou esposas, porque todos esses são partes de si mesmos e estão sujeitos aos males de que falamos; também aqueles que não estão incluídos no rol das paixões que excitam à coragem, como, por exemplo, a cólera ou a confiança (estes sentimentos não calculam o futuro), nem se encontram num estado de espírito que os leve à insolência (pois também não entra nos seus cálculos que possam vir a sofrer algum mal), mas sim aqueles que estão entre estes extremos. Também não sentem piedade os que andam intensamente amedrontados, nem a podem sentir os que andam aturdidos, vítimas dos seus próprios males. Sente-se piedade quando se crê que existem pessoas honradas (aquele que não tem consideração por ninguém pensará que todos são merecedores de mal) e, em geral, quando estamos dispostos a lembrarmo-nos de que tais males já nos aconteceram, a nós ou aos nossos, ou esperamos que nos aconteçam, a nós ou aos nossos.

Está, pois, dito quais os estados de espírito em que se sente piedade. Quanto àquilo que a produz, ficou esclarecido na nossa definição. Tudo o que é penoso e doloroso, e que pode causar destruição, também causa compaixão; da mesma maneira, tudo quanto causa a morte, assim como todos os males importantes causados pela Fortuna. São causas dolorosas e destruidoras: a morte, as sevícias corporais, os maus-tratos, a velhice, as doenças e a falta de alimentação. Os males causados pela Fortuna são: a falta ou a escassez de amigos (por isso, é digno de piedade o ser arrancado a amigos e familiares), a fealdade, a fraqueza física, a invalidez, o mal que vem donde se esperaria que viesse um bem, e ainda o fato de isso acontecer muitas vezes, e um bem que pode vir a acontecer depois de se ter sofrido um mal. Foi o que aconteceu a Diopites, que depois de morto recebeu um presente do rei[45]. E ainda o fato de nunca acontecer nada de bom, ou então, quando acontece, não haver tempo para o gozar. São estas e outras semelhantes as coisas de que nos compadecemos. Por outro lado, compadecemo-nos também das pessoas conhecidas, desde que a nossa relação com elas não seja demasiado íntima (pois, neste último caso, partilhamos com elas os mesmos sentimentos que sentimos conosco, razão pela qual Amasis[46], segundo dizem, não chorou pelo filho que conduziam à morte, mas por um amigo seu que pedia esmola: o caso do amigo é digno de piedade, o do filho é horrível, e o horrível é diferente do que é digno de compaixão, exclui mesmo a piedade e, muitas vezes, até é útil para provocar emoções contrárias, uma vez que ainda não sentimos compaixão quando o que é terrível está perto de nós).

Também nos compadecemos dos nossos semelhantes pela idade, caráter, modo de ser, dignidade e nascimento: em todos estes casos sentimo-nos claramente mais ameaçados pelas desgraças que nos possam atingir. Em geral, há que admitir aqui que as coisas que receamos para nós são as mesmas que geram piedade quando acontecem aos outros. As desgraças que nos parecem próximas são as que produzem piedade; as que se deram há dez mil anos ou hão de acontecer no futuro, como não as podemos esperar

---

[45] Alusão provável ao estratego ateniense mencionado por Demóstenes, *De corona*, 70, e *Philip.*, 3.15. O rei é Filipe da Macedônia.

[46] Amasis, faraó do Egito. Heródoto, 3.14, refere o mesmo episódio mencionando Psamênio, filho e sucessor de Amasis, na época em que o Egito caiu sob o domínio persa.

nem recordar, ou não nos comovem em absoluto, ou não da mesma maneira. Nestas condições, acontece necessariamente que aqueles que reforçam o seu desgosto por meio de gestos, de vozes, de indumentária e, em geral, de gestos teatrais, excitam mais a piedade (pois, ao pôr diante dos nossos olhos o mal, fazem que ele apareça próximo, quer como algo que está para acontecer, quer como algo já passado). É igualmente digno de compaixão o que acabou de acontecer ou o que está prestes a acontecer, razão pela qual nos comovemos mais vivamente; por isso, são também sinais de compaixão, por exemplo, as vestes dos que sofreram uma calamidade e outras coisas do mesmo gênero; também as ações, as palavras e tudo o que vem dos que estão numa situação de sofrimento, como, por exemplo, os moribundos. Mas, sobretudo, o que inspira piedade é ver gente honrada em situações tão críticas; é que todas estas coisas, por parecerem tão próximas, causam piedade, uma vez que o sofrimento é imerecido e surge diante dos nossos olhos.

9. A indignação

Contrapõe-se sobretudo à piedade o que se chama indignação. À pena que se sente por males imerecidos contrapõe-se de algum modo, embora provenha do mesmo caráter, a pena experimentada por êxitos imerecidos. Ambas as paixões são próprias de um caráter nobre, porque devemos não só sentir tristeza e compaixão com os que sofrem um mal imerecido, como sentir indignação contra os que imerecidamente gozam de felicidade. De fato, é injusto aquilo de que beneficiamos sem o termos merecido; por isso, também atribuímos aos deuses indignação.

Em todo o caso, poderia parecer que a inveja é, da mesma maneira, o contrário da piedade, porque é vizinha e da mesma natureza da indignação; mas é uma coisa muito diferente. Não há dúvida de que a inveja é uma pena perturbadora que concerne ao êxito, não de quem não o merece, mas de quem é nosso igual e semelhante. Não é porque nos vá acontecer algo de diferente, mas por causa da consideração que temos pelo nosso próximo que isto deve acontecer da mesma maneira a todos; porque a inveja e a indignação já não seriam a mesma coisa, mas medo, se a pena e a perturbação fossem a causa de que, da sorte dos outros, resultasse para nós alguma desventura.

É evidente que estas paixões serão seguidas das suas contrárias, uma vez que aquele que sofre com os que sofrem reveses imerecidos alegrar-se-á ou ficará sem pena diante dos que os sofrem merecidamente. Por exemplo, quando os parricidas e os assassinos são castigados, não há homem honesto que sinta pena; deve até alegrar-se em tais casos, assim como naqueles em que os êxitos estão de acordo com o mérito: ambas as coisas são justas e causam prazer ao homem honrado, porque, necessariamente, espera que o que aconteceu ao seu semelhante lhe possa acontecer também a si. Todas estas paixões provêm do mesmo caráter, assim como as suas contrárias do caráter oposto. Na verdade, a pessoa que se regozija com o mal alheio é a mesma que tem inveja da sua felicidade, pois quando uma pessoa sente tristeza por algo que alguém possa vir a ter ou a possuir, necessariamente sentirá prazer pela sua privação e perda. Por isso, todas estas paixões constituem obstáculos à compaixão, muito embora sejam diferentes pelas razões que acabamos de apontar. Por conseguinte, para impedir que a compaixão se manifeste, todas elas são igualmente úteis.

1387a

Falemos em primeiro lugar da indignação, das pessoas contra quem se sente, das suas causas e disposições; depois, falaremos dos outros pontos. A questão é clara no que deixamos dito: se a indignação é uma pena sentida relativamente a quem parece gozar de uma felicidade imerecida, é óbvio, em primeiro lugar, que não é possível alguém indignar-se por causa de todos os bens. Se um homem for justo e corajoso ou se pretender alcançar uma virtude, ninguém, por certo, se indignará contra ele (porque não despertam compaixão situações contrárias a estas), mas indignar-se-á ao ver os maus tirarem proveito da riqueza, do poder e de coisas semelhantes de que são merecedores: numa palavra, os bons e os que por natureza possuem bens, tais como nobreza, beleza e tantas coisas semelhantes.

Por outro lado, uma vez que o que é antigo surge como algo que está próximo daquilo que nos é natural, segue-se, necessariamente, que as pessoas que possuem um bem ou o adquiriram recentemente e a ele devem a sua prosperidade provoquem mais indignação. É por isso que os novos-ricos causam mais pena do que aqueles que o são há muito tempo, e de nascença; o mesmo acontece com os governantes, os poderosos, os que têm muitos amigos, os bons filhos e coisas do mesmo gênero. E, se tais bens lhes servem para adquirir outros, a nossa indignação mantém-se mais acesa. Daí que nos causem mais aflição os novos-ricos que assumem o poder, porque são ricos, do que os ricos antigos. E o mesmo acontece noutros casos semelhantes. A razão disto é que uns parecem ter o que lhes pertence, outros não; com efeito, o que sempre se manifestou a nós num certo estado parece ser assim na realidade, de tal modo que os outros dão a sensação de possuírem o que não lhes pertence. Ora, nem todos os bens são dignos do primeiro que aparece, mas existe uma certa analogia e uma certa proporção: por exemplo, a beleza das armas não se harmoniza com o justo, mas com o corajoso; os casamentos distintos não se ajustam aos novos-ricos, mas às pessoas de estirpe. Portanto, se um homem de bem não obtém o que é proporcional à sua virtude, isso é motivo de indignação. E o mesmo se diga do inferior que rivaliza com o superior, sobretudo quando a desigualdade diz respeito ao mesmo bem, donde diz o poeta[47]:

> *Evitou o combate com Ájax, filho de Télamon,*
> *pois contra ele se indignava Zeus, quando lutava com*
> *um herói superior.*

---

[47] *Il.*, 11.542-3. O último verso falta nos manuscritos de Homero, sendo referido pelo Pseudo-Plutarco, *Vita Hom.*, 132.

E se não, pelo menos quando o inferior rivaliza com o 1387b
superior, qualquer que seja a forma, como, por exemplo, se
um músico rivaliza com um homem justo: é que a justiça é
melhor do que a música.

Contra quem uma pessoa se indigna e por quê, ficou
esclarecido no que precede: são as causas mencionadas e as
que lhes são idênticas. Uma pessoa é propensa à indignação
se se acha digna dos maiores bens e os possui; pois não é
justo que aqueles que não são nossos iguais sejam julgados
dignos de bens iguais aos nossos; e, em segundo lugar, se
uma pessoa é boa e virtuosa, porque neste caso julga retamente e odeia a injustiça; e se uma pessoa é ambiciosa e
aspira a certos privilégios, e, sobretudo, se aquilo que ambiciona, outros o conseguem sem o merecer. De modo geral,
os que se consideram dignos de regalias que outros não merecem sentem-se tentados a indignar-se contra tais pessoas
e coisas. Isto explica que os seres de caráter servil, os grosseiros e os desprovidos de ambição não sejam propensos à
indignação, pois não há nada de que se julguem dignos.

Fica claro, pelo que precede, em que casos os infortúnios, as desgraças e os insucessos nos devem causar alegria
ou não nos causar pena, uma vez que, depois do que dissemos, os seus contrários são evidentes. Por conseguinte, se o
nosso discurso predispõe devidamente os espíritos dos juízes e lhes mostra que os que invocam a sua compaixão não
a merecem, pelas razões que apresentam, antes merecem
que ela lhes seja recusada, então será impossível suscitar
essa compaixão.

10. A inveja

Também está claro por que razões, contra quem e em
que disposições sentimos inveja, se é que realmente a inveja
consiste numa certa pena sentida contra os nossos semelhantes devido ao êxito visível alcançado nos bens referidos

acima, não para nosso proveito pessoal, mas por causa daqueles. Sentirão, pois, inveja aqueles que são ou parecem ser nossos pares, entendendo por pares aqueles que são semelhantes a nós em estirpe, parentesco, idade, disposição, reputação e posses. Também são propensos à inveja aqueles a quem pouco falta para tudo terem (por isso é que os que realizam grandes obras e os homens de sucesso são invejosos), pois creem que todos querem tirar-lhes o que é seu. Também os honrados por qualquer razão especial, e principalmente pela sua sabedoria ou felicidade. Também os ambiciosos são mais invejosos do que os que não têm ambições. O mesmo se diga dos que se acham sábios, já que ambicionam honras que correspondem à sabedoria. E, em geral, os que buscam glória num determinado campo são mais invejosos nesse campo. Também são invejosos os espíritos mesquinhos, porque tudo lhes parece grande.

Acabamos de referir os bens que são alvo de inveja. Os atos ou bens que refletem o desejo profundo de glória e a ambição de honrarias e aqueles que excitam a fama, e os que são dons da fortuna, quase tudo isso dá origem à inveja; mas sobretudo aqueles bens que aguçam a inveja de cada um em particular, pensando que é preciso tê-los ou cuja posse asseguraria um pouco de superioridade ou daria uma leve inferioridade. Por outro lado, também fica claramente exposto quais as pessoas de quem se tem inveja, pois coincide com o que dissemos anteriormente. Invejamos as pessoas que nos são chegadas no tempo, lugar, idade e reputação, donde o provérbio[48]:

o familiar também sabe invejar;

e aqueles com quem rivalizamos em honras, já que rivalizamos com os mesmos que acabamos de referir, nunca com os que viveram há dez mil anos ou hão de nascer, ou que já

---
[48] Atribuído a um comentador de Ésquilo, fr. 305 Nauck.

morreram, nem com aqueles que habitam nos confins das Colunas de Hércules[49]. Em relação àqueles que julgamos, quer na nossa opinião, quer na dos outros, serem muito inferiores a nós ou então muito superiores, dá-se o mesmo processo, tanto no que se refere às pessoas como no que concerne aos objetos. Ora, como rivalizamos com os nossos antagonistas em competições desportivas e amorosas e, em geral, com quantos aspiram às mesmas coisas que nós, necessariamente é a estes que nós invejamos acima de tudo; razão pela qual disse o poeta:

oleiro contra oleiro[50]

Também invejamos aqueles cujas posses ou prosperidade constituem para nós motivo de desonra (são os que vivem próximos de nós e são nossos pares), pois é evidente que não conseguimos obter os bens que eles têm: ora, este ressentimento causa-nos inveja. O mesmo sucede com os que têm ou chegaram a adquirir tudo quanto nos caberia ter tido ou alguma vez tivemos: é por isso que os velhos têm inveja dos jovens, e os que esbanjaram muito em pouca coisa, dos que adquiriram muito por pouco. Também os que a custo conseguiram alguma coisa, ou nem a conseguiram, invejam os que tudo conseguiram rapidamente. Fica também claro com que motivos, a propósito de quem e em que disposições sentem alegria as pessoas propensas à inveja; é que a disposição que acompanha o sentimento de pena é também aquela que faz sentir prazer em situações contrárias. De maneira que, se os oradores são capazes de provocar tal disposição nos ouvintes, e se os que pretendem ser dignos de suscitar piedade ou de obter algum bem são representados como os invejosos que acabamos de referir, é óbvio que não obterão compaixão dos que têm autoridade.

---

[49] Modo como os antigos designavam o fim do mundo conhecido, tradicionalmente situado no estreito de Gibraltar.

[50] Cf. *supra*, n. 25.

11. A emulação

Em que condições se sente emulação, que coisas a provocam e relativamente a que pessoas, é o que vamos esclarecer a seguir. Se a emulação consiste num certo mal-estar ocasionado pela presença manifesta de bens honoríficos e que se podem obter em disputa com quem é nosso igual por natureza, não porque tais bens pertençam a outrem, mas porque também não nos pertencem (razão pela qual a emulação é uma coisa boa e própria de pessoas de bem, ao passo que a inveja é desprezível e própria de gente vil; assim, enquanto uns, através da emulação, se preparam para conseguir esses bens, outros, pelo contrário, através da inveja, impedem que o vizinho os consiga), é forçoso admitir, então, que êmulos são aqueles que se julgam dignos de bens que não têm mas que lhes seria possível vir a obter, uma vez que ninguém ambiciona aquilo que lhe é manifestamente impossível. (É por isso que os jovens e os magnânimos são levados à emulação.)

São igualmente êmulos os que possuem bens dignos de homens honrados. Tais são a riqueza, a abundância de amigos, os cargos públicos e outras coisas semelhantes. Ora, como é próprio destes serem honestos e como a posse de tais bens convém aos que estão inclinados ao bem, tais bens são para eles motivo de emulação. E aqueles a quem os outros consideram dignos de tais bens, assim como antepassados, parentes, familiares, nação ou cidade que são distinguidos com honrarias, esses experimentam facilmente emulação por estas coisas, porque pensam que lhes pertencem e "são" dignos delas. Ora, se os bens honoríficos provocam emulação, necessariamente também as virtudes semelhantes a provocarão e tudo quanto é útil e benéfico aos outros (porque as pessoas têm em consideração os benfeitores e as pessoas de bem). E o mesmo acontece com todas as coisas boas que podemos usufruir com os que estão próximos de nós, por exemplo a riqueza e a beleza, mais até do que a saúde.

Está também esclarecido quais as pessoas que suscitam emulação: as que adquiriram os bens apontados e outros semelhantes, ou seja, os que enumeramos acima: coragem, sabedoria, liderança. Os que exercem autoridade podem beneficiar muita gente: estrategos, oradores, e todos os que possuem poderes idênticos. Também aqueles a quem muitos desejam igualar-se, ou de quem muitos querem ser conhecidos ou amigos, ou que muitos admiram ou nós próprios admiramos. E ainda aqueles a quem se tecem elogios ou encômios, seja pelos poetas, seja pelos logógrafos[51]. Mas menosprezam-se as pessoas por motivos contrários, pois o desprezo[52] é o inverso da emulação, assim como o fato de sentir emulação é o contrário de desprezar. Segue-se, necessariamente, que aqueles que estão dispostos à emulação ou a ser emulados se sintam inclinados a desprezar aqueles que possuem defeitos contrários às coisas que concitam a emulação. Por isso, muitas vezes se desprezam os que são bafejados pela sorte, quando esta lhes chega sem ser acompanhada dos tais bens apreciados.

Para concluir, já vimos como nascem e se dissolvem as paixões e donde se tiram as provas relacionadas com elas.

12. O caráter do jovem

Depois do que dissemos, vamos tratar dos tipos de caráter, segundo as paixões, os hábitos, as idades e a fortuna.

---

[51] Lit. "prosador". Primitivamente, o logógrafo era, segundo Heródoto, um bom contador de histórias em verso. Tucídides trata-os como "cronistas", isto é, mais preocupados em deleitar os ouvidos do que em contar a verdade. Nem sempre foram bem considerados na época clássica e o termo assumiu mesmo valores pejorativos. Com efeito, os logógrafos eram profissionais que, a troco de dinheiro, escreviam discursos judiciais ou epidíticos ou de outra natureza, que outros leriam. Alguns grandes oradores começaram por ser logógrafos, e dessa forma fizeram fortunas, como Lísias.

[52] Sobre o desprezo (*kataphrónesis*), cf. II 2.

Por paixões⁵³ entendo a ira, o desejo e outras emoções da mesma natureza de que falamos anteriormente⁵⁴, assim como hábitos, virtudes e vícios. Sobre isto também já falamos antes⁵⁵, e que tipo de coisas cada pessoa prefere e quais as que pratica. As idades são: juventude, maturidade⁵⁶ e velhice. Por fortuna entendo origem nobre, riqueza, poder, e seus contrários e, em geral, boa e má sorte.

Em termos de caráter, os jovens são propensos aos desejos passionais e inclinados a fazer o que desejam. E dentre estes desejos há os corporais, sobretudo os que perseguem o amor e diante dos quais os jovens são incapazes de dominar-se; mas também são volúveis e rapidamente se fartam dos seus desejos; tão depressa desejam como deixam de desejar (porque os seus caprichos são violentos, mas não são grandes, como a sede e a fome nos doentes). Também são impulsivos, irritadiços e deixam-se arrastar pela ira. Deixam-se dominar pela fogosidade; por causa da sua honra não suportam que os desprezem e ficam indignados se acham que são tratados injustamente. Gostam de honrarias, mas acima de tudo das vitórias (até porque o jovem deseja ser superior e a vitória constitui uma certa superioridade). Estas duas características são neles mais fortes do que o amor ao dinheiro (gostam pouco de dinheiro porque não têm ainda experiência da necessidade, como diz o apotegma de Pítaco em resposta a Anfiarau⁵⁷). Não têm mau, mas bom caráter, porque ainda não viram muitas maldades. São confiantes, porque ainda não foram muitas vezes enganados. Também são oti-

---

⁵³ Πάθη, "paixões" ou "emoções".
⁵⁴ Cf. II 2-11.
⁵⁵ Cf. I 9-10.
⁵⁶ Lit. "idade adulta".
⁵⁷ Este apotegma é desconhecido e reveste uma atribuição duvidosa. De resto, a preposição *eis* tanto pode significar "dedicado a" Anfiarau como "contra". Pítaco, tirano de Mitilene (598-588 a.C.), era um dos sete sábios, autor provável de muitas sentenças e máximas atribuídas ao grupo dos sete sábios. Anfiarau é o famoso adivinho que participou na lendária expedição dos argonautas e na Guerra dos Sete contra Tebas, cujo desastre profetizou.

mistas, porque, tal como os bêbedos, também os jovens sentem o calor, por efeito natural, e porque ainda não sofreram muitas decepções. A maior parte dos jovens vive da esperança, porque a esperança concerne ao futuro, ao passo que a lembrança diz respeito ao passado; para a juventude, o futuro é longo e o passado curto; na verdade, no começo da vida nada há para recordar, tudo há para esperar. Pelo que acabamos de dizer, os jovens são fáceis de enganar (é que facilmente esperam) e são mais corajosos [do que noutras idades] pois são impulsivos e otimistas: a primeira destas qualidades os faz ignorar o medo, a segunda inspira-lhes confiança, porque nada se teme quando se está zangado, e o fato de se esperar algo de bom é razão para se ter confiança. Também são envergonhados (não concebem ainda que haja outras coisas belas, pois só foram educados segundo as convenções). Também são magnânimos porque ainda não foram feridos pela vida e são inexperientes na necessidade; além disso, a magnanimidade é característica de quem se considera digno de grandezas; e isto é próprio de quem tem esperança.

    Quanto à maneira de atuar, preferem o belo ao conveniente; vivem mais segundo o caráter do que segundo o cálculo, pois o cálculo relaciona-se com o conveniente, a virtude com o belo. Mais do que noutras idades, amam os seus amigos e companheiros, porque gostam de conviver com os outros e nada julgam ainda segundo as suas conveniências, e, portanto, os seus amigos também não. Em tudo pecam por excesso e violência, contrariamente à máxima de Quílon[58]: tudo fazem em excesso; amam em excesso, odeiam em excesso e em todo o resto são excessivos; acham que sabem tudo e são obstinados (isto é a causa do seu excesso em tudo). Cometem injustiças por insolência, não por maldade. São compassivos, porque supõem que todos os seres humanos são virtuosos e melhores do que realmente são (pois

---

[58] Sábio espartano a quem se atribui a máxima μηδὲν ἄγαν, "nada em demasia", que, segundo a tradição, figurava no santuário de Delfos.

medem os vizinhos pela bitola da sua própria inocência, de tal sorte que imaginam que estes sofrem coisas imerecidas). Gostam de rir, e por isso também gostam de gracejar; com efeito, o gracejo é uma espécie de insolência bem-educada.

13. O caráter do idoso

Tal é, pois, o caráter dos jovens. Os idosos, pelo contrário, e os que já passaram a flor da idade, possuem caracteres que, na sua maior parte, são pouco mais ou menos os opostos daqueles. O fato de terem vivido muitos anos, de terem sido enganados e cometido faltas em diversas ocasiões, e ainda porque, por via de regra, aquilo que fazem é insignificante, em tudo avançam com cautela e em tudo dizem menos do que convém. Têm as suas opiniões, mas nada sabem ao certo, e, na dúvida, acrescentam sempre "talvez" e "é possível" e tudo dizem assim, mas nada afirmam de categórico. Também têm mau caráter, pois ter mau caráter consiste em supor sempre o pior em tudo. Além disso, são suspicazes devido à sua desconfiança, e desconfiados devido à sua experiência. Por isso, nem amam nem odeiam com violência, mas, segundo o preceito de Bias[59], amam como se um dia pudessem vir a odiar e odeiam como se pudessem vir a amar. E são de espírito mesquinho por terem sido maltratados pela vida; por isso, não aspiram a nada de grande, nem de extraordinário, só ao que é indispensável à vida. Também são mesquinhos, porque os bens são indispensáveis à vida, mas, ao mesmo tempo, sabem por experiência como é difícil adquiri-los e fácil perdê-los. São covardes e propensos a recear tudo, pois as suas disposições são contrárias às dos jovens. São frios, ao passo que os

---

[59] Bias de Priene foi um dos sete sábios da antiga Grécia (século VI a.C.; cf. Heródoto, I, 27). O preceito de Bias tornou-se proverbial na literatura antiga (cf. Sófocles, *Ajax*, 678; Eurípides, *Hippolytus*, 253; Cícero, *De amicitia*, 16.59).

jovens são ardentes, de modo que a velhice abre o caminho à timidez, tendo em conta que o medo é uma espécie de resfriado. Amam a vida, sobretudo nos seus últimos dias, porque o desejo busca o que lhes falta e o que faz falta é justamente o que mais se deseja. São mais egoístas do que o necessário, o que representa também uma certa pequenez de espírito. Vivem mais virados para o útil do que para o belo, razão pela qual são egoístas; é que o útil é um bem só para nós mesmos, ao passo que o belo é um bem absoluto. Os velhos são mais impudicos do que pudicos; e, porque não têm na mesma consideração o belo e o conveniente[60], não fazem grande caso da opinião pública. São pessimistas, em razão da sua experiência (já que a maior parte das coisas que acontecem são más: com efeito, a maior parte das vezes as coisas tendem para pior), mas também devido à sua covardia. Vivem de recordações mais do que de esperanças, pois o que lhes resta da vida é curto em comparação com o passado; ora, a esperança reside no futuro e a recordação assenta no passado. Esta é também uma das razões pelas quais são tão faladores, já que passam a vida a falar de coisas passadas e sentem prazer em recordar.

Os acessos de cólera são agudos, mas frágeis; e, quanto aos seus desejos, uns já os abandonaram, outros são fracos; por conseguinte, nem são propensos aos desejos, nem procuram satisfazê-los, mas agem segundo o seu interesse. Esta é a razão pela qual os que atingem a velhice parecem moderados: é que os seus desejos afrouxaram e são escravos do seu proveito. Vivem mais segundo princípios calculistas do que segundo o caráter: o calculismo depende das conveniências, ao passo que o caráter depende da virtude. Se cometem injustiças é por malícia, não por insolência. Os idosos também são compassivos, mas não pelas mesmas razões que os jovens: estes são compassivos por humanidade, aqueles por fraqueza; com efeito, em tudo veem um mal que

---

[60] Τὸ συμφέρον, que traduzimos por "útil" ou "conveniente".

os ameaça, fato que, como vimos, os inclina à compaixão[61].
Por isso, estão sempre se queixando, não gostam de brincadeiras, nem de rir: é que gostar de se lamentar é o contrário de gostar de rir.

Tais são, pois, os caracteres dos jovens e dos velhos. Por conseguinte, como todos aceitamos favoravelmente discursos que são conformes ao caráter de cada um e dos que nos são semelhantes, não é difícil descortinar como é que as pessoas podem se servir destes discursos para tanto nós como as nossas palavras assumirem tal aparência.

14. O caráter dos que estão no auge da vida

Os que atingiram o auge da vida terão, evidentemente, um caráter intermédio entre os que acabamos de estudar, pondo de lado os excessos de uns e de outros: nem demasiado confiantes (o que é temeridade), nem demasiado temerosos, mas mantendo a justa medida em ambas as situações; nem confiantes em tudo, nem totalmente desconfiados, antes emitindo juízos conforme a verdade; não vivendo só para o belo nem para o útil, mas para ambas as coisas; não vivendo só para a frugalidade, nem para a prodigalidade, mas para a justa medida. O mesmo se diga relativamente ao arrebatamento[62] e ao desejo. Nos adultos, a temperança vai acompanhada de coragem e a coragem de temperança. Nos jovens e nos idosos estas características estão separadas: os jovens são valentes e licenciosos, os idosos moderados e covardes. Falando em geral, tudo o que de útil está repartido entre a juventude e a velhice encontra-se reunido no auge da vida; tudo quanto naquela há de excesso ou de carência, esta o possui na justa medida. Quanto ao resto, o corpo atinge o seu auge dos 30 aos 35 anos, e a alma por volta dos 49[63].

---

[61] Ver II 8.

[62] Θυμός, com o sentido de "paixão".

[63] A busca de dados cronológicos para estabelecer a noção de maturidade ou de auge da vida (ἀκμή) é frequente na literatura grega. Platão supõe

Sobre a juventude, a velhice e a maturidade, e no que se refere a cada um do seus caracteres, fiquemos no que já dissemos.

15. Caráter e fortuna: o caráter dos nobres

Falemos a seguir dos bens que provêm da fortuna, pelo menos daqueles que determinam nos homens um certo número de caracteres. Caráter próprio da nobreza é tornar mais ambicioso aquele que a possui. Todos os indivíduos, quando possuem algum bem, têm por costume acrescentar-lhe outro; ora, a nobreza é uma dignidade transmitida pelos antepassados. Também comporta uma certa tendência para o desprezo, mesmo em relação àqueles que são semelhantes aos seus antepassados, porque a distância torna as mesmas coisas mais veneráveis do que a proximidade, e presta-se mais à gabarolice. Por nobre entendo aquele cujas virtudes são inerentes a uma estirpe; por *de nobre* caráter entendo aquele que não perde as suas qualidades naturais. Ora, a maior parte das vezes, não é isso que acontece com os nobres, pelo contrário, muitos deles são de vil caráter. Nas gerações humanas há uma espécie de colheita, tal como nos produtos da terra, e, algumas vezes, se a linhagem é boa, nascem durante algum tempo homens extraordinários, depois vem a decadência. As famílias de boa estirpe degeneram em caracteres tresloucados, como os descendentes de Alcibíades e de Dionísio, o Antigo; as que são dotadas de um caráter firme degeneram em

---

que a ἀκμή física se atinge entre os 20 e os 30 anos, respectivamente para a mulher e para o homem (*República* V 460e), e fixa a maturidade intelectual nos 50 anos (*República* VII 540a). Recorde-se que Aristóteles terá escrito este capítulo da *Retórica* por volta dos 49 anos, visto que ensinou retórica em Atenas por volta dos 30 e regressou para fundar a sua própria escola aos 49 anos.

estupidez e indolência, como os descendentes de Címon, de Péricles e de Sócrates[64].

16. O caráter dos ricos

Os caracteres que decorrem da riqueza estão à vista de todos. Os que os possuem são soberbos e orgulhosos, porque de certa maneira estão afetados pela posse das riquezas (estão na mesma disposição daqueles que possuem todos os bens; a riqueza, com efeito, funciona como uma medida de valor das outras coisas, porque tudo parece poder comprar-se com dinheiro). São também efeminados[65] e petulantes: efeminados, porque vivem no luxo e fazem ostentação da sua felicidade; petulantes e até grosseiros, porque estão habituados a que toda gente se ocupe dos seus desejos e os admire, e também porque creem que os outros desejam o que eles têm. De resto, é muito natural que tenham estes sentimentos, uma vez que são muitos os que precisam do que eles têm. Assim se explica o dito de Simônides acerca dos sábios e dos ricos, quando a mulher de Híeron lhe perguntava se era preferível ser rico ou sábio: "ser rico", respondeu ele, "pois vejo sempre os sábios passarem o tempo à porta dos ricos"[66].

---

[64] O filho de Alcibíades – Alcibíades, o Moço – ocupa um lugar tristemente célebre na crônica escandalosa de Atenas. Lísias (*Contra Alcib.*, 14 e 15) acusa-o de desobediência e traição. Quanto ao caráter violento e desregrado de Dionísio II, o Antigo, já é bem conhecido do próprio Platão e de Plutarco (*Timol.*, 13). Responsável por sucessivos fracassos do seu governo, só o seu desterro definitivo para Corinto em 344 a.C., onde consta que passou o resto da vida a ensinar numa escola, trouxe paz a Siracusa. Sobre os filhos de Címon e de Sócrates nada sabemos ao certo.

[65] Melhor dizendo, "voluptuosos" (τρυφεροί).

[66] Simônides de Ceos passou os últimos anos da sua vida (468-467 a.C.) em Siracusa e ali fez parte do grupo de artistas e poetas protegidos pela corte do tirano Híeron I, cuja adulação por parte do poeta terá sido motivo de muitas anedotas. Este dito é também legado por Diógenes Laércio, que atribui a resposta ao filósofo Aristipo nestes termos: "Os filósofos sabem do que precisam, os ricos não" (Diog. Laerc., 2.8 (*Aristip.*, 69).

Também se acham dignos de governar, porque julgam possuir tudo aquilo por que vale a pena governar. Em suma, o caráter de um rico é o de um louco afortunado.

Os caracteres dos novos-ricos diferem dos antigos no seguinte: os novos-ricos, além de terem todos os vícios dos outros, ainda os têm em maior grau e com maiores defeitos (é que no novo-rico há como que uma ausência de educação no tocante à riqueza). Os ricos, quando cometem injustiças, não o fazem por maldade, fazem umas por insolência, outras por intemperança, como, por exemplo, injúrias pessoais e adultério.

17. O caráter dos poderosos

De maneira semelhante acontece com os que se relacionam com o poder, cujos traços de caráter são quase evidentes na sua maioria. O poder tem, em parte, as mesmas características da riqueza, sendo algumas até melhores. Os poderosos são, por temperamento, mais ambiciosos e mais viris que os ricos, porque ambicionam realizar atos que podem cumprir, graças ao poder de que dispõem. Também são mais diligentes, porque têm mais responsabilidades, sendo obrigados a velar por tudo o que diz respeito ao seu poder. São bastante mais dignos do que graves, porque a sua dignidade lhes confere mais respeito; assim, os seus atos são moderados, uma vez que a dignidade é uma gravidade polida e distinta. Se cometem injustiças, não são pessoas para pequenas injustiças, mas para grandes.

A boa sorte[67], nas suas diferentes formas, também possui os caracteres que acabamos de descrever (com efeito, é para a riqueza e o poder que tendem majoritariamente os

---

[67] Εὐτυχία: tradução literal de um conceito poliédrico e central na cultura grega, como é o de felicidade, fortuna e ventura, por oposição à má sorte, infortúnio ou desventura (δυστυχία) de que se falou anteriormente em diversas circunstâncias.

efeitos da sorte). Além disso, a boa sorte proporciona muitas vantagens em relação a uma feliz descendência e a bens físicos. Portanto, se por um lado as pessoas são mais arrogantes e irrefletidas por causa da boa sorte, por outro um caráter excelente vai de par com a boa sorte, especialmente o ser piedoso em relação aos deuses, o ter uma relação especial de confiança diante do divino, e tudo isso justamente como consequência feliz da fortuna.

Com isto, já dissemos o suficiente sobre os caracteres relacionados com a idade e a fortuna. Os caracteres opostos aos que acabamos de referir tornam-se claros pelo estudo dos seus contrários: por exemplo, o caráter do pobre, do desafortunado e do sem poder.

18. Estrutura lógica do raciocínio retórico: função dos tópicos comuns a todas as espécies de retórica

Uma vez que o uso dos discursos persuasivos tem por objeto formular um juízo (pois acerca daquilo que sabemos e temos juízo formado já não são precisos mais discursos), usamos o discurso nos casos seguintes: quando nos dirigimos a uma só pessoa para a aconselhar ou dissuadir, como, por exemplo, o fazem aqueles que tratam de repreender ou de persuadir (pois o fato de um ouvinte ser único não significa que seja menos juiz, visto que aquele a quem se deve persuadir é, em termos absolutos, juiz); quando se fala contra um adversário, ou contra uma tese proposta (já que forçosamente é preciso usar o discurso para refutar os argumentos contrários, contra os quais se faz o discurso, como se se tratasse da parte adversa); o mesmo acontece nos discursos epidíticos (neste caso, o discurso dirige-se ao espectador como se fosse dirigido a um juiz, embora, em geral, só seja absolutamente juiz aquele que, nos debates políticos, julga as questões submetidas a exame; são estas, no fundo, as questões controversas e sujeitas a deliberação e para as quais se procura solução). Como já falamos anteriormente⁶⁸ dos caracteres correspondentes às diversas constituições, ao tratarmos do gênero deliberativo, podemos dar por definido como e por que meios há que dar aos discursos forma de expressarem os caracteres.

Como para cada gênero de discurso havia um fim diferente, e como sobre todos eles já foram definidas as opiniões e as premissas de onde se obtêm as provas, tanto para o gênero deliberativo como para o epidítico e o judicial⁶⁹, e como, além disso, estabelecemos os meios que permitem dar aos discursos o caráter ético, resta-nos agora tratar dos lugares-comuns.

Todos os oradores devem, necessariamente, servir-se, nos seus discursos, do possível e do impossível⁷⁰ e tentar demonstrar, para uns⁷¹, como serão as coisas, para outros⁷², como foram. Além disso, há um tópico comum a todos os discursos: o que diz respeito à grandeza, dado que todos os oradores fazem uso da diminuição e da amplificação, quando deliberam, elogiam ou censuram e quando acusam ou defendem. Quanto ao resto, uma vez definido isto, procuremos falar dos entimemas em termos gerais, tanto quanto é possível, e dos paradigmas, a fim de que, colmatando o que falta, possamos completar o programa inicial. Contudo, entre os lugares-comuns, a amplificação é o mais apropriado ao gênero epidíctico, como já dissemos⁷³; o passado, ao gênero judiciário (porque o ato de julgar recai sobre acontecimentos passados); o possível e o futuro, ao gênero deliberativo.

1392a

---

⁶⁸ Cf. I 8.
⁶⁹ Ἀμφισβητοῦντες, melhor diríamos "discurso judicial", ou "controvérsia judicial".
⁷⁰ Δυνατόν e ἀδύνατον.
⁷¹ Discursos deliberativos.
⁷² Discursos judiciais.
⁷³ Cf. I 9.

19. Função dos tópicos comuns a todas as espécies de retórica

Falemos em primeiro lugar do possível e do impossível. Se foi possível um contrário existir ou ter existido, também o outro contrário há de parecer possível. Por exemplo, se um homem pode gozar de boa saúde, também é possível que adoeça, já que a potência dos contrários, enquanto contrários, é a mesma. Se, de duas coisas semelhantes, uma é possível, a outra também é possível. E, se o que é mais difícil é possível, o mais fácil também é possível. Se é possível que uma coisa seja virtuosa e bela, também é possível que seja ou exista simplesmente. É mais difícil uma casa ser bela do que ser apenas uma casa. E, se uma coisa pode ter princípio, também pode ter fim, porque nada acontece, nada começa a partir de impossíveis; por exemplo, a diagonal de um quadrado não poderia começar a existir, nem existir. Se uma coisa pode ter um fim, o começo também é possível, porque todas as coisas partem de um princípio. Se é possível que, pela sua essência ou pela sua gênese, exista o posterior, também é possível que exista o anterior: por exemplo, se é possível que exista um homem, então também uma criança (porque somos crianças antes de sermos homens); e, se é possível existir uma criança, então também um homem (porque a infância é um começo). Possíveis são também aquelas coisas que, por natureza, suscitam o amor ou o desejo, porque, a maior parte das vezes, ninguém ama nem deseja o impossível. E o que é objeto das ciências e das artes também pode existir ou existe. Também são possíveis as coisas cujo princípio de realização está em certas pessoas sobre as quais poderíamos exercer coação ou persuasão; é o que acontece com as pessoas de quem somos superiores, ou senhores ou amigos. Se as partes de uma coisa são possíveis, o todo também o é; e, se o todo é possível, por via de regra, as partes também o são. Ora, se o corte dianteiro, o cano e a gáspea podem existir, então também podem existir sandálias⁷⁴; ora, se as sandálias são possíveis, também o corte dianteiro, o cano e a gáspea. Se o gênero inteiro existe dentre as coisas possíveis, também a espécie; e, se a espécie, também o gênero; por exemplo, se é possível construir um navio, também é possível construir uma trirreme; e, se uma trirreme, também um navio. Se, entre duas coisas recíprocas por natureza, uma delas é possível, a outra também: por exemplo, se o dobro é possível, a metade também; e, se a metade é possível, igualmente o dobro. Da mesma maneira, se uma coisa pode ser feita sem arte e sem preparação, mais possível ainda o será com arte e preparação. Donde as palavras de Ágaton:

> *Na verdade devemos fazer algumas coisas com arte, outras acontecem por necessidade e fortuna.*⁷⁵

Se uma coisa é possível a pessoas inferiores, menos dotadas e mais insensatas, então sê-lo-á mais ainda aos seus contrários, como disse Isócrates: "se Eutino veio a sabê-lo, estranho seria que eu não o pudesse descobrir"⁷⁶. Quanto ao impossível, é evidente que ele resulta dos princípios contrários aos que acabamos de enunciar.

Se uma coisa aconteceu, ela deve ser examinada com base no que se segue. Em primeiro lugar, se aconteceu o que é menos por natureza, poderia também acontecer o que é mais. Se o que é habitualmente posterior se produziu, tam-

1392b

---

⁷⁴ Os termos aqui utilizados correspondem aproximadamente às partes do calçado, ou melhor, das sandálias (ὑποδήματα), uma vez que não sabemos o significado preciso dos termos (πρόσχισμα, κεφαλίς, χιτών); por outro lado, e apesar de o exemplo ser retirado dos ofícios mais comuns (como já era tradicional na escola socrática, cf. *Gorgias*, 490d-491a), não se sabe a que parte ou a que tipo de sandálias ou sapatos se refere Aristóteles.

⁷⁵ Ágaton foi um poeta trágico do século V, contemporâneo de Eurípides e ligado ao círculo de Sócrates. É na casa de Ágaton que Platão situa o seu *Banquete*.

⁷⁶ A frase parece mutilada e não dispomos de outros testemunhos que possam identificar com clareza a sua atribuição.

bém o anterior; por exemplo, se alguém se esqueceu de uma coisa, é porque alguma vez a aprendeu. Se se podia e queria fazer uma coisa, então se fez, porque os homens, quando têm o poder e a vontade de fazer uma coisa, fazem-na, desde que não haja nada que os impeça. E ainda, se alguém queria fazer uma coisa e nenhum agente exterior o impedia; se podia e estava irado, e se podia e queria. A maior parte das vezes, no entanto, os indivíduos, quando podem, fazem o que lhes apetece, os frívolos por intemperança, as pessoas de bem porque desejam o que é honesto; se uma coisa estivesse para ser executada e alguém tivesse a intenção de a fazer, é provável que quem está disposto a fazê-la também a tenha feito. Da mesma maneira, se aconteceu uma coisa que é, por natureza, subsequente ou resultante dela, então o antecedente e a causa também aconteceram; por exemplo, se houve trovões, houve relâmpagos; e, se uma pessoa quis seduzir outra pessoa, concluímos que a seduziu. De todas estas coisas, umas acontecem por necessidade, outras são assim a maior parte das vezes. Quanto a demonstrar que algo não tem existência, é evidente que só podemos inferi-lo a partir dos contrários mencionados.

1393a Sobre o que vai acontecer no futuro, isso se subentende claramente dos mesmos argumentos. Com efeito, o que existe em potência ou em vontade será, como será o que existe no nosso desejo, na nossa ira e no nosso cálculo, conforme a capacidade que se tem para agir; e estas coisas acontecerão quando houver impulso para atuar ou intenção de se fazerem; ora, na maior parte das vezes, acontece mais o que está na eminência de acontecer do que o que não está. Se se produziu o que, por natureza, é anterior: por exemplo, se o céu está coberto de nuvens, é provável que chova. Se aconteceu uma coisa por causa de outra, é provável que tal coisa venha a acontecer: por exemplo, se há alicerces, também há casa.

Sobre a grandeza e a pequenez dos fatos, o maior e o menor e, em geral, o grande e o pequeno, subentende-se como é óbvio das considerações precedentes. Assim, tratamos, a propósito do gênero deliberativo, da grandeza dos bens e, em termos gerais, do bem maior e do bem menor. Ora, como cada um dos três gêneros de discurso se propõe um certo bem como fim, por exemplo o conveniente, o belo e o justo, é óbvio que é por intermédio destes que todos os oradores devem realizar as suas amplificações. Além disso, buscar fora destes argumentos a grandeza e a superioridade absolutas é o mesmo que falar em vão, porque, em relação ao útil, os fatos particulares são mais importantes que os universais.

Assim, sobre o possível e o impossível, o que ocorreu ou não ocorreu antes e sobre se ocorrerá ou não, assim como sobre a grandeza e a pequenez dos fatos, que seja suficiente o que dissemos.

20. Argumento pelo exemplo

Resta-nos falar das provas comuns a todos os gêneros, uma vez que já nos referimos às próprias. Estas provas comuns são de dois gêneros: o exemplo e o entimema, pois a máxima é uma parte do entimema. Assim sendo, falaremos em primeiro lugar do exemplo que é semelhante à indução, e a indução é um princípio.

Há duas espécies de exemplo: uma consiste em falar de fatos anteriores, a outra em inventá-los o próprio orador. Nesta última, há que distinguir a parábola e as fábulas, por exemplo as esópicas e as líbicas[77].

Falar de fatos passados consistiria, por exemplo, em alguém dizer que era preciso fazer preparativos contra o rei

---

[77] Segundo uma referência que remonta a Hermógenes (*Progymn.*, 1) ou a uma tradição anterior, nas fábulas esópicas intervinham animais racionais e irracionais, enquanto nas líbicas só animais irracionais. Mas na perspectiva do retórico Téon (*Progymnasta*, 3), o que distingue umas das outras é o fato de as líbicas serem atribuídas a um líbio anônimo.

da Pérsia não permitindo que dominasse o Egito[78], porque já anteriormente Dario evitara atravessar a Grécia sem antes ter tomado o Egito, e que só depois de o ter tomado é que passou à Grécia; e que, por seu turno, Xerxes também não atacou a Grécia sem antes haver tomado o Egito, e que só depois de o ter submetido é que se dirigiu para a Grécia. Assim, se o rei tomar o Egito, passará à Grécia; por isso, não se deve consentir que o submeta.

São parábolas os ditos socráticos, e consistem, por exemplo, em uma pessoa dizer que os magistrados não devem ser tirados à sorte, porque isso é como se alguém escolhesse atletas por sorteio, não os que são capazes de competir, mas os que a sorte designasse; ou ainda, como se, entre os marinheiros, fosse sorteado aquele que deve pilotar o navio, como se, em vez daquele que sabe, se devesse tomar o marinheiro que a sorte designou.

Um exemplo de fábula é a que refere Estesícoro a respeito de Fálaris e a de Esopo a favor de um demagogo. Tendo os cidadãos de Hímera[79] escolhido Fálaris como estratego com plenos poderes, e estando a ponto de lhe atribuir uma escolta pessoal, Estesícoro, entre outras considerações, contou-lhes a fábula seguinte: um cavalo tinha um prado só para si, mas chegou um veado e estragou-lhe o pasto; o cavalo, querendo então vingar-se do veado, perguntou a um homem se o podia ajudar a punir o veado. O homem consentiu, com a condição de lhe pôr um freio e o montar armado com dardos. Feito o acordo, o homem montou o cavalo e este, em vez de se vingar, tornou-se escravo do homem. "Assim também vós", disse ele, "acautelai-vos, não vá acontecer que, querendo vingar os vossos inimigos, venhais a sofrer a sorte do cavalo; já tendes o freio ao eleger um es-

---

[78] Os fatos pretensamente "históricos" a que alude este argumento levantam problemas cronológicos que não são totalmente claros. O rei em causa parece ser Artaxerxes III Oco, que em 343 a.C. enviou uma embaixada à Grécia pedindo uma aliança e reforços para uma expedição (fracassada) contra o Egito, que só viria a reconquistar em 343-341 a.C.

[79] Cidade da Sicília.

tratego pleno de poderes; se lhe dais uma guarda pessoal e permitis que vos monte, então sereis escravos de Fálaris."

Esopo[80], por sua vez, quando falava publicamente em Samos, num momento em que se julgava a pena capital aplicada a um demagogo, contou-lhes como é que uma raposa, ao atravessar um rio, foi arrastada para um precipício e, não podendo de lá sair, aguentou durante muito tempo, além de ser atormentada por numerosos carrapatos agarrados à pele. Um ouriço que andava por ali, ao vê-la, aproximou-se compadecido e perguntou-lhe se queria que lhe tirasse os carrapatos; mas a raposa não permitiu. E, como o ouriço lhe perguntasse por quê, ela respondeu: "porque estes já estão fartos de mim e sugam-me pouco sangue; se os tirar, outros virão esfomeados e sugarão o sangue que me resta". "Também no vosso caso, homens de Samos", disse Esopo, "este homem não vos prejudicará mais (porque já é rico); mas, se o matais, outros virão, pobres, que vos hão de roubar e esbanjarão o que vos resta." 1394a

As fábulas são apropriadas às arengas públicas e têm esta vantagem: é que sendo difícil encontrar fatos históricos semelhantes entre si, ao invés, encontrar fábulas é fácil. Tal como para as parábolas, para as imaginar, só é preciso que alguém seja capaz de ver as semelhanças, o que é fácil para quem é de filosofia. Assim, é fácil prover-se de argumentos mediante fábulas; mas os argumentos com base em fatos históricos são mais úteis nas deliberações públicas, porque, na maior parte dos casos, os acontecimentos futuros são semelhantes aos do passado.

Na falta de entimemas, convém usar exemplos como demonstração (a prova depende deles); quando se têm entimemas, há que usar exemplos como testemunhos, tomando-os como epílogo dos entimemas. Senão vejamos: quando os exemplos são colocados em primeiro lugar, assemelham-se a uma indução e, exceto em alguns casos, a indução não

---

[80] Esta fábula não faz parte das coleções esópicas conhecidas, mas é contada por Plutarco, *An sena gerenda sit respublica*, 790c, que a atribui a Esopo.

é própria da retórica; colocados em epílogo funcionam como testemunhos, e o testemunho é sempre persuasivo. Por isso, quem os coloca antes dos entimemas deve forçosamente recorrer a muitos, a quem os utiliza como epílogo, basta um, porque um testemunho honesto, mesmo que seja único, é útil.

Com isto, tratamos das diversas espécies de exemplos, como e quando convém servir-se deles.

21. Uso de máximas na argumentação

Assim que tivermos definido o que é uma máxima, ficará bem claro sobre que matérias, quando e a quem se ajusta o seu emprego nos discursos. A máxima é uma afirmação[81] geral que não se aplica certamente a aspectos particulares, como, por exemplo, saber que tipo de pessoa é Ifícrates, mas ao universal; não a todas as coisas, como, por exemplo, quando se diz que a linha reta é o contrário da curva, mas só às que envolvem ações e que podem ser escolhidas ou rejeitadas em função de uma determinada ação. Daí que, sendo o entimema um silogismo sobre tal tipo de coisas, resulta que as conclusões e os princípios dos entimemas, pondo de lado o silogismo em si, são máximas. Exemplo:

> *Nunca deve o homem que por natureza é sensato ensinar os filhos a ser demasiado sábios.*[82]

Isto é uma máxima. Mas, se lhe juntarmos a causa e o porquê, o todo forma um entimema. Exemplo:

> *Pois, além da inércia que têm, colhem a inveja hostil dos cidadãos.*[83]

---

[81] Ἀπόφασις.
[82] Eurípides, *Medea*, 294-5.
[83] *Ibidem*, 2961.

E isto:

Não há nenhum homem que seja inteiramente feliz.[84]

E isto:

Entre os homens nenhum há que seja livre[85]

são máximas, mas passam a entimemas, se lhes acrescentarmos:

Porque ou é escravo da riqueza ou da fortuna.[86]

Se uma máxima consiste no que acabamos de dizer, há necessariamente quatro espécies de máximas; umas vezes vão com epílogo, outras sem ele. Por outro lado, necessitam de demonstração as máximas que exprimem algo de paradoxal ou de controverso; quanto às que não têm nada de paradoxal, vão sem epílogo. Estas não precisam necessariamente de epílogo, umas porque já são conhecidas de antemão, como, por exemplo:

Para um homem, a saúde é o que há de melhor, tanto quanto me parece[87]

(assim parece também à maioria); mas outras, assim que são enunciadas, tornam-se evidentes para quem as olha com atenção. Por exemplo:

Não há amante que não ame sempre.[88]

---

[84] Eurípides, *Stheneboea*, fr. 661 Nauck.
[85] Eurípides, *Hecuba*, 863.
[86] *Ibidem*, 864.
[87] Escólio, ou uma canção de banquete, atribuído a Simônides (cf. Ateneu, 15.694e).
[88] Eurípides, *Troades*, 1051.

Quanto às que vão seguidas de epílogo, umas são parte de um entimema, tais como:

Nunca deve aquele que é sensato...[89];

outras são verdadeiros entimemas, mas sem constituírem parte dele. Estas são particularmente apreciadas, sendo também as que, por si mesmas, tornam clara a causa da afirmação, por exemplo, nisto:

Não guardes rancor imortal, sendo mortal.[90]

Dizer "não há que guardar rancor" é uma máxima, mas acrescentar "sendo mortal" é dizer o porquê. De modo idêntico em:

Um mortal deve sentir-se como mortal, não como imortal.[91]

Vê-se claramente, pelo que ficou exposto, quantas espécies de máximas há e a que casos se aplica cada uma delas. De um lado, as que são controversas ou paradoxais não prescindem do epílogo, mas, caso precedam o epílogo, deve empregar-se a máxima como conclusão (por exemplo, se alguém dissesse: "quanto a mim, como não convém sujeitar-me à inveja, nem viver na preguiça, afirmo que não é preciso ser instruído"); ou então, se se coloca a máxima no princípio, há que juntar-lhe logo aquilo que a precede. Por outro lado, quanto às que não são paradoxais, mas não são nada evidentes, haverá que determinar previamente a causa, para lhes dar uma forma mais concisa. Nestes casos são preferíveis os apotegmas lacônicos e os enigmas, como, por exemplo, referir as palavras de Estesícoro na assembleia dos

---

[89] Eurípides, *Medea*, 295.
[90] Verso de um trágico desconhecido.
[91] Verso atribuído a Epicarmo, fr. 239 Olivier.

Lócrios, a saber: "que não convém ser insolente, não vão as cigarras terem de cantar do chão"⁹².

Soa bem às pessoas de idade exprimirem-se por máximas e dissertarem sobre temas de que se tem experiência. De maneira que fazer uso de máximas quando não se atingiu tal idade é tão pouco oportuno quanto contar histórias. Do mesmo modo, fazê-lo sobre temas de que não se tem experiência é uma tolice e uma falta de educação. Sinal suficiente disso é o fato de os camponeses serem muito sentenciosos e facilmente se exprimirem assim.

Falar em termos gerais do que não é universal adapta-se sobretudo à lamentação e ao exagero; nestes casos, deve-se proceder assim, ou no início ou mais tarde, depois de terminada a demonstração. É conveniente também usar máximas triviais e comuns, se forem úteis, porque, pelo fato de serem comuns, como toda a gente está de acordo com elas, podem parecer verdadeiras, como, por exemplo, quando se exorta alguém a enfrentar um perigo, sem antes ter feito os sacrifícios rituais:

*O único, o melhor augúrio, é defender a pátria.*⁹³

E a alguém que está em posição de inferioridade dir-se-á:

*Imparcial é Eniálio.*⁹⁴

E, quando se aconselha a matar os filhos dos inimigos, embora nada tenham feito de mal:

*Insensato quem, tendo morto o pai, deixa viver os filhos.*⁹⁵

---

⁹² Demétrio, *Sobre o estilo*, 99.100, atribui esta máxima a Dionísio de Siracusa, não a Estesícoro.
⁹³ *Il.*, 12.243.
⁹⁴ *Ibidem*, 18.309. Eniálio é Ares, deus da guerra.
⁹⁵ Verso atribuído a Estasino, suposto autor do poema épico *Cypria*, já referido.

Certos provérbios também são máximas, como aquele do "vizinho Ático"[96]. Convém ainda utilizar máximas para refutar os ditos populares (entendo por ditos populares, por exemplo, o "conhece-te a ti mesmo" ou o "nada em demasia") quando o caráter do orador surgir com maior relevo ou quando a máxima for enunciada em tom patético. Há expressão de patético quando, por exemplo, alguém cheio de ira diz que é uma mentira uma pessoa conhecer-se a si mesma: "em todo o caso, se este homem se tivesse conhecido a si mesmo, nunca se teria considerado digno de ser estratego"[97]. O orador mostraria um caráter superior, se sustentasse que não é preciso – ao contrário do que se diz – amar como se um dia houvesse de odiar, mas antes odiar como se um dia houvesse de amar. É preciso, pela maneira como se enuncia a máxima, evidenciar a sua intenção; se não, haverá que explicitar a causa; por exemplo, dizer assim: "deve-se amar, não como vulgarmente se diz, mas como se se amasse sempre, porque amar de outro modo é próprio de um traidor". Ou assim: "não me agrada o ditado, porque o verdadeiro amante deve amar como quem devesse amar sempre". E ainda: "não me agrada essa fórmula do 'nada em demasia', porque aos maus, pelo menos, devemos odiá-los em excesso".

As máximas são de grande utilidade nos discursos, por causa da mente tosca[98] dos ouvintes, que ficam contentes quando alguém, falando em geral, vai de encontro às opiniões que eles têm sobre casos particulares. O que digo ficará elucidado pelo que se segue, e, ao mesmo tempo, pelo modo como se deve fazer a caça às máximas. Como já dissemos, a máxima é uma afirmação universal; mas o que agrada aos ouvintes é ouvir falar em termos gerais daquilo que eles ti-

---

[96] Cf. Tucídides, 1.70.

[97] Desconhece-se quem é este homem referido por Aristóteles. Segundo alguns intérpretes, tratar-se-ia de Ifícrates, um general do século IV a.C., que o estagirita expressamente nomeia em diversas partes da *Retórica*.

[98] O termo usado por Aristóteles (φορτικότης) é um *hápax legómenon*. Pretende indicar com ele o espírito rude e a falta de cultura dos juízes.

nham pensado entender antes em termos particulares; por exemplo, se alguém, por acaso, tivesse de tratar com maus vizinhos ou maus filhos e, em seguida, ouvisse dizer: "nada mais insuportável do que a vizinhança"[99]; ou "nada de mais estúpido do que ter filhos"[100]. Deste modo, o orador deve conjecturar quais as coisas que os ouvintes de fato têm subentendidas e assim falar dessas coisas em geral.

Este é já um dos aspectos em que o uso de máximas traz vantagens, mas há outros ainda melhores: quando elas conferem aos discursos um caráter "ético". Têm caráter "ético" os discursos que manifestam claramente a intenção do orador. Todas as máximas cumprem esta função, porque exprimem de forma geral as intenções daquele que as enuncia, de tal sorte que, se as máximas são honestas, também farão que o caráter do orador pareça honesto.

Sobre as máximas, sobre a sua natureza e o número de espécies, como se devem usar e que vantagens trazem, basta o que acabamos de dizer.

22. O uso de entimemas

Falemos agora dos entimemas em geral: primeiro, do método a seguir para os procurar e, depois, dos tópicos donde os extraímos, pois cada um destes assuntos pertence a uma espécie diferente. Que o entimema é um silogismo, já o dissemos anteriormente, e também em que medida é um silogismo e em que é que difere dos silogismos dialéticos. Porque em retórica convém não fazer deduções de muito longe, nem é necessário seguir todos os passos: o primeiro método é obscuro por ser demasiado extenso, o segundo é pura verborreia, porque enuncia coisas evi-

---

[99] A sugestão é de Hesíodo, *Erga*, 345. Nas suas variantes e aplicada em circunstâncias diversas aparece também em Platão, *Legi*, VIII, 843c, Tucídides, III, 113, Demóstenes, *Contra Cal.*, 1.

[100] Desconhece-se a origem e o autor desta máxima.

dentes. É esta a razão pela qual os oradores incultos são mais persuasivos do que os cultos diante de multidões; como dizem os poetas[101], os incultos são "mais inspirados pelas musas"[102] diante da multidão. Com efeito, os primeiros enunciam as premissas comuns e gerais, os segundos se baseiam no que sabem e no que está próximo do seu auditório. Portanto, é assim que os oradores devem falar, não tomando como ponto de partida todas as opiniões, mas só certas e determinadas, por exemplo as dos juízes ou as daqueles que gozam de reputação; e o fato é que a coisa aparece mais clara, ou a todos os ouvintes, ou à maior parte deles. E não se devem tirar conclusões somente a partir das premissas necessárias, mas também das que são pertinentes a maior parte das vezes. Primeiro, convém saber que o assunto sobre o qual se vai falar ou raciocinar – quer se trate de um silogismo político ou de outro gênero qualquer – tem necessariamente de contar com argumentos pertinentes, se não todos, pelo menos alguns; porque, se não dispomos deles, não teremos nada donde retirar uma conclusão. Explico-me: por exemplo, como poderíamos aconselhar os atenienses a entrar ou a não entrar em guerra, se não tivéssemos conhecimento do seu poderio militar, se dispunham de uma marinha ou de uma infantaria ou de ambas a coisas? Quais os efetivos, quais os recursos, os aliados e os inimigos, ou ainda que guerras enfrentaram e como se portaram, e outras coisas semelhantes a estas? Ora, como poderíamos fazer o elogio deles se não tivéssemos conhecimento do combate naval de Salamina ou da batalha de Maratona, ou dos feitos protagonizados pelos heraclidas e de outras proezas semelhantes? Todos os panegiristas extraem os seus elo-

---

[101] Alusão à frase de Eurípides, *Hippolytus*, 988-9: "Aqueles que parecem desajeitados perante os sábios parecem pessoas de grande cultura aos olhos da multidão."

[102] Apesar da contradição aparente, preferiu-se traduzir à letra o termo μουσικώτερος, que remete ao ambiente de persuasão gerado pela musicalidade do discurso e constitui uma das ideias inovadoras da retórica de Górgias.

gios dos gloriosos feitos, ou pelo menos dos que parecem ser. O mesmo se passa com as censuras feitas a partir de elementos contrários, considerando se os censurados têm ou parecem ter alguma coisa de reprovável em matéria de censura: dizer, por exemplo, que os atenienses submeteram os gregos e escravizaram os eginetas e os potideianos que tinham combatido com eles contra os bárbaros e se tinham notabilizado, e outras coisas semelhantes, e se é que algum outro erro se lhes pode imputar. Do mesmo modo, os que fazem acusações ou agem como defensores dispõem, para a sua argumentação, de fatos pertinentes.

É indiferente que se trate dos lacedemônios ou dos atenienses, de um homem ou de um deus: o processo é o mesmo. Com efeito, aquele que aconselha Aquiles, aquele que elogia e censura, aquele que acusa e defende, tem de argumentar sempre com fatos pertinentes – ou que parecem ser –, a fim de exprimir, nessa base, o elogio ou a censura, o que nele há de belo ou de vergonhoso, acusando-o ou defendendo-o, se concerne ao justo ou ao injusto e, por fim, aconselhando sobre o que é conveniente ou prejudicial. O que é válido para estas matérias também o é para outras. Por exemplo, tratando-se de justiça, interessa saber se uma coisa é boa ou má e, nesse caso, haverá que argumentar com base em atributos atinentes à justiça e ao bem.

Por conseguinte, como parece que todos os oradores seguem este método nas suas demonstrações, quer os seus silogismos sejam mais rigorosos ou mais brandos (já que não argumentam a partir de todos os pressupostos, mas somente dos que são relevantes para cada caso), e como também já ficou esclarecido que, servindo-se do discurso, é impossível demonstrar por outro meio, conclui-se, evidentemente, que, tal como nos *Tópicos*[103], é indispensável, antes de tudo, ter selecionado sobre cada assunto um conjunto de propostas acerca do que é possível e mais oportuno. Quanto às

---

[103] Provável alusão a um passo dos *Tópicos* I 14-15 ou II 7, 112b.

questões que surgem de improviso, a investigação deve seguir o mesmo método, atendendo não aos argumentos indeterminados, mas aos que são inerentes ao discurso, englobando o maior número possível e que estejam mais próximos do assunto em causa. Quanto mais fatos atinentes ao assunto em causa se possuírem, mais fácil será a demonstração, e quanto mais próximos estiverem dele, mais próprios e menos comuns serão. Chamo comuns: louvar Aquiles por ser homem e semideus, e por ter lutado contra Ílion. Tudo isto é relevante para muitos homens, de maneira que o orador que recorre a tais argumentos não elogia mais Aquiles do que Diomedes. Chamo *próprios* os que se aplicam a Aquiles e a mais ninguém, como, por exemplo, o ter matado Heitor, o melhor dos troianos, e Cicno, o qual, sendo invencível, a todos impedia de desembarcar. E dizer também que, sendo o mais jovem, e não estando ligado por juramento, participou na expedição, e outros elementos do mesmo gênero.

Um meio, o primeiro, para escolher entimemas é o tópico. Agora, porém, vamos falar dos elementos dos entimemas. Entendo por elemento e tópico a mesma coisa. Mas, primeiro, tratemos do que necessariamente deve dizer-se em primeiro lugar. Há duas espécies de entimemas: os demonstrativos[104] de algo que é ou não é, e os refutativos[105]; a diferença é igual à que existe na dialética entre refutação e silogismo. O entimema demonstrativo é aquele em que a conclusão se obtém a partir de premissas com as quais se está de acordo; o refutativo conduz a conclusões que o adversário não aceita.

Os tópicos correspondentes a cada uma das espécies de entimemas, que são úteis e necessários, temo-los mais ou menos em nosso poder. Já antes fizemos a seleção das premissas que se referem a cada um dos entimemas, de maneira que, nessa base, cabe-nos agora extrair os entimemas relativos aos tópicos do bem ou do mal, do belo ou do feio, do justo ou do injusto. Quanto aos tópicos concernentes

---

[104] Δεικτικά.
[105] Ἐλεγκτικά.

aos caracteres, às emoções e às disposições, já antes os selecionamos, utilizando o mesmo método. Seguiremos agora outro método, o método geral, para todos os entimemas; trataremos, num capítulo suplementar, dos refutativos e dos demonstrativos e também dos entimemas aparentes que não são realmente entimemas, porque nem sequer são silogismos. Quando tivermos esclarecido tudo isto, definiremos as refutações, as objeções e as fontes donde se deve partir para depois as opormos aos entimemas.

1397a

23. O uso de entimemas: os tópicos

Um dos tópicos dos entimemas demonstrativos é aquele que se tira dos seus contrários. É conveniente examinar se o contrário está compreendido noutro contrário, refutando-o se não estiver, confirmando-o se estiver; por exemplo, dizer que ser sensato é bom, porque ser licencioso é nocivo. Ou, como no *Messianicus*[106]: "se a guerra é a causa dos males presentes, com a paz há que remediá-los".
Ou:

> *Uma vez que nem contra os que nos fizeram mal*
> *sem querer é justo cair em ira,*
> *também não convém mostrar-se agradecido*
> *a alguém que à força nos faz um favor.*[107]

Ou ainda:

> *Mas, se entre os mortais dizer mentiras*
> *é persuasivo, acredita que o contrário também o é:*
> *quantas verdades se tornam incredulidade para os mortais.*[108]

---

[106] Trata-se do discurso sobre os *Messênios*, escrito em 366 a.C. por Alcidamante, e já mencionado em I 13, 1373b.

[107] Citação de um trágico desconhecido. O fragmento forma um trímetro jâmbico.

[108] Eurípides, *Thyestes*, fr. 396 Nauck.

Outro tópico é o das flexões casuais semelhantes, porque de modo semelhante deveriam compreender ou não os mesmos predicados; por exemplo, dizer que o justo não é um bem em todas as circunstâncias; é que se o fosse "justamente" seria sempre um bem, mas, por agora, não é desejável morrer "justamente".

Outro é o que procede das relações recíprocas: se praticar uma ação bela e justamente pertence a um dos termos, o cumpri-la pertence a outro; e, se uma pessoa tem o direito de dar ordens, a outra tem o direito de as cumprir; por exemplo, o que Diomedonte, o coletor de impostos, disse acerca dos impostos: "se para vós não é vergonhoso vender, também para nós não é vergonhoso comprar"[109]. Ora, se os termos "bela e justamente" se aplicam a quem sofreu a ação, também se aplicarão a quem a executou. Mas nisto há o risco[110] do paralogismo. Com efeito, se alguém sofreu justamente um castigo, justamente o sofreu, mas talvez não imposto por ti. Por isso, convém examinar à parte se o paciente[111] merecia tal castigo e se o agente[112] agiu justamente, e, em seguida, aplicar a ambos o argumento apropriado. Nalguns casos há discordância quanto a este ponto, e nada impede que se pergunte, como no *Alcméon* de Teodectes: "Nenhum dos mortais odiava a tua mãe?" Em resposta, diz-lhe Alcméon: "Sim, mas é preciso examinar e fazer uma distinção." "Como?", perguntou Alfesibeia, tomando a palavra:

A morrer a condenaram, mas não a mim a matá-la.[113]

---

[109] Personagem e dito desconhecidos.
[110] Lit. "possibilidade".
[111] Παθών.
[112] Ποιήσας.
[113] Teodectes, discípulo de Platão, de Isócrates e de Aristóteles, ficou célebre no século IV como autor de tragédias e de discursos oratórios. Na tragédia, Alcméon assassinou a mãe, Erifile, para vingar a morte do pai, Anfiarau. Alfesibeia é a esposa junto da qual chora a sua culpa.

Outro exemplo é o processo contra Demóstenes e os assassinos de Nicanor: como o júri achou que era justo matá-lo, também lhe pareceu justo que morresse. E ainda o caso do homem que morreu em Tebas e acerca do qual se mandou fazer um julgamento para saber se era justo tê-lo matado, porque não se considera injusto condenar à morte um homem que morre justamente[114].

Outro tópico é o do *mais* e o do *menos*; por exemplo: "se nem os deuses sabem tudo, menos ainda os homens". O que equivale a dizer: "se de fato uma afirmação não se aplica ao que seria mais aplicável, é óbvio que também não se aplica ao que seria menos". O argumento "uma pessoa que bate nos vizinhos também bate no pai" assenta no raciocínio seguinte: "se há o menos, também há o mais"[115], visto que se bate sempre menos nos pais do que nos vizinhos. Ou então empregam-se um e outro argumento desta forma: "se uma afirmação se aplica ao que é mais, não se aplica", "se ao que é menos, aplica-se", conforme seja preciso demonstrar o que é e o que não é. Além disso, também se usa este argumento quando não se trata nem do mais, nem do menos. Donde o poeta:

> *Digno de compaixão é teu pai, que perdeu os filhos; mas não o é também Eneu, [honra da Hélade] que perdeu um filho ilustre?*[116]

E ainda: se Teseu não foi culpado, Alexandre também não; se os tindáridas não cometeram injustiça, Alexandre

---

[114] Não sabemos se se trata do famoso orador ateniense, cujas vida e obra são sobejamente conhecidas. Nicanor é desconhecido. Quanto ao homem de Tebas, talvez se trate de Eufron de Siciona, que, numa tentativa para libertar os seus compatriotas, teria sido assassinado por mercenários a soldo dos tebanos. Sobre o assunto, cf. Xenofonte, *Hellenica*, 7.3,5 ss.

[115] A nossa tradução é aproximada. O excerto é suscetível de várias leituras e interpretações que seria moroso expor aqui em pormenor.

[116] Versos de um trágico desconhecido. No entanto, o nome *Oineus* sugere que podem pertencer a um *Meléagro* que tanto pode ser de Eurípides como de Antifonte.

também não; se Heitor matou justamente Pátroclo, também Alexandre a Aquiles; e, se os outros artistas não são desprezíveis, os filósofos também não; se os estrategos não são desprezíveis, porque são muitas vezes condenados à morte, os sofistas também não. E ainda: "se um simples indivíduo deve preocupar-se com a vossa glória, também vós vos deveis preocupar com a glória dos gregos"[117].

Outro se tira da observação do tempo. Por exemplo, Ifícrates, no seu discurso contra Harmódio, disse: "Se, antes de eu agir, vos tivesse pedido, como condição prévia, que me concedêsseis a estátua, ter-ma-íeis dado. Agora que agi, não ma concedereis? Então, não façais promessas enquanto esperais um serviço, para depois de cumprido negardes a recompensa." Outro exemplo: uma vez, para que os tebanos permitissem a Filipe atravessar o seu território para chegar à Ática, os embaixadores da Macedônia argumentaram: se, antes de ter decidido ajudar os focenses, ele tivesse feito a respectiva petição, tê-la-iam prometido; seria, pois, absurdo que não o deixassem passar agora, só porque então se tinha descuidado e tinha confiado neles[118].

Outro ainda consiste em agarrar nas palavras pronunciadas contra nós e voltá-las contra aquele que as pronunciou, como, por exemplo, no Teucro[119]. Mas este lugar é diferente do que utilizou Ifícrates contra Aristofonte, quando este lhe perguntou se entregaria a armada a troco de dinhei-

---

[117] Argumento provavelmente retirado de um discurso epidíctico no qual o autor, à semelhança do *Panegírico* de Isócrates, exorta os cidadãos atenienes (cf. o plural "vós") a lutar contra os bárbaros.

[118] O incidente tem por cenário a expedição de Filipe da Macedônia à Fócia em 339 a.C. Os tebanos e os tessálios pediram a Filipe que castigasse os focenses porque tinham se apoderado do tesouro de Apolo. Quando Filipe quis atacar a Ática, atravessando os territórios tebanos, estes lhe negaram a passagem instigados por Demóstenes.

[119] O argumento alude a um episódio da Guerra de Troia em que Ulisses acusa Teucro de não ter salvado o irmão da morte. Teucro volta contra Ulisses a acusação utilizando os mesmos argumentos. *Teucro* era uma tragédia de Sófocles.

ro. Tendo Aristofonte respondido que não, logo lhe disse: "Então tu que és Aristofonte não a entregarias, e eu que sou Ifícrates o faria?"[120] Mas nestes casos é conveniente haver um adversário à altura, mais suscetível de cometer injustiças, porque, de contrário, a resposta pareceria ridícula: por exemplo, se, para responder à acusação de Aristides[121], outro argumentasse o mesmo para desacreditar o acusador. Em geral, o acusador pretende ser melhor que o acusado, e portanto há que refutar esta pretensão. Em geral, este argumento revela-se absurdo, sobretudo quando alguém recrimina aos outros o que ele mesmo faz ou poderia fazer, ou quando aconselha a fazer o que ele não faz, nem poderia fazer.

Outro se obtém partindo da definição. Por exemplo: "o que é o divino (*daimónion*)? Um deus ou a obra de um deus? Naturalmente, aquele que admite que é obra de um deus, forçosamente também há de admitir que os deuses existem"[122]. Assim também argumentava Ifícrates, ao afirmar que o mais nobre é o melhor. A verdade, porém, é que Harmódio e Aristogíton não possuíam nenhuma nobreza antes de terem realizado a sua nobre ação. Acrescentou ainda que ele próprio era mais aparentado a eles, "porque as minhas obras estão, certamente, mais próximas das de Harmódio e de Aristogíton que as tuas". E ainda, como se diz no *Alexandre*: todos concordarão que os desregrados não se contentam com o prazer de um só corpo[123]. Em virtude disso, Sócrates disse que não se deslocaria à corte de Arquelau, "porque", afirma ele, "é uma vergonha não poder retribuir

---

[120] Depois da derrota de Êmbato (356), Aristofonte acusou de concussão três generais vencidos, Menesteu, Ifícrates e Timoteu.

[121] Estratego em 489-488 a.C., Aristides foi um político ateniense que a tradição sempre considerou como exemplo de homem justo e íntegro. Foi condenado ao ostracismo em 482 a.C.

[122] Provável alusão ao argumento de Sócrates em Platão, *Apologia*, 27b.

[123] Supomos tratar-se de um discurso epidíctico sobre Páris da autoria de um sofista desconhecido, semelhante ao *Encômio de Helena* de Isócrates, e à palinódia de Helena, da autoria de Górgias.

da mesma maneira tanto o bom como o mau tratamento"[124]. Todos estes casos constroem os seus silogismos sobre a matéria que tratam, partindo de definições e determinando a essência de uma coisa.

Outro se obtém a partir dos diferentes sentidos de uma palavra, como vimos nos *Tópicos* sobre o uso correto dos termos[125].

Outro provém da divisão. Por exemplo, se todos os seres humanos fazem mal por três motivos (por este, por aquele, e por mais aquele), é impossível que seja por dois deles, mas do terceiro nem sequer se fala.

Outro tópico retira-se da indução. Por exemplo, do caso da mulher de Pepareto induz-se que são as mulheres que determinam sempre a verdadeira paternidade dos filhos[126]. Isto o demonstrou em Atenas a mãe da criança ao orador Mantias, que negava que o filho fosse dele[127]; o mesmo se deu em Tebas, no pleito que opôs Ismênias e Estílbon, quando a mãe, natural de Dodona, certificou que o filho era de Ismênias, e por isso decidiram que Tessalisco era filho de Ismênias[128]. Outro exemplo encontra-se em *A Lei de Teodectes*: "se aos que cuidam mal dos cavalos dos outros não se confiam os próprios, aos que fizerem afundar os navios alheios também não se lhe confiam os próprios[129]. Por conseguinte, se isto vale para todos os casos, conclui-se que a quem zela mal pela segurança alheia não é proveitoso confiar-lhe a própria". A esta conclusão chega também

---

[124] Cf. Diógenes Laércio, 2.5.25 (*Vita Socr.*).

[125] Cf. Aristóteles, *Tópicos* I 15.

[126] Discurso de fonte desconhecida.

[127] Cf. Demóstenes, *Contra Best.*, 10.30.37.

[128] Este Ismênias era um político influente, amigo de Pelópidas, o qual foi embaixador tebano na Macedônia e na Tessália (368 a.C.) e, mais tarde, em Susa, na corte de Artaxerxes. Cf. Xenofonte, *Hellenica*, 5,2,25. Os nomes dos outros personagens são desconhecidos.

[129] Teodectes, célebre orador e poeta do século IV a.C., é mencionado em 2.23 e em diversas partes desta obra.

Alcidamante[130] quando diz que todos os povos honram os sábios: "por exemplo, os habitantes de Paros celebraram Arquíloco, apesar de ser um difamador; os de Quios, Homero, apesar de não ser cidadão; os de Mitilene, Safo, malgrado ser mulher; os lacedemônios, Quílon e até o fizeram entrar no conselho dos anciãos, apesar do pouco apreço que tinham pelas letras; os italiotas honraram Pitágoras, os habitantes de Lâmpsaco deram sepultura a Anaxágoras, embora fosse estrangeiro, e ainda hoje continuam a honrá-lo. Os atenienses, ao aplicarem as leis de Sólon, foram felizes, e os lacedemônios com as de Licurgo; e em Tebas, quando os magistrados se fizeram filósofos, a cidade prosperou"[131].

Outro tópico obtém-se de um juízo sobre um caso idêntico, igual ou contrário, sobretudo se for um juízo de todos os homens e de todos os tempos; se não é de todos, pelo menos da maior parte; ou dos sábios, de todos, ou da maior parte; ou das pessoas de bem; ou ainda se os juízes se autojulgaram, ou aqueles cuja autoridade reconhecem os que julgam; ou aqueles a quem não se pode opor um juízo contrário, como, por exemplo, os que têm o poder soberano, ou aqueles a quem não convém opor um juízo contrário, como os deuses, o pai, ou os mestres. Tal é o que Áutocles disse de Mixidêmides: "se às veneráveis deusas lhes pareceu bem sujeitar-se à sentença do Areópago, por que não a Mixidêmides?"[132]. Ou o exemplo de Safo, que diz que morrer é um mal "pois assim

---

[130] Alcídamas ou Alcidamante foi discípulo de Górgias, mas a citação é provavelmente retirada do seu discurso *Mouseîon*, conhecido desde a Antiguidade por ser uma espécie de "prontuário retórico".

[131] Houve em Tebas um círculo cultural de forte influência pitagórica ao qual terão pertencido Epaminondas e Pelópidas entre os anos 371 e 361 a.C. Mas a citação pretende remeter-nos à teoria platônica de um governo chefiado por filósofos (cf. *República* V 473d).

[132] Mixidêmides é-nos desconhecido. Áutocles foi um político ateniense que participou na missão de paz a Esparta em 371 a.C. e, como estratego, tomou parte ativa na guerra em 369 e 362 a.C. As deusas a que se refere a passagem são as Fúrias, que, na cena final das *Eumênides* de Ésquilo, abdicam da vingança contra Orestes e aceitam a decisão do tribunal do Areópago.

o creem os deuses; de contrário, morreriam eles". Ou ainda como Aristipo respondeu a Platão, que, a seu ver, lhe tinha falado num tom demasiado sobranceiro: "Sem dúvida, mas o nosso companheiro" – disse ele referindo-se a Sócrates – "nunca nos teria falado assim." E Hegesípolis perguntou ao deus em Delfos, depois de ter consultado o oráculo em Olímpia, se era da mesma opinião que seu pai, pois achava que seria uma vergonha para ele dizer coisas contraditórias[133]. E o que Isócrates[134] escreveu a respeito de Helena, dizendo que era uma mulher virtuosa, pois assim a julgara Teseu; e a propósito de Alexandre, a quem as deusas escolheram para árbitro; e de Evágoras, que era virtuoso, porque, como disse Isócrates, "Cónon, por exemplo, uma vez derrotado, abandonou todos os outros e foi ter com Evágoras".

Outro tópico tira-se das partes, como, por exemplo, nos *Tópicos*, quando se pergunta que espécie de movimento é a alma: este ou aquele?[135] Um exemplo tomado do *Sócrates* de Teodectes: "que santuário profanou? Que deuses não honrou entre os que a cidade venera?".

Outro tópico retira-se, já que na maior parte dos casos acontece que a uma mesma coisa se segue um bem e um mal, das consequências: aconselhar ou desaconselhar, acusar ou defender-se, louvar ou censurar. Por exemplo, a educação tem como consequência a inveja, que é um mal, enquanto ser sábio é um bem; por conseguinte, não é preciso receber educação, porque não convém ser invejado; por outro lado, convém ser instruído, porque convém ser sábio. Este tópico constitui a *Arte* de Calipo[136], que junta o tópico do possível e os outros de que já tratamos.

---

[133] Refere-se a Apolo, filho de Zeus. A história aparece em Xenofonte, *Hellenica*, 4.7,2. Hegesípolis I foi rei de Esparta em 394 a.C. e consultou o oráculo de Delfos antes da campanha contra Argos em 390 a.C.

[134] Cf. Isócrates, *Helena*, 18-22; *Evagoras*, 51-52.

[135] *Tópicos* II 4.

[136] Segundo se crê, Calipo foi discípulo de Isócrates. Desta Καλλίππου τέχνη só temos conhecimento desta citação.

Outro tópico consiste, quando precisamos aconselhar ou desaconselhar a propósito de duas coisas opostas, em utilizar, para ambas as coisas, o tópico anterior. A diferença, contudo, consiste no seguinte: no primeiro, os termos contrapõem-se por mero acaso, no segundo, são termos contrários. Por exemplo, a sacerdotisa que não deixava o filho falar em público: "porque" – dizia ela – "se disseres o que é justo, os homens odiar-te-ão; se disseres o que é injusto, os deuses". Nesse caso, é preferível falar em público, pois, se falares com justiça, os deuses amar-te-ão, se com injustiça, os homens. É o que diz o provérbio: comprar a salina e o sal. E a *blaísosis*[137] consiste nisto: quando a cada um de dois contrários se segue um bem e um mal, há que contrapor cada um deles como contrário do outro.

Outro consiste em (já que em público não se louvam as mesmas coisas que em privado, uma vez que em público se louvam sobretudo as coisas justas e belas, e que em privado se preferem as que são úteis) procurar deduzir o contrário a partir de uma destas afirmações. Dos paradoxos este é o tópico que goza de mais autoridade.

Outro consiste em retirar consequências por analogia. Por exemplo, Ifícrates, quando quiseram obrigar o filho, que era muito jovem mas de grande estatura, a desempenhar um cargo público, disse que, se eles consideravam homens as crianças de elevada estatura, então que decidissem por decreto que os homens de pequena estatura eram crianças. E Teodectes, em *A Lei*[138], diz: "Se de mercenários como Estrábax e Caridemo fazeis cidadãos, porque são honestos, não deveríeis exilar aqueles mercenários que cometeram faltas irreparáveis?"

Outro tópico tira-se disto: se a consequência é a mesma, é porque também é a mesma a causa de que deriva. Por exemplo, Xenófanes dizia que tanto cometem impiedade

---

[137] Βλαίσωσις é uma variedade do quiasmo que, na sua expressão mais simples, consiste em dispor em cruz quatro membros de um mesmo período, de modo que o primeiro corresponda ao quarto e o segundo ao terceiro.

[138] Cf. *supra*, II 23.

aqueles que dizem que os deuses nascem como os que afirmam que morrem: em ambos os casos, com efeito, a consequência é haver um tempo em que os deuses não existem. E, em geral, há que admitir que a consequência de cada um dos dois termos é sempre a mesma: "Ides pronunciar-vos, não sobre Isócrates, mas sobre o seu gênero de vida, isto é, sobre se é útil filosofar.[139] Do mesmo modo, diz-se: "dar terra e água" é ser escravo e "participar numa paz comum" é fazer o que está mandado. Portanto, entre termos opostos convém tomar aquele que é mais útil.

Outro provém do fato de que nem sempre se escolhe o mesmo depois e antes, mas ao invés. Por exemplo, este entimema: "Se no exílio lutamos para voltar à pátria, uma vez que voltamos deveríamos exilar-nos para não termos de combater?"[140] Umas vezes prefere-se ficar em casa em lugar de combater, outras prefere-se não combater à custa de não ficar em casa.

Outro tópico consiste em dizer que aquilo em virtude do que alguma coisa poderia ser ou poderia acontecer é a causa efetiva de que seja ou aconteça. Por exemplo, se uma pessoa der uma coisa a outra para depois lha tirar e lhe causar mal. Donde, estas palavras:

> a muitos a divindade, não por benevolência,
> concede grandes venturas, mas para que
> as desgraças que recebam sejam mais visíveis.[141]

Do mesmo modo, esta passagem do *Meléagro* de Antifonte:

> Não para matar o monstro, mas para que testemunhos
> fossem da virtude de Meléagro perante a Hélade.[142]

---

[139] Citação livre de Isócrates, *Antid.*, 173.

[140] Citação de um discurso perdido de Lísias, 34.11, sobre a situação de Atenas em 403 a.C.

[141] Versos de uma tragédia desconhecida, recolhidos por Nauck (fr. 82).

[142] Sobre o *Meléagro* de Antifonte, ver p. 149, n. 116.

E também podemos citar as palavras do *Ájax* de Teodectes: Diomedes escolheu Ulisses, não para o honrar, mas para ter um companheiro que lhe fosse inferior, pois é possível que o tenha feito por esta razão.

Outro tópico, que é comum aos que litigam e aos que deliberam, consiste em examinar as razões que aconselham a fazer uma coisa e desaconselham a fazer a mesma e que razões levam as pessoas a praticar e a evitar tais atos. Por isso, se estas razões existem, convém agir, se não existem, não agir. Por exemplo, se uma coisa é possível, fácil e útil para nós e para os nossos amigos ou prejudicial para os inimigos; e, se, no caso de ser prejudicial, o prejuízo causado vier a ser inferior ao lucro. É destas razões que se parte para persuadir e dos seus contrários para dissuadir; destas mesmas se parte para acusar e defender: as que dissuadem utilizam-se na defesa; as que aconselham, na acusação. A este tópico se resume toda a *Arte* de Pânfilo[143] e de Calipo.

1400a

Outro tópico tira-se dos fatos que se admite existirem, mesmo os inverossímeis, porque não acreditaríamos neles se não existissem ou não estivessem para acontecer. Com mais razão ainda, aceitamos o que existe ou o que é provável. Portanto, se um fato é inverossímil e improvável, é porque tem probabilidades de ser verdadeiro, pois não é por ser provável e plausível que parece tal. Por exemplo, Androcles[144], o Piteu, ao criticar a lei e ao notar que as suas palavras suscitavam contra ele um grande murmúrio, disse: "As leis precisam de uma lei que as corrija; os peixes precisam de sal; no entanto, não é provável nem plausível que os peixes criados na água salgada precisem de sal; também as

---

[143] Pânfilo é referido, mas ignorado por Cícero: "Pamphilum nescio quem" (*De oratore*, III, 21); cf. também Quintiliano, *Institutiones oratoriae*, 3.6.34 (se é que se trata do mesmo Pânfilo).

[144] Admite-se que este Androcles foi adversário de Alcibíades durante a revolução oligárquica de Atenas, em consequência do incidente das estátuas de Hermes (411 a.C.). Acabou por ser assassinado, ele e outros cidadãos, por partidários de Alcibíades. Cf. Andócides, *Sobre os mistérios*, 27; Plutarco, *Alcibiades*, 19; Tucídides, 8.65.

azeitonas precisam de azeite, embora seja inverossímil que aquilo de onde se extrai o azeite precise de azeite."

Outro tópico, peculiar à refutação, consiste em examinar os pontos contraditórios, ver se há alguma contradição entre os tópicos referentes a tempos, ações e discursos, dirigindo depois estas contradições separadamente à parte contrária. Por exemplo: "diz que vos ama, mas conspirou com os Trinta[145]"; ou dirigindo-se ao próprio orador: "diz que sou amigo de pleitos, mas não pode demonstrar que eu tenha provocado um só que seja"; ou então, referindo-se ao orador e à parte contrária: "este nunca foi capaz de emprestar dinheiro, mas eu já resgatei muitos de vós".

Outro tópico, relacionado com homens e fatos que foram ou parecem suspeitos, consiste em explicar a causa do que é estranho, pois há uma razão para que assim pareça. Por exemplo: tendo uma mulher caído em cima do próprio filho, à força de tantos abraços, julgou-se que estava fazendo amor com o menino; explicada a causa, desfez-se a suspeita. Outro exemplo é o que encontramos no *Ájax* de Teodectes: Ulisses expõe contra *Ájax* por que motivo, sendo ele mais corajoso que Ájax, não o parece.

Outro procede da causa: porque, se a causa existe, é que o efeito se produz; se não existe a causa, também não se produz o efeito. A causa e aquilo de que é causa são inseparáveis; e sem causa não há coisa. Por exemplo, Leodamas, em resposta às acusações de Trasíbulo[146], que o acusava de ter sido publicamente difamado numa inscrição da Acrópole, mas que mandara apagar o nome dele durante o governo dos Trinta, afirmou que tal não era possível, porque os Trinta tê-lo-iam considerado mais digno de confiança, se na pedra tivesse ficado gravado o seu ódio contra o povo.

---

[145] Clara alusão ao governo autocrático dos Trinta Tiranos de 404 a.C., inimigos do regime democrático restabelecido por Trasíbulo.

[146] Trata-se de Trasíbulo de Colitos (não de Trasíbulo de Estíria referido em nota anterior), que foi acusador de Alcibíades em 406 a.C. Mais tarde (382 a.C.) conseguiu excluir do arcontado a um tal Leodamas (ou Leodamante), a quem acusou de ser inimigo do povo (cf. Lísias, *Discursos*, 26.13).

Outro tópico consiste em examinar se não seria ou não é possível fazer uma coisa melhor que aquela que se aconselha, ou que se faz, ou que já se fez. Claro está que, se assim não fosse, não se teria agido assim, porque ninguém escolhe voluntariamente e com conhecimento de causa um mau partido. Mas este raciocínio é enganador, porque muitas vezes só *depois* é que se torna claro como proceder da melhor maneira; *antes* era obscuro.

1400b

Outro consiste, quando se vai fazer algo contrário ao que já se fez, em examinar ambas as coisas ao mesmo tempo. Por exemplo, quando os eleatas perguntaram a Xenófanes se deviam ou não fazer sacrifícios e entoar trenos em honra de Leucotea[147], deu-lhes este conselho: se a consideravam deusa, nada de trenos, se a consideravam humana, nada de sacrifícios.

Outro tópico consiste em acusar ou defender-se a partir dos erros da parte contrária. Por exemplo, na *Medeia* de Cárcino[148], os seus acusadores acusam-na de ter matado os filhos, porque não se encontravam em parte alguma (o erro de Medeia consistiu em ter enviado os filhos para longe); mas ela defendeu-se argumentando que teria matado, não os filhos, mas Jasão, uma vez que teria sido um erro não o ter feito, se é que, na verdade, pensava fazer uma destas duas coisas. Este tópico e esta espécie de entimema constituem toda a *Arte* anterior a Teodoro[149].

---

[147] Leucotea, mais conhecida por Ino, é, na mitologia grega, filha de Cadmo, rei de Tebas. Para escapar à fúria de Atamante, o marido enlouquecido, precipitou-se no mar com o cadáver do filho Melicerta e transformou-se na deusa branca (= Leucotea), divindade marítima protetora dos navegadores.

[148] Poeta trágico do século IV a.C., citado por Aristóteles. Cf. *Poética* 16; *Retórica* III 17.

[149] Teodoro de Bizâncio foi um distinto mestre de retórica, contemporâneo de Lísias, e autor de, pelo menos, duas *Artes retóricas*: uma dedicada à oratória judicial, outra é uma reestruturação da primeira incluída num sistema mais geral de retórica. Sobre este *magister*, cf. Platão, *Fedro*, 266e, e Aristóteles, *Sophistici elenchi* 34.

Outro tópico obtém-se do nome. Por exemplo, como diz Sófocles:

> *Claramente levas o nome de ferro.*[150]

E tal como costumava dizer-se nos elogios aos deuses, e como Cónon chamava a Trasíbulo "o de ousadas decisões"[151], e Heródico dizia a Trasímaco: "és sempre um combatente ousado"[152], e a Polo: "és sempre um potro"[153]. Também de Drácon, o legislador, se afirmava que as suas leis não eram de homem, mas de dragão (porque eram muito severas)[154]. Como também Hécuba, em Eurípides, diz a Afrodite:

> *É com razão que a palavra "insensatez" começa o nome da deusa.*[155]

---

[150] *Sidero* significa ferro. No texto há um jogo etimológico (que, de resto, remete ao tópico enunciado *apò toû onómatos*) entre o nome Σιδηρώ (nome próprio) e σίδηρος (ferro ou arma de ferro). O verso é retirado da tragédia de Sófocles, *Tiro*, fr. 597 Nauck.

[151] *Thrasyboulon.* Mais um exemplo de jogo de palavras muito apreciado pelos atenienses. Com efeito, o nome *Thrasyboulos* é um composto de θρασύς [ousado] e βουλή [resolução, decisão]. Cónon é um general ateniense, vencedor de Pisandro em Cnido (394 a.C.) e restaurador da democracia ateniense. Quanto a Trasíbulo de Estíria, ver *supra*, n. 146.

[152] *Thrasymakhos*, mestre de retórica que surge na *República* de Platão (livro I) como interlocutor de Sócrates, é visto aqui sob o ângulo etimológico: θρασύς e μάχη (audaz ou ousado no combate). Quanto a Heródico, desconhecem-se testemunhos fidedignos.

[153] Como se sabe, Polo, sofista discípulo de Górgias, significa "potro" ou "cavalo".

[154] *Drakon* significa "dragão" ou "serpente". Entre 624 e 621 a.C., parte das leis atenienses foi reduzida a escrito. Nelas se introduz, pela primeira vez na Grécia, a distinção fundamental entre homicídio voluntário e involuntário. Esta empresa foi atribuída a um certo Drácon, de cuja existência alguns historiadores duvidam. Mais tarde, Drácon ficará famoso por ser extremamente severo, donde o adjetivo "draconiano" que ficou proverbial. Cf. Aristóteles, *Política* II 12.

[155] *Troades*, 990. O nome da deusa Afrodite, responsável primeira pela destruição de Troia e pela desgraça de Hécuba, começa por ἀφροσύνη (insensatez, loucura).

E como Queremon:

Penteu, epônimo de desgraça futura.[156]

Entre os entimemas, os refutativos gozam de mais reputação que os demonstrativos, porque o entimema refutativo consegue a junção de contrários em curto espaço e porque as coisas aparecem mais claras ao ouvinte quando se apresentam em paralelo. De todos os silogismos refutativos e demonstrativos, os de maior aplauso são aqueles em que, sem serem superficiais, se prevê desde o princípio a conclusão (porque os ouvintes sentem-se, ao mesmo tempo, mais satisfeitos, pelo fato de os terem pressentido), assim como aqueles que só são entendidos à medida que vão sendo enunciados.

24. O uso de entimemas aparentes

Mas como pode haver um silogismo [verdadeiro] e outro que, sem o ser, pareça que o é, necessariamente também haverá um entimema [verdadeiro] e outro que, sem ser entimema, pareça que o é, dado que o entimema é uma espécie de silogismo. São tópicos dos entimemas aparentes os seguintes:

Um provém da expressão[157]. Uma parte deste consiste, como na dialética, em dizer no fim, à guisa de conclusão, o que ainda não se concluiu no silogismo: "uma coisa não é isto e aquilo; logo, será necessariamente isto e aquilo". No caso dos entimemas, expressar uma coisa de forma concisa e antitética parece ser um entimema (pois tal forma de expressão é domínio do entimema) e parece que tal processo deriva da

---

[156] Πενθεύς [nome próprio] e πένθος [luto, tristeza]. Jogo de palavras de acordo com a natureza trágica do herói. Cf. Eurípides, *Bacchae*, 508. Quanto a Queremon, só sabemos que foi um poeta trágico do século IV a.C.

[157] Παρὰ τὴν λέξιν.

própria forma de expressão. Para se exprimir de maneira semelhante à do silogismo, é útil enunciar os pontos capitais de muitos silogismos. Por exemplo: salvou uns, castigou outros, libertou os gregos[158]. Ora, cada um destes pontos já estava demonstrado por outros, mas quando se reúnem tem-se a impressão de que deles resulta alguma conclusão.

Outro entimema aparente é o que procede da homonímia[159]. Por exemplo, dizer que um rato é um animal de mérito porque dele procede o mais venerado rito de iniciação, uma vez que os mistérios são as cerimônias mais veneráveis de todas[160]. Caso semelhante é o da pessoa que, para elogiar um cão, o comparasse ao Cão celeste[161] ou a Pã, porque Píndaro disse:

> Oh ditoso aquele a quem da grande deusa cão multiforme chamam os Olímpios[162],

ou que não ter sequer um cão em casa é uma desonra, de sorte que o cão é evidentemente uma coisa honrosa. Outro exemplo é dizer que Hermes é o mais comunicativo[163] dos deuses, porque é o único que se chama "comum Hermes"[164].

---

[158] Exemplos extraídos do *Evágoras* de Isócrates (65-69), que cultiva um típico discurso epidíctico em honra do rei de Sálamis em Chipre.

[159] Sobre este tópico, cf. Aristóteles, *Sophistici elenchi* 4, 165b31--166a22, e *Poética* 25, 1461a.

[160] De novo, jogo de palavras entre μῦς [rato] e μυστήρια [mistérios].

[161] Como salienta Kennedy (n. 236) "the metaphorical meaning of *dog* here is unclear", mas também não permite a interpretação do comentador medieval Stephanus, que vê neste sintagma uma referência clara a Diógenes e aos cínicos. Na mitologia, a constelação do Sírio introduz os dias do Cão. Cf. *Il.*, 22.27-29.

[162] Fr. 96 Snell. A "grande deusa", no tempo de Píndaro, parece ser mais Deméter que Cíbele, cujo culto, vindo da Frígia, só se espalharia por toda a Grécia em época posterior à de Píndaro.

[163] Κοινωνικόν.

[164] Teofrasto (*Characteres*, 30) explica o equívoco desta expressão que se tornou proverbial: Hermes, entre muitas outras funções, era deus dos achados. Quando alguém encontrava no chão um objeto de valor, o acompanhante (*koinônos*) reclamava a metade exclamando: "*koinós* Hermes".

Outro ainda é dizer que *a palavra* (λόγος) é o que há de mais precioso, porque os homens honestos não são dignos de dinheiro, mas de consideração. Com efeito, não se utiliza esta expressão univocamente.

Outro tópico consiste em argumentar combinando o que estava dividido ou dividindo o que estava combinado. Porque, como uma mesma coisa parece o que muitas vezes não é, convém fazer o que das duas coisas for mais útil em cada caso. Tal é o argumento utilizado por Eutidemo[165], quando, por exemplo, diz saber que há uma trirreme no Pireu, porque cada um destes termos é conhecido, isto é, a trirreme e o Pireu. E o mesmo se diga nas ocasiões em que alguém sustenta que conhecer as letras é conhecer a palavra, uma vez que a palavra é o mesmo que as letras. E ainda quando se afirma que, se a dose dupla é nociva à saúde, a dose simples não pode ser saudável. Seria absurdo que duas coisas boas somassem uma má. Assim apresentado, o entimema é refutativo, mas passa a demonstrativo, se for apresentado da maneira seguinte: não é possível que um bem seja dois males. Mas todo este tópico é paralogístico. Como também o é aquele dito de Polícrates sobre Trasíbulo[166], a saber: que tinha liquidado trinta tiranos, já que procedeu assim por acumulação. Ou o que se diz no *Orestes* de Teodectes, que consiste numa divisão:

Justo é que, se uma mulher mata o seu marido...

morra ela também, e que o filho vingue o pai. De fato, foi isso que aconteceu. Mas, juntando as duas coisas, estes fatos talvez não sejam uma coisa justa. Também pode haver

---

[165] Sofista originário de Quios, mestre em erística ou arte de disputar, que dá nome ao célebre diálogo de Platão, *Eutidemo*. Aristóteles, nas *Refutações sofísticas* 20, 177b12, discute as falácias de Eutidemo.

[166] Trata-se de Trasíbulo de Estíria (ver *supra*, n. 146 e 151). O sofista Polícrates pediu para Trasibulo, que tinha posto fim ao regime dos Trinta, *trinta* recompensas. Cf. o episódio em Quintiliano, *Institutio oratoria*, III, 6, 26.

aqui um paralogismo de omissão, uma vez que se evita dizer por obra de quem foi morta a mulher.

Outro consiste em estabelecer ou refutar um argumento por meio do exagero. Isto acontece quando, sem se provar que se fez nem que não se fez, se amplifica o fato: é que isto cria a ilusão de que ou não se fez, quando quem amplifica é quem sustenta a causa, ou que se fez, quando o acusador é quem amplifica. Na realidade, não há entimema, porque o ouvinte cai em paralogismo ao julgar o que o acusado fez ou não fez, sem que tal esteja demonstrado.

Outro tópico tira-se do signo; também aqui não há silogismo. Por exemplo, se alguém dissesse: "às cidades são úteis os amantes, porque o amor de Harmódio e de Aristogíton derrubou o tirano Hiparco"[167]. Ou ainda se alguém dissesse que Dionísio[168] é ladrão, porque é mau. Ora, isto não é um silogismo, porque nem todo o mau é ladrão, embora todo o ladrão seja mau.

Outro decorre do acidente. Por exemplo, aquilo que Polícrates diz a respeito dos ratos: "que prestaram um grande serviço roendo as cordas do arco"[169]. Ou ainda se alguém dissesse que o fato de ser convidado para um banquete é o mais alto sinal de distinção, dado que, por não ter sido convidado, Aquiles ficou ressentido contra os Aqueus em Tênedos[170]. Ficou ressentido por se sentir desconsiderado, embora tal tenha acontecido por não ter sido convidado.

Outro tópico tira-se da consequência. Por exemplo, no *Alexandre*[171] diz-se que ele era magnânimo, porque, des-

---

[167] A propósito desta versão, cf. Tucídides, 6.54. O argumento em si é retirado do discurso de Pausânias. Cf. Platão, *Symposium*, 182c.

[168] Um dos tiranos de Siracusa entre 405 e 343 a.C.

[169] Sofista conhecido por uma célebre *Acusação de Sócrates* escrita por volta de 393-394 a.C. Foi também autor de várias apologias e de um *Panegírico do rato*. Acerca deste episódio, veja-se Heródoto, II, 141, que atribui o fracasso da expedição de Senaqueribe ao Egito a uma invasão de ratos que roeram as cordas dos arcos e as correias dos carros do exército assírio.

[170] Este episódio é anterior à Guerra de Troia. Sófocles compôs sobre o assunto uma tragédia hoje perdida.

[171] Talvez se trate de alguma apologia anônima do troiano Páris.

prezando a companhia de muitos da sua igualha, passava a vida sozinho no monte Ida. Ora, como os magnânimos têm tais características, também se poderia pensar que ele era magnânimo. Do mesmo modo, porque um homem é elegante e passeia à noite, conclui-se que é adúltero, uma vez que os adúlteros são assim. Sofisma análogo é dizer que nos templos os mendigos cantam e dançam e que os exilados podem viver onde quiserem; e, como parece que os que podem fazer isto são felizes, também aqueles a quem tais liberdades são permitidas podem parecer felizes. Mas toda a diferença está no *como*, pelo que este sofisma incorre no paralogismo de omissão.

Outro consiste em apresentar o que não é causa, como causa. Por exemplo: quando acontecem várias coisas ao mesmo tempo ou umas a seguir às outras. O que acontece "depois disso" toma-se como se fosse "a causa disso". Este processo emprega-se sobretudo em política. Por exemplo, Demades[172] dizia que o governo de Demóstenes era a causa de todos os males, porque depois dele veio a guerra.

Outro consiste na omissão do quando e do como. Dizer, por exemplo, que Alexandre raptou Helena justamente, uma vez que o pai desta lhe concedera o direito de escolher o marido. Tal direito não era válido para sempre, mas só a primeira vez, porque o pai tinha autoridade só até esse momento. Ou se alguém dissesse que bater em homens livres é ultrajante, pois isso não é absoluto em todos os casos, só naqueles em que alguém toma a iniciativa de bater injustamente.

E ainda, tal como na erística, do fato de se poder considerar uma coisa absolutamente e não absolutamente, mas só em relação a uma coisa, resulta um silogismo aparente. Por exemplo, na dialética, afirmar que o não ser existe, porque o não ser é não ser; e que o desconhecido é objeto de conhecimento, porque o incognoscível, enquanto in-

---

[172] Político e orador ateniense, morto em 318 a.C. Partidário pró-macedônio depois de Queroneia (338), foi certamente um adversário de Demóstenes.

cognoscível, constitui objeto de conhecimento científico. Assim também, na retórica, há um entimema aparente do não absolutamente provável, mas do provável em relação a algo. Esta probabilidade não é universal, como também diz Ágaton:

> *Bem se poderia dizer que o único provável é que*
> *aos mortais aconteçam muitas coisas improváveis.*[173]

De fato, o que está à margem da probabilidade produz-se, de tal maneira que também é provável o que está fora da probabilidade. Se assim é, o improvável será provável, mas não em absoluto. Do mesmo modo que na erística, o não acrescentar em que medida, em relação a quê e de que modo torna o argumento capcioso, também aqui, na retórica, acontece o mesmo, porque o improvável é provável, mas não de forma absoluta, só relativa. É deste tópico que se compõe a *Arte* de Córax[174]: "se um homem não dá pretexto a uma acusação, por exemplo, se, sendo fraco, for acusado de violências (porque não é provável); mas se der azo a uma acusação, por exemplo, se for forte (dir-se-á que não é provável, justamente porque ia parecer provável)". O mesmo se diga em relação a outros casos, uma vez que, forçosamente, um homem dá ou não dá azo a ser acusado. Ambos os casos parecem, pois, prováveis, mas um parecerá provável, ao passo que o outro não absolutamente provável, a não ser como dissemos. Também nisto consiste tornar mais forte o argumento mais fraco. Daí que, com justiça, os homens se sentissem tão indignados com a declaração de Protágoras[175],

---

[173] Fr. 9 Nauck.

[174] Córax e o seu discípulo, Tísias, consideravam o ensino da retórica como uma arte. Fundaram escolas na Sicília no segundo quartel do século V a.C. A referência expressa à *Arte* de Córax deve ser confrontada com a descrição que faz Platão (*Fedro*, 267a e 273e) da retórica da probabilidade (*to eikós*).

[175] O argumento "tornar a causa mais fraca na mais forte", que Aristóteles atribui a Protágoras, é, em Aristófanes, motivo de crítica à sofística (cf. *Nuvens*, 889 ss.).

pois é um logro e uma probabilidade não verdadeira, mas aparente, e não existe em nenhuma outra arte, a não ser na retórica e na erística.

25. O uso de entimemas: a refutação

Falamos dos entimemas, tanto dos que são como dos que aparentam sê-lo. A seguir trataremos da refutação. Podemos refutar de duas maneiras: ou fazendo um contrassilogismo, ou aduzindo uma objeção. O contrassilogismo, como é óbvio, pode ser feito a partir dos mesmos tópicos, uma vez que os silogismos derivam de opiniões comuns; muitas destas opiniões, porém, são contrárias umas às outras. As objeções tiram-se, como nos *Tópicos*, de quatro lugares: do próprio entimema, ou do seu semelhante, ou do seu contrário, ou de coisas já julgadas.

A partir do próprio entendo, por exemplo, o fato de alguém apresentar um entimema sobre o amor e o classificar 1402b como virtuoso. Aqui, a objeção seria feita de duas maneiras: ou dizendo, em geral, que toda a indigência é má ou, parcialmente, que não se falaria de "amor de Cauno"[176], se não houvesse também amores perversos.

A partir do contrário chega-se a uma objeção, por exemplo: se o entimema consistisse em dizer que o homem bom faz bem a todos os amigos, a contraposição seria dizer que o homem mau faz mal a todos.

A partir do semelhante, por exemplo: se o entimema consistisse em dizer que os que foram maltratados odeiam sempre, contrapor que os que foram bem tratados amam sempre.

Quanto aos juízos que procedem de homens famosos: por exemplo, se o entimema diz que convém ser indulgente com os bêbedos, porque pecam por ignorância, deve obje-

---

[176] A expressão alude a amores incestuosos. Segundo o mito, Cauno, filho de Mileto, exilou-se para não ceder ao amor incestuoso de Bíblis, sua irmã gêmea. Cf. a versão de Ovídio, *Metam.*, 9.453 ss.

tar-se que, nesse caso, Pítaco[177] não merece nenhum elogio, uma vez que não promulgou penas mais severas para os que cometem faltas em estado de embriaguez.

Os entimemas formulam-se a partir de quatro tópicos e estes quatro são: a probabilidade[178], o exemplo[179], o *tekmérion*[180], o sinal[181]; por outro lado, há entimemas que se tiram da probabilidade que, as mais das vezes, é real ou parece sê-lo; há também os que se tiram por indução, a partir da semelhança de um ou de muitos fatores, quando, tomando o geral, se chega logo por silogismos ao particular mediante o exemplo; há ainda os que se tiram do necessário e do que sempre é, por meio do *tekmérion*; outros se obtêm por generalização ou a partir do que é em particular, quer exista quer não, por meio de sinais. Uma vez que o provável não é o que sempre se produz, mas sim a maioria das vezes, é evidente que estes entimemas podem sempre refutar-se aduzindo uma objeção. Trata-se de uma refutação aparente, mas nem sempre verdadeira, uma vez que para o proponente não se trata de refutar que tal coisa é provável, mas de provar que não é necessária.

Por isso, tem sempre mais vantagem aquele que defende do que aquele que acusa, devido justamente a este paralogismo. O acusador, por seu lado, fundamenta a sua demonstração nas probabilidades: com efeito, refutar que algo não é provável não é o mesmo que refutar que não é necessário. E, como o que geralmente acontece comporta sempre uma objeção (porque o provável não poderia ser, simultaneamente, o que sempre acontece, mas sempre e necessariamente), o juiz, por seu lado, imagina, ou que a refutação é assim mes-

---

[177] Pítaco de Lesbos exerceu em Mitilene, durante dez anos, a função de αἰσυμνήτηρ (árbitro entre facções políticas de uma cidade e responsável pelo estabelecimento da paz em tempo de guerra civil). Aristóteles define este cargo como uma "tirania eletiva" (*Política* III 9).

[178] Εἰκός.

[179] Παράδειγμα.

[180] Τεκμήριον. Prova ou argumento concludente.

[181] Σημεῖον. Também signo ou indício.

mo, ou que o fato não é provável, ou que não lhe compete julgar, e nisso cai em paralogismo, como já dissemos antes (porque ele deve julgar, não só partindo do necessário, mas também do provável, e é nisto que consiste "julgar segundo a melhor consciência"). Assim sendo, não basta refutar mostrando que uma coisa não é necessária; a refutação deve igualmente mostrar que não é provável. Chegar-se-á a esta conclusão se a objeção se fundamentar principalmente no que acontece com mais frequência. É admissível que isto aconteça de duas maneiras: ou com tempo ou com fatos. No entanto, a objeção será mais forte se se fundamentar em ambos os critérios ao mesmo tempo, pois, quanto mais vezes um fato acontece e acontece do mesmo modo, tanto mais provável será.

1403a

Refutam-se também os sinais e os entimemas baseados neles, mesmo que sejam reais, como dissemos no livro primeiro. Que todo o sinal é impróprio para o silogismo, já o demonstramos nos *Analíticos*[182].

Por outro lado, no que concerne aos exemplos, a refutação é a mesma que a utilizada para as probabilidades. Se há um caso que seja diferente, o argumento é refutado, dizendo que não é necessário, mesmo que, na maior parte dos casos ou das vezes, se repita de maneira diferente; e ainda que, na maior parte dos casos e com mais frequência, assim aconteça, há que combater o adversário sustentando que o caso presente não é semelhante, ou que não se deu de maneira semelhante, ou que comporta alguma diferença.

Quanto às provas concludentes e aos entimemas baseados nelas, não é possível refutá-los argumentando que são impróprios de um silogismo (o que também já esclarecemos nos *Analíticos*). Assim sendo, o único caminho que nos resta é mostrar que o argumento alegado não tem nenhuma pertinência. Mas, se se admitir que é pertinente e que constitui uma prova conclusiva, então torna-se irrefutável e tudo se converte numa demonstração evidente.

---

[182] Cf. *Analytica priora* II 27, 70a24-37.

26. Conclusão dos dois primeiros livros

Amplificar e diminuir não são um elemento do entimema. Entendo por "elemento" e "tópico" uma e a mesma coisa, porque é elemento e tópico aquilo a que se reduzem muitos entimemas. Amplificar e diminuir são entimemas que visam mostrar que uma coisa é grande ou pequena, boa ou má, justa ou injusta, ou que possui outras qualidades. A todas estas coisas se referem os silogismos e os entimemas, de sorte que, se nenhuma delas constitui tópico do entimema, a amplificação e a diminuição também não o serão.

Não são as refutações uma espécie de entimemas [diferente dos que já estabelecemos], pois é evidente que refuta, ou quem demonstra, ou quem aduz uma objeção, apresentando assim a contrademonstração de um fato oposto. Por exemplo, se o adversário mostrou que um fato se deu, este mostrará que não se deu; se o adversário provou que não se deu, este provará que se deu. De sorte que não há diferenças (pois ambas as partes empregam os mesmos argumentos, dado que ambos aduzem entimemas sobre o que não é e sobre o que é). A objeção também não é um entimema, mas, como já se disse nos *Tópicos*[183], consiste em apresentar uma opinião da qual resultará claramente que o adversário não procedeu por silogismo ou que introduziu algum elemento falso.

Assim, como três são as matérias que precisam ser tratadas referentes ao discurso, a propósito dos exemplos, das máximas e dos entimemas, e, de um modo geral, de tudo quanto diz respeito à inteligência, e como já assinalamos também de onde poderemos extrair os argumentos e o modo de os refutar, resta-nos agora falar do estilo e da composição.

---

[183] Talvez *Tópicos* VIII 10, 161a1. Mas crê-se que a citação está errada, remetendo para os *Analytica priora* anteriormente citados.

Livro III

1. Introdução

São três os aspectos concernentes ao discurso que têm de ser tratados. O primeiro, de onde provêm as provas; o segundo é relativo à expressão enunciativa[1]; o terceiro, à forma como convém forçosamente organizar as partes do discurso. Sobre as provas já se falou: quantas são as fontes, que são três, quais são elas, e por que razão há somente estas três (é que todos os homens, ao fazerem um juízo, são persuadidos, ou porque são tomados por uma certa emoção, ou porque consideram que o orador possui certas qualidades, ou porque houve uma demonstração concludente). Tratou-se também dos entimemas e de onde são necessariamente extraídos (pois, por um lado, existem as espécies de entimemas, por outro, os tópicos). Será necessário, agora, discorrer sobre a expressão. É que, na verdade, não basta possuir o que é preciso dizer, mas torna-se também forçoso expor o assunto de forma conveniente; e isto contribui em muito para mostrar de que tipo é o discurso.

Em primeiro lugar, de acordo com a natureza do assunto, examinou-se aquilo que é naturalmente primeiro, ou seja, os elementos a partir dos quais se obtém a persuasivi-

---

[1] Por λέξις entendemos a expressão linguística, o enunciado, o estilo.

dade. Agora, em segundo lugar, ver-se-á a disposição destes elementos no enunciado. O terceiro dos pontos, que detém a maior importância e ainda não foi tratado, será o dos aspectos respeitantes à pronunciação[2]. Esta, na realidade, só muito tarde fez a sua entrada, inclusive na tragédia e na rapsódia[3], pois, inicialmente, eram os próprios poetas que representavam as suas tragédias. É, porém, evidente que existe algo deste gênero também na retórica, tal como na poesia, aspecto que alguns outros autores trataram, como Gláucon de Teo[4].

A pronunciação assenta na voz, ou seja, na forma como é necessário empregá-la de acordo com cada emoção (por vezes forte, por vezes débil ou média) e como devem ser empregados os tons, ora agudos, ora graves ou médios, e também quais os ritmos de acordo com cada circunstância[5]. São, por conseguinte, três os aspectos a observar: são eles volume, harmonia e ritmo. Aqueles que, entre os competidores, empregam estes três aspectos arrebatam quase todos os prêmios; e tal como os atores têm agora mais influência nas competições poéticas do que os autores, o mesmo se passa nos debates deliberativos devido à degradação das instituições políticas.

Nenhum tratado, porém, foi composto sobre esta temática, visto que mesmo os aspectos concernentes ao estilo só muito

---

[2] Por "pronunciação" traduzimos o termo ὑπόκρισις, equivalente ao latino *actio* ou *pronuntiatio*. O termo refere-se propriamente ao ato de pronunciar o discurso em público, com todo um conjunto de técnicas que vão desde a projeção da voz ao próprio movimento do corpo do orador. Veja-se Longino, *Ars* (Spengel, *Rhet. Graec.*, 1, 310); *Rhet. Her.*, 3. 11.19-36; Quintiliano, 11.3.

[3] Trata-se de recitação de poemas épicos.

[4] Provavelmente trata-se do Gláucon citado por Platão, *Ion*, 530d, autor de um dos mais antigos tratados de crítica literária.

[5] Desta forma, Aristóteles abarca três dos principais parâmetros da representação sonora: intensidade ou volume; harmonia, aqui designado ἁρμονία, diz respeito à propriedade de um som ser mais agudo ou mais grave; ritmo, parâmetro que diz respeito à disposição dos elementos no vetor tempo. Cícero, *De oratore*, 3.57-58. Análise deste aspecto em Cope, *Introd.*, pp. 379-92.

tarde começaram a ser considerados. Além disso, quando devidamente examinada, parece assunto vulgar. Todavia, uma vez que toda a matéria concernente à retórica está relacionada com a opinião pública[6], devemos prestar atenção à pronunciação, não porque ela em si é justa, mas porque é necessária. Pois o que é justo é que deve ser almejado num discurso, mais do que não desagradar ou agradar. Justo é competir com os fatos por si só, de forma que todos os elementos exteriores à demonstração são supérfluos. Em todo o caso, ela é extremamente importante, como foi dito, por causa do baixo nível do auditório. Daí que, em qualquer método de ensino, seja necessário que haja algo referente à expressão; pois, no que diz respeito a demonstrar algo com clareza, há uma certa diferença entre exprimirmo-nos deste ou daquele modo. Ela não é certamente muito grande, mas tudo isto consiste num processo de expor e destina-se a um ouvinte. E por isso é que ninguém ensina geometria desta forma.

1404a

Na verdade, sempre que a pronunciação chega a ser considerada, fará o mesmo efeito que representar; apenas alguns autores tentaram dizer algo, e muito pouco, acerca da pronunciação, como Trasímaco nos *Éleos*[7]. Além disso, a representação teatral é algo inato e o mais desprovido de técnica artística, enquanto na expressão enunciativa é um elemento artístico. Por isso, os atores que são melhores neste aspecto ganham e tornam a ganhar prêmios, tal como os oradores pela pronunciação. Na verdade, há discursos escritos que obtêm muito mais efeito pelo enunciado do que pelas ideias.

Os poetas foram os primeiros, como seria natural, a dar um impulso a este aspecto. Efetivamente, palavras são imita-

---

[6] Por "opinião pública" traduzimos δόξα. A concepção de que a retórica visa a aceitação por parte do ouvinte é platônica (*Górgias*, 502e).

[7] Trasímaco da Calcedônia foi um sofista e retor cuja atividade se centra no último terço do século V. Na história da oratória, a sua importância reside em questões como o emprego das emoções na *actio* e o interesse devotado ao ritmo e à construção do período. Platão, *Fedro*, 267c e 271a; Cícero, *Orator*, 12.39.

ções, e a voz é, de todos os nossos órgãos, o mais apropriado à imitação. Por isso, as artes então estabelecidas foram a rapsódia e a representação teatral, além de outras mais. E, uma vez que os poetas, embora dizendo coisas fúteis, pareciam obter renome graças à sua expressão, por esta mesma razão foi um tipo de expressão poética o primeiro a surgir, como a de Górgias[8]. E ainda agora muitas pessoas sem instrução pensam que são estes oradores os que falam da forma mais bela.

Isto, porém, não é assim, pois a expressão própria da poesia é diferente da do discurso. E o resultado é manifesto: nem os autores de tragédia utilizam já o mesmo modo. Mas assim como mudaram de tetrâmetros para o jambo, porque este era de todos os outros ritmos o mais semelhante à prosa, assim abandonaram as palavras que eram exteriores à linguagem corrente, com as quais os predecessores ornamentavam o seu discurso, tal como, ainda agora, os autores de hexâmetros. Por isso, é ridículo imitar aqueles que já não usam aquele estilo de expressão. Assim sendo, é evidente que não é necessário examinarmos pormenorizadamente tudo o que há sobre a expressão enunciativa, mas apenas os aspectos relativos ao assunto que estamos expondo aqui. E aquele outro tipo de expressão referido já foi tratado na *Poética*[9].

2. Qualidades do enunciado. A clareza

1404b Consideremos, por conseguinte, que estas questões já foram examinadas e proponhamos como definição que a virtude suprema da expressão enunciativa é a clareza[10]. Sinal disso é que, se o discurso não comunicar algo com clareza, não cumprirá a sua função própria. E ele nem deve ser

---

[8] Trata-se de um dos mais influentes e marcantes sofistas (séculos V-IV a.C.) da história da retórica antiga. As características mais famosas são o uso de certas figuras de estilo de grande efeito como as estruturas antitéticas, os isocolos, a parisose e o homeoteleuto (as chamadas "figuras gorgiânicas").

[9] Aristóteles, *Poética* 19-22.

[10] É um dos termos centrais da retórica clássica. Corresponde ao termo latino *perspicuitas*.

rasteiro, nem acima do seu valor, mas sim adequado[11]. É verdade que o estilo poético não será porventura rasteiro, mas nem por isso é apropriado a um discurso de prosa. Por seu turno, entre os nomes e os verbos, produzem clareza os que são "próprios"[12], ao passo que outros tipos de palavras, que foram discutidos na *Poética*[13], produzem não um estilo corrente[14], mas ornamentado.

Por conseguinte, o afastamento do sentido corrente faz um discurso parecer mais solene. Na verdade, as pessoas sentem perante falantes estrangeiros e concidadãos o mesmo que com a expressão enunciativa. É necessário, portanto, produzir uma linguagem não familiar[15], pois as pessoas admiram o que é afastado, e aquilo que provoca admiração é coisa agradável. Na poesia, este efeito é produzido por muitos elementos, e é sobretudo aí que tais palavras são ajustadas, pois esta está mais afastada dos assuntos e das personagens de que o discurso trata. Na prosa, porém, tais recursos são menores, pois o tema é menos elevado. De resto, também na poesia será inapropriado que um escravo ou alguém demasiado jovem ou sobre um assunto demasiado trivial pronuncie belas palavras. Na prosa, o que é apropriado pode ser obtido igualmente quer concentrando, quer ampliando. É por isto que os autores, ao comporem, o devem fazer passar despercebido e não mostrar claramente que falam com artificialidade, mas sim com naturalida-

---

[11] Τὸ πρέπον, no original. Trata-se de um termo de difícil tradução. Significa essencialmente a harmonia entre os elementos discursivos e bem assim do seu conteúdo e da circunstância social em que se dá o ato enunciativo. Corresponde à noção de *aptum* na teoria latina.

[12] Em grego, τὰ κύρια. Trata-se do nome no seu sentido prevalecente, que se usa especificamente para designar cada objeto ou entidade em linguagem comum (que se opõe a nomes insólitos ou estranhos). Cf. *Poética* 21, 1457b3; Cícero, *De oratore*, 3, 37.149.

[13] *Poética* 21.

[14] Ou seja, a linguagem do dia a dia.

[15] A expressão terminológica λέξις ξενική é de difícil tradução. Refere-se a algo "estrangeiro", ou seja, não familiar, estranho.

de, pois este último modo resulta persuasivo, o anterior, o oposto. Na verdade, as pessoas enchem-se de indignação como contra alguém que contra elas conspirasse, tal como perante vinhos adulterados. Era isto que se passava com a voz de Teodoro[16] em comparação com a dos outros atores: aquela parecia, na verdade, pertencer à personagem, ao passo que as outras pareciam pertencer a outras personagens quaisquer. Passa corretamente despercebido o artifício se se compõe escolhendo-se palavras da linguagem de todos os dias: isto é o que Eurípides faz e foi ele o primeiro a mostrá-lo[17].

Dos nomes e dos verbos de que o discurso é composto (sendo os tipos de nomes aqueles que já foram examinados na *Poética*[18]), devem utilizar-se, pouquíssimas vezes e em número reduzido de situações, palavras raras[19], termos compostos e neologismos (onde, diremos mais tarde[20]; a razão para tal já foi dita: pois ao tenderem para a elevação, afastam-se do que é adequado). Só o termo "próprio" e "apropriado"[21] e a metáfora são valiosos no estilo da prosa. Sinal disto é que são só estes que todos utilizam. Na verdade, todos falam por meio de metáforas e de palavras no seu sentido "próprio" e "apropriado", o que deste modo demonstra que, se se compõe corretamente, o texto resultará algo de não familiar, mas, ao mesmo tempo, será possível dissimulá-lo e resultar claro. Esta, disse, é a maior virtude do discurso retórico. Por seu turno, as palavras úteis para o sofista

---

[16] Ator famoso do início do século IV a.C. (Aristóteles, *Política* IV 17, 1336b28).

[17] Uma das características do enunciado euripidiano, sobretudo na sua fase tardia, mais em evidência na opinião dos críticos antigos (por exemplo, Dionísio de Halicarnasso, *Imit.*, 6.2).

[18] *Poética* 21.

[19] Γλῶσσα, em grego. O termo refere-se a termos inusitados ou caídos em desuso, e por conseguinte de difícil significação para o falante comum.

[20] *Infra*, caps. 3 e 7.

[21] Τὰ οἰκεῖα ὀνόματα, em grego. O termo designa uma categoria dentro das palavras "próprias", exprimindo uma maior intensidade de precisão: dentre vários termos "próprios", um será mais "apropriado".

são as homônimas (pois é por meio destas que ele perfaz a sua má ação), para os poetas, os sinônimos. Por palavras em sentido "próprio" e sinônimas refiro-me, por exemplo, a "ir" e "andar"; pois ambas são empregues em sentido "próprio" e são sinônimas uma da outra.

1405a

Ora bem, a qualidade de cada uma das palavras deste tipo, bem como quantas são as formas de metáfora e que este elemento possui a maior eficácia tanto na poesia como no discurso oratório, foi, como mencionamos, já tratado na *Poética*[22]. No discurso de prosa, porém, é necessário ter muito mais cuidado em relação a estes elementos, tanto mais que a prosa possui menos recursos do que a poesia. É sobretudo a metáfora que possui clareza, agradabilidade e exotismo, e ela não pode ser extraída de qualquer outro autor. É necessário empregar no discurso quer epítetos, quer metáforas ajustadas; e isto provém da analogia. Se assim não for, a inapropriedade revelar-se-á, pois é ao estarem ao lado uns dos outros que os contrários mais se evidenciam. Deve-se, todavia, ponderar se, tal como uma veste escarlate é apropriada a um jovem, o poderá ser a um velho (pois, a mesma indumentária não é conveniente para ambos). Se tu desejares enaltecer o assunto, usa uma metáfora retirada das de maior valor dentro do mesmo gênero; mas, se desejares censurar, uma retirada das de menor valor. Quero dizer, por exemplo, afirmar-se que uma pessoa que mendiga "suplica" e uma pessoa que suplica "mendiga", porque são coisas contrárias dentro do mesmo gênero, visto que ambas são formas de "pedir", perfaz o que foi dito. Tal como quando Ifícrates chamou a Cálias "sacerdote pedinte" em vez de "sacerdote porta-archote"; este afirmou que Ifícrates não era iniciado: se fosse, não o teria denominado como "sacerdote pedinte", em vez de "sacerdote porta-archote"[23]. É que

---

[22] *Poética* 21-22.

[23] Ifícrates foi um general ateniense (*c.* 415-354 a.C.) que combateu contra Epaminondas (ver *supra*, I 7). Cálias era membro de uma família no século IV, que detinha um cargo no culto de Elêusis (Xenofonte, *Hellenica*, 6, 3, 3).

ambos são termos religiosos, mas um é prestigiante, o outro desprestigiante. Do mesmo modo, aqueles a que chamamos "aduladores de Dioniso" denominam-se a si próprios "artistas" (ambas são metáforas, aquela dos detratores, esta dos do partido contrário); agora, até os salteadores se chamam a si próprios "homens de negócios", e por isso é que é lícito dizer que aquele que praticou um delito cometeu um erro e que aquele que cometeu um erro praticou um delito, e daquele que roubou afirmar quer que "tomou", quer que "arranjou". Por seu turno, é inapropriada uma frase como a que diz o Télefo de Eurípides[24]

governando o remo e chegando à Mísia,

porque "governar" é muito superior ao que seria conveniente. Assim, não resulta despercebida.

Por outro lado, há um erro nas sílabas caso elas não sejam signos de uma sonoridade agradável; por exemplo, Dionísio Calco[25], nas suas elegias, apelida a poesia de "grito de Calíope", pois ambos os termos se referem a vozes; todavia, a metáfora é defeituosa †com vozes que não são signos†[26]. É ainda necessário usar metáforas provindas não de coisas muito afastadas, mas de coisas semelhantes e do mesmo gênero e da mesma espécie da do termo usado, designando assim algo que não tem designação, de forma que seja evidente que estão relacionadas. Por exemplo, no renomado enigma[27]:

eu vi um homem colar a fogo bronze a um homem.

....

[24] Eurípides, fr. 705 Nauck.

[25] Poeta ateniense do século V a.C.; na sua poesia, contam-se elegias simpóticas e enigmas com famosas metáforas. Os seus fragmentos encontram-se em Diehl, *Ant. lyr.*, 1, 88-90.

[26] Texto corrupto. Deve considerar-se do mesmo modo o texto que figura entre † até o final do livro.

[27] Dito muito popular na Antiguidade, atribuído a Cleobulina (também citado em Aristóteles, *Poética* 22, 1458a29).

Efetivamente, este padecimento não possui designação, 1405b
mas ambos são um tipo de aplicação (denomina-se "colagem" a aplicação da ventosa). É, com efeito, a partir de bons enigmas que se constituem geralmente metáforas apropriadas. Ora, metáforas implicam enigmas e, por conseguinte, é evidente que são bons métodos de transposição.

Por outro lado, devem provir de coisas belas. Beleza verbal, como Licímnio diz, reside no som e no significado; e outro tanto se passa com a fealdade[28].

Em terceiro lugar ainda, eis o que contradiz aquele argumento dos sofistas: pois não é, como afirma Bríson[29], que nenhuma expressão é em si mesmo feia, se se utilizar uma expressão em vez de outra que signifique a mesma coisa. Ora, isto é falso, pois há palavras mais apropriadas do que outras, e mais semelhantes ao objeto e mais próprias para trazer o assunto para diante dos olhos. Além disso, não estando nas mesmas condições, uma palavra quer dizer isto e aquilo de tal forma que, deste modo, temos de admitir que uma palavra é mais feia ou mais bela que outra: pois ambas significam o belo e o feio, mas não apenas de que forma a coisa é bela ou feia; ou então podem significar o mesmo, mas em maior ou menor grau.

Daqui é que se devem tirar as metáforas: de coisas belas quer em som, quer em efeito, quer em poder de visualização, quer numa outra forma qualquer de percepção. Não é a mesma coisa dizer, por exemplo, "aurora de dedos de rosa" ou "de dedos de púrpura", ou ainda, de forma mais pobre, "de dedos rubros".

Também nos epítetos[30], é lícito aplicar coisas provindas do vil e do vergonhoso (como, por exemplo, "matricida"), bem como do melhor (como, por exemplo, "o vingador do

---

[28] Licímnio de Quios foi um poeta ditirâmbico do século V a.C., orador e autor de tratados de retórica.

[29] Bríson terá sido discípulo de Sócrates e de Euclides de Mégara. A sua doutrina sobre os números foi popular entre os estoicos.

[30] Por "epíteto" entende-se um atributo de um substantivo.

pai")³¹. Simônides, quando o vencedor de uma competição de mulas lhe deu uma recompensa miserável, não quis compor o poema, sob o pretexto de que suportava com dificuldade compor sobre "mulas"³², mas, quando ele lhe pagou o suficiente, escreveu³³:

viva, filhas dos cavalos de pés velozes como a tempestade!

E, contudo, elas eram também filhas de burros.

O mesmo se pode obter por meio de diminutivos. Um diminutivo é aquele que torna menor tanto uma coisa má como uma boa, como Aristófanes quando ironiza nos *Babilônios*³⁴, empregando "ourozito" por "ouro", "vestezita" por "veste", "injuriazita" por "injúria", "doençazita" por "doença". Contudo, é necessário sermos cautelosos e observarmos, em ambos os casos, a justa medida.

3. A esterilidade do estilo

A esterilidade³⁵ do estilo reside em quatro aspectos. Em primeiro lugar, nas palavras compostas, como, por exemplo, quando Lícofron³⁶ diz "o céu de-muitas-faces da terra de-elevados-cimos" e "a costa de-estreitas-passagens". Ou tal como Górgias chamava "engenhosos-no-mendigar"
1406a "jurando-em-falso falso e jurando-com-sinceridade"³⁷; ou mesmo como Alcidamante³⁸, ao dizer "a alma cheia de có-

---

³¹ Eurípides, *Orestes*, 1587-1588.
³² Ou seja "meio-burros" (ἡμίονος em grego).
³³ Simônides, fr. 515 Page.
³⁴ Aristófanes, fr. 90 Kock.
³⁵ Por "esterilidade" traduzimos ψυχρά. Corresponde ao termo latino *frigidum* ou *insulsum*.
³⁶ Sofista e retor da escola de Górgias (DK 2, 307-308).
³⁷ DK B 15.
³⁸ Retor e sofista do século IV a.C., natural da Eólia, foi discípulo de Górgias. Enfatizava a importância do poder da improvisação baseado num vasto conhecimento.

lera e o olhar-ficando-cor-de-fogo", e que o zelo se tornaria "produtor de um bom fim", e que a persuasão das palavras era "produtora de um bom fim"; e que a espuma do mar era "cor-de-azul-escuro". É que tudo isto, devido à sua composição, revela-se poético.

Esta é uma das causas. Outra resulta da utilização de glosas[39], tal como quando Lícofron apelida Xerxes de "homem-monstro" e Síron "homem malfeitor"[40], ou quando Alcidamante diz "brincadeiras na poesia", "insensata presunção da natureza" e "acicatado por cólera não misturada com discernimento".

O terceiro aspecto manifesta-se no uso de epítetos extensos, inoportunos, ou muito repetidos. Na poesia, com efeito, é apropriado dizer "leite branco", mas no discurso estas expressões são inapropriadas. E, se o seu uso for excessivo, confundem e tornam evidente que se trata de poesia. Ainda que seja necessário, por vezes, utilizar estes epítetos (pois transformam o habitual e tornam o discurso não familiar), é necessário, porém, ter em vista a justa medida, uma vez que, se não, isto produz um mal maior do que falar ao acaso: isto não está certamente bem, mas o anterior está claramente mal. Por isso é que o discurso de Alcidamante parece frívolo, pois ele utiliza epítetos não como um condimento, mas como prato principal, de tal modo são frequentes e extensos e óbvios. Por exemplo, não diz "suor", mas "suor úmido"; não "para os Jogos Ístmicos", mas "para a assembleia solene dos Jogos Ístmicos"; não "leis", mas "leis soberanas das cidades"; não "correndo", mas "correndo com o impulso da alma"; não "inspiração das Musas", mas "recebendo da natureza a inspiração das Musas"; e ainda por "sombria" designa a "preocupação da alma"; e não "demiurgo do prazer", mas "demiurgo do prazer pandêmico" e "servidor do prazer dos ouvintes"; não "escondeu-se na ramagem", mas "na ramagem do bosque"; não "cobria o corpo",

---

[39] Em grego, γλῶσσα. Ver *supra*.
[40] Síron foi um mítico salteador morto por Teseu.

mas "a nudez pudibunda do corpo"; e o "desejo refletor da alma" (este caso é, ao mesmo tempo, uma palavra composta e um epíteto, de modo que o resultado é um termo poético), e também "o extragavante excesso de perversidade". Por isso é que aqueles que se exprimem poeticamente de forma inapropriada introduzem o ridículo e o frívolo e, devido à prolixidade de palavras, a falta de clareza. Pois, sempre que tal é lançado sobre alguém que já entendeu algo, destrói a clareza pelo obscurecimento. Utilizam-se palavras compostas sempre que o objeto não tem nome e a palavra é de formação fácil, tal como "passatempo"; mas, se este recurso for muito utilizado, redunda totalmente poético. Por isso, o enunciado pleno de palavras compostas é o mais valioso para os poetas de ditirambos (pois estes são de sonoridades amplas), os termos invulgares para os poetas épicos (pois este estilo é majestoso e empolado), e a metáfora para os autores de jambos – na verdade, é o que eles usam hoje em dia, como foi dito.

O quarto tipo de frivolidade reside nas metáforas. Na realidade, há também metáforas inapropriadas, umas devido ao seu caráter burlesco (e também os comediógrafos utilizam metáforas), outras porque são demasiado majestosas e trágicas. Algumas, porém, não resultam claras se provierem de algo muito afastado, tal como Górgias ao formular "atos pálidos e exangues", e "semeaste vergonhosamente, improficuamente ceifaste". De fato, isto é demasiado poético. Ou também como Alcidamante quando denomina a filosofia "uma fortificação para a lei"[41], e a *Odisseia* "um belo espelho da vida humana", e "trazendo nenhuma destas brincadeiras para a poesia". Todas estas expressões não são persuasivas, pelas razões expostas. A frase de Górgias para a andorinha, quando voando sobre ele deixou cair um excremento, resultou no melhor que os trágicos fazem. Pois disse-lhe ele: "É vergonhoso, ó Filomela." Na verdade, isto

---

[41] Ou "contra a lei": a frase grega é propositadamente ambígua.

não é vergonhoso para uma ave, mas seria vergonhoso para uma jovem[42]. Assim, ele censurou-a dizendo o que fora, mas não o que agora é.

4. O uso dos símiles

O símile[43] é também uma metáfora. A diferença, na verdade, é pequena: sempre que se diz "lançou-se como um leão", é um símile; mas, quando se diz "ele lançou-se um leão", é uma metáfora. Pois, devido ao fato de ambos serem valorosos, transferindo-se o sentido, chamou-se "leão" a Aquiles[44]. O símile é útil na prosa, embora poucas vezes, pois é um elemento poético. Além disso, deve ser utilizado como as metáforas, pois no fundo não passa de metáfora, diferenciando-se no que foi dito.

São símiles, por exemplo, como no caso em que Andrócion[45] disse a Idrieu que ele era semelhante aos cachorros desacorrentados: pois aqueles se lançavam para morder, e Idrieu, uma vez libertado das correntes, era igualmente temível. Do mesmo modo, Teodamante comparava Arquidamo a Êuxeno, que, por analogia, não sabia geometria[46]; na verdade, então Êuxeno também seria um "Arquidamo com conhecimentos de geometria". Do mesmo modo ainda, na *República* de Platão, se diz que aqueles que espoliam cadáveres são semelhantes a cachorros que mordem as pedras sem tocarem naquele que as atira neles; ou aquela referente ao povo, que este se assemelha a um marinheiro valoroso, mas

---

[42] Górgias, DK 82 A 23. Mito grego, segundo o qual, de acordo com a versão grega, foi metamorfoseada em andorinha para escapar à violência do cunhado, Tereu, ou, na versão latina, em rouxinol (sendo Tereu seu esposo).

[43] Em grego, εἰκών. Certos autores traduzem-no como "imagem".

[44] *Il.*, 20.164.

[45] Andrócion foi um orador ateniense oponente de Demóstenes. Numa embaixada ao rei Mausolo da Cária, conheceu Idreu, irmão do rei.

[46] Nada se sabe sobre estas três personagens.

um pouco surdo; ou aquela referente aos versos de alguns poetas que parecem "jovens sem beleza", pois uns perdendo a flor da juventude, outros perdendo o ritmo, já não parecem a mesma coisa[47]. E vejam-se também as de Péricles aos habitantes de Samos: que se assemelhavam a "crianças, que aceitam um bocado de pão, mas chorando"; como aos beócios, que eram parecidos "com sobreiros": pois os sobreiros eram esfrangalhados por eles próprios e os beócios lutavam uns contra os outros. Do mesmo modo, Demóstenes[48] ao referir-se ao povo: que este é semelhante aos que enjoam nos barcos. E também Demócrates[49] comparou os oradores a amas que, metendo na boca os pedaços de pão, os dão a comer às crianças com a sua saliva. Enfim, assim Antístenes comparou o delicado Cefisódoto com o incenso, pois este também, ao ser consumido, é encantador[50].

Em todos estes casos, é possível formulá-los quer como símiles, quer como metáforas, de forma que todos os que são celebrados quando expressos como metáforas, é evidente que o serão também quando símiles; e o mesmo com os símiles, que são metáforas a que falta uma palavra. É necessário, por seu turno, que a metáfora, proveniente da analogia, tenha sempre uma correspondência entre dois termos do mesmo gênero. Assim, por exemplo, se a taça é o "escudo de Dioniso", então é apropriado chamar "taça de Ares" ao escudo[51].

....

[47] Platão, República V, 469e, VI, 488a-b, e X, 601b, respectivamente.

[48] Poderá tratar-se não de Demóstenes, o orador, mas sim do político que chefiou a expedição à Sicília em 413 a.C.

[49] Orador ateniense partidário da Macedônia (Plutarco, Moral., 803e-f).

[50] Antístenes (c. 445-c. 360 a.C.) foi um dos mais fiéis discípulos de Sócrates e o fundador da escola cínica. Cefisódoto será uma de duas personagens do mesmo nome: ou o político que se evidenciou nas conversações no Queroneso; ou o orador ateniense que participou no colóquio de Esparta de 371.

[51] Trata-se porventura de expressão de Timóteo (fr. incert. 16 Bergk), embora Ateneu, 11, 502b, a atribua a Anaxândrides.

5. A correção gramatical

O discurso é, por conseguinte, constituído por estes elementos. O princípio básico da expressão enunciativa, porém, é falar corretamente[52]. Isto radica em cinco aspectos.

O primeiro reside nas partículas coordenativas[53], que devem ser colocadas antes ou depois umas das outras, tal como algumas exigem segundo a sua natureza. Assim, *men* e *ego men* exigem ser seguidas de *de* e *ho de* respectivamente[54]. Por seu turno, é necessário que correspondam umas às outras enquanto estão na memória do ouvinte, e nem as afastar muito, nem colocar uma partícula coordenativa antes da que é necessária; pois poucas vezes isto é apropriado. "Eu, quando ele me falou (pois Cléon tinha vindo pedir-me e implorar-me) pus-me a andar, levando-os comigo." Neste caso, encontram-se muitas partículas coordenativas em vez da partícula coordenativa requerida. Se houver muitas de permeio antes de "pus-me a andar", o sentido fica pouco claro.

O primeiro aspecto reside, pois, na correta colocação das partículas coordenativas. O segundo consiste em falar por meio de termos "específicos", e não "gerais"[55].

O terceiro é não utilizar vocábulos ambíguos. Isto a não ser que se prefira o contrário, ou seja, fingir que se diz algo por meio delas quando não se tem nada para dizer. Com efeito, indivíduos deste gênero utilizam tais termos na poesia, como Empédocles[56]. Iludem, pois, com os seus rodeios excessivos, e

---

[52] Traduz o termo ἑλληνίζειν, que corresponde ao termo latino *latinitas*. Lausberg, 463 (Cícero, *De oratore*, 3, 11, 40). Reporta-se à correção linguística do enunciado.

[53] Συνδέσμοι na expressão grega. Trata-se de todo o elemento que coordena ou subordina outros elementos do discurso.

[54] Partículas gregas que significam, grosseiramente e de forma algo imprecisa, "por um lado"... "por outro".

[55] Em grego, τὰ ἴδια ὀνόματα e τὰ περιέχοντα ὀνόματα, respectivamente.

[56] Empédocles (c. 493-c. 433 a.C.) foi um dos mais notáveis e legendários homens do século V a.C., natural de Ácragas, na Sicília. Cientista, poeta,

os ouvintes ficam impressionados, tal como muita gente perante os oráculos; pois, quando estes são expressos por meio de vocábulos ambíguos, aqueles dão o seu assentimento:

Ao atravessar o Hális, Creso destruirá um grande reino[57];

1407b porque, ao falarmos em geral, o erro é menor. Por isso é que os adivinhos aludem aos assuntos por meio de palavras deste tipo. Pois será mais bem-sucedido, no jogo do par ou ímpar, quem disser "par ou ímpar", do que se disser a quantidade precisa; o mesmo se passa se se disser que algo vai acontecer em vez de quando (é por isso que os intérpretes dos oráculos não determinam quando). Tudo isto é semelhante, de forma que deve ser evitado, a não ser pela razão aduzida.

O quarto aspecto reside em distinguir o gênero das palavras, tal como Protágoras[58]: masculino, feminino e neutro. De fato, também isto é necessário aplicar corretamente. "Tendo ela chegado e tendo ela terminado o seu discurso, partiu."

O quinto aspecto consiste em empregar corretamente o plural, dual, singular[59]: "tendo eles chegado, bateram-me".

Em geral, é forçoso que o que se escreve seja bem legível e facilmente pronunciável. No fundo, é a mesma coisa. Ora, isto não é produzido pela abundância de conjunções,

....

orador, filósofo, homem de Estado, é ligado pela tradição aos pitagóricos. Entre os poemas que escreveu contam-se dois longos poemas em hexâmetros dactílicos, *Acerca da natureza* e *Purificações*. Porventura, Aristóteles refere-se a DK A 25, exemplo clássico de ambiguidade.

[57] Heródoto, 1.53 e 91. Creso, rei da Lídia, interpretou o oráculo como anunciando a destruição de Ciro, o seu inimigo. Todavia, destruiu o seu próprio reino.

[58] Protágoras, DK A 27. Protágoras de Abdera foi um eminente autor de teoria retórica do século V. Segundo se crê, foi o primeiro a teorizar sobre o gênero das palavras.

[59] No original, "inúmero, o pouco e o uno", ou seja, os três números da língua grega.

nem por textos que não são facilmente pontuáveis, como os de Heráclito. Na verdade, é trabalhoso pontuar os textos de Heráclito pelo fato de ser obscuro com qual dos termos, o da frente ou o de trás, se estabelece a relação. Isto é o que se vê no próprio início do seu poema. De fato, afirma "sendo este o *lógos* sempre os homens são incapazes de compreender"[60]. É, pois, pouco claro relativamente a qual dos membros se deve relacionar com a pontuação o "sempre". Além disso, a falta de correspondência (ou seja, se não se ligarem dois termos como é ajustado a ambos) provoca ainda solecismo. Por exemplo, a "ruído" e "cor", o termo "ver" não é comum, mas já é comum "percepcionar". Resulta obscuro se alguém falar sem colocar primeiro o que deve ir primeiro, procurando colocar de permeio muitas palavras. Por exemplo, "dispunha-me, tendo conversado com ele sobre estas e aquelas coisas e deste modo, a partir", mas não "dispunha-me pois, tendo conversado sobre estas coisas e aquelas e deste modo, então a partir".

6. A solenidade da expressão enunciativa

Para a solenidade[61] da expressão contribuem os seguintes elementos:

Em primeiro lugar, utilizar uma frase em vez de um nome. Por exemplo, não empregar "círculo", mas "superfície equidistante do centro". O contrário respeita à concisão[62], ou seja, usar um nome no lugar de uma frase. Caso haja algo

---

[60] DK 22 A 4. "Os homens dão sempre mostras de não compreender que o *lógos* é como eu descrevo" (trad. Carlos Lauro da Fonseca, in G. S. Kirk, J. E. Raven, M. Schofield, *Os pilósofos pré-socráticos*, Lisboa, 1994⁴, p. 193).

[61] Por "solenidade" traduzimos ὄγκος, que no seu sentido primário tem a ver com a expansividade, com o empolamento de algo. Corresponde ao latino *dignitas* (*Rhetorica ad Herennium*, 4.13.18) e refere-se ao estilo sublime.

[62] Corresponde ao termo latino *breuitas* (Quintiliano, 4.2.49).

de vergonhoso ou inconveniente, se o elemento vergonhoso for na frase, empregue-se um só nome; se for numa palavra, use-se uma frase.

Revelar as ideias por meio de metáforas e epítetos, tomando-se precauções contra a coloração poética.

Mudar o singular em plural, como fazem os poetas. Por exemplo, sendo um só o porto, assim dizem: "para os portos aqueus", e também, "da carta, estas inumeráveis tabuinhas"[63].

Não unir palavras, mas cada substantivo deve ir com o seu artigo. Por exemplo, a frase "da mulher, da nossa"; se quisermos expressar-nos de forma concisa, deverá ser o contrário: "da nossa mulher".

Exprimirmo-nos por meio de conjunções coordenativas. Se se desejar fazê-lo de forma concisa, omitam-se as conjunções coordenativas; mas que a frase não fique assindética. Por exemplo, "tendo caminhado e tendo falado com ele", "tendo caminhado, falei com ele".

1408a Por último, é valioso o procedimento de Antímaco: falar daquilo que o objeto não possui. Assim faz acerca do Teumeso[64]:

> *há uma pequena colina exposta aos ventos*[65],

pois a amplificação pode ampliar-se até ao infinito. No que diz respeito às coisas positivas e às negativas, este recurso de falar das qualidades que os objetos não têm pode ser utilizado conforme resulte de maior utilidade. E daqui extraem os poetas termos como "melodia sem acompanhamento de cordas" e "sem acompanhamento de lira", que são produzidos a partir das propriedades ausentes. Tal recurso é bem-aceito nas metáforas por analogia, como, por exem-

---

[63] Eurípides, *Ifig. T.*, 727.

[64] O Teumeso é uma montanha na Beócia.

[65] Antímaco, *Thebais*, fr. 2 Kinkel. Trata-se de Antímaco de Cólofon, da segunda metade do século IV, um poeta de estilo rebuscado (cf. Cícero, *Brut.*, 51.191) e eminente erudito, editor de Homero.

plo, dizer que "a trombeta" é uma "melodia sem acompanhamento de lira".

7. Adequação do estilo ao assunto

A expressão possuirá a forma conveniente[66] se exprimir emoções e caracteres, e se conservar a "analogia"[67] com os assuntos estabelecidos. Há analogia se não se falar grosseiramente acerca de assuntos importantes, nem solenemente de assuntos de pouca monta, nem se se colocarem ornamentos numa palavra vulgar. Se assim não for, assemelha-se a um registro de comédia. É, por exemplo, o caso de Cleofonte[68]; pois ele designa de modo idêntico certas coisas como se dissesse "venerável figueira".

O discurso será "emocional"[69] se, relativamente a uma ofensa, o estilo for o de um indivíduo encolerizado; se relativo a assuntos ímpios e vergonhosos, for o de um homem indignado e reverente; se sobre algo que deve ser louvado, o for de de tal forma que suscite admiração; com humildade, se sobre coisas que suscitam compaixão. E de forma semelhante nos casos restantes. O estilo apropriado torna o assunto convincente, pois, por paralogismo, o espírito do ouvinte é levado a pensar que aquele que está falando diz a verdade. Com efeito, neste tipo de circunstâncias, os ouvintes ficam num determinado estado emocional que pensam que as coisas são assim, mesmo que não sejam como o orador diz; e o ouvinte compartilha sempre as mesmas emoções que o orador, mesmo que ele não diga nada. É por

---

[66] Traduz o termo πρέπον.

[67] Traduz o termo ἀναλογία e τὸ ἀνάλογον. Significa a justa proporção entre duas entidades.

[68] Poeta trágico ateniense, de cuja obra nada chegou aos nossos dias, citado em *Poética* 2, 1448a12.

[69] O termo em grego é παθητική, ou seja, um tipo de enunciado "emocional", no sentido em que intenta sobretudo suscitar as emoções no auditor.

esta razão que muitos impressionam os ouvintes com altos brados.

Esta mesma exposição enunciativa, sendo constituída por signos[70], exprime caracteres[71] quando a acompanha uma expressão apropriada a cada "classe"[72] e "maneira de ser"[73]. Denomino "classe" o relativo à idade, como, por exemplo, criança ou homem ou velho; ou mulher e homem; ou lacônio e tessálio; "maneiras de ser", aquilo segundo o que cada um é como é na vida, pois nem toda maneira de ser corresponde a que as vidas sejam do tipo que são.

Se se disserem nomes apropriados à maneira de ser, exprimir-se-ão caracteres. Na verdade, o rústico e o instruído não falam do mesmo modo. Os ouvintes sentem alguma emoção, e os logógrafos utilizam à saciedade recursos como, "quem não sabe?", "todos sabem". Pois o ouvinte concorda embaraçado, de modo a participar do mesmo que todos os outros.

1408b A utilização oportuna ou inoportuna destes elementos é comum a toda esta matéria. Contra todo o excesso, há um remédio muito conhecido: o orador deve antecipar a crítica, pois assim parece que fala verdade, uma vez que não passa despercebido ao orador o que está fazendo. Além disso, não se deve utilizar a analogia[74] em todos os recursos ao mesmo tempo (deste modo, este recurso passa despercebido ao ouvinte). Quero dizer, por exemplo, se as palavras são duras, que não se utilizem a voz ou a expressão facial correspondentes; senão, torna-se evidente o que cada coisa é. Se se fizer uma de um modo, outra de outro, embora o resultado seja o mesmo, passa despercebido. Por conseguinte, se se disser o que é suave com dureza e com suavidade o que é duro, o discurso não se torna persuasivo.

....

[70] Δεῖξις em grego.

[71] O discurso "ético" (ἠθική) é o contraponto do "emocional ou patético".

[72] Γένος em grego, ou seja, "gênero", "categoria".

[73] ἕξις, em grego, ou seja, "maneira de ser", "temperamento".

[74] Ou seja, a adequação da voz ao tema, por exemplo.

Por seu turno, as palavras compostas e a abundância de epítetos, sobretudo de termos invulgares, são ajustadas ao orador do gênero emocional. É que se perdoa ao orador encolerizado que pronuncie "um mal que-se-estende-até-o--céu" ou que diga "monstruoso"[75], sempre que possuir já a atenção dos ouvintes e os tiver feito entusiasmar-se, com elogios ou vitupérios, com cólera ou amizade. Assim, por exemplo, formula Isócrates no final do *Panegírico* "ó fama e recordação" e "quem quer que tenha suportado"[76]. Tais coisas são ditas quando os oradores estão entusiasmados, de forma que é evidente que os ouvintes aceitam o que eles dizem por estarem todos no mesmo estado de espírito. É por isso que são também ajustadas na poesia: é que a poesia é algo que provém da inspiração. É, portanto, assim que é necessário utilizá-lo, ou então por meio de ironia, como formulava Górgias[77] e como se expõe no *Fedro*[78].

8. O ritmo

A forma da expressão não deve ser nem métrica nem desprovida de ritmo[79]. De fato, a primeira não é persuasiva, pois parece artificial, e, ao mesmo tempo, desvia a atenção do ouvinte, pois o faz prestar atenção a elemento idêntico, quando a este regressar. O mesmo sucede com as crianças, que, quando os arautos clamam "qual é o senhor que o liberto escolhe?", se antecipam dizendo "Cléon"[80]. Por seu lado, a forma de expressão desprovida de ritmo é ilimitada. É,

---

[75] O primeiro termo ocorre em *Od.*, 5.239, e Ésquilo, *Agamêmnon*, 92; o segundo em *Il.*, 3.229 e 5.395.

[76] *Panegírico*, 186.

[77] Cf. DK 82 A 11, 15, 15a, 19, 24.

[78] Cf. Platão, *Fedro*, 231d e 241e.

[79] Questão muito debatida na retórica antiga: Cícero, *Orator*, 63.212, *De oratore*, 1.47.182-183; Quintiliano, 9.4.45.

[80] Político ateniense do século V, general na Guerra do Peloponeso. Foi retratado de forma negativa por Tucídides e Aristófanes.

porém, necessário que seja limitada (pois o ilimitado é desagradável e ininteligível), mas não pelo metro. E, de fato, todas as coisas são delimitadas pelo número. O número da forma da expressão é o ritmo, do qual os metros são divisões[81]. Por isso, é necessário que o discurso seja rítmico, mas não métrico: neste caso, resultaria num poema. O ritmo, porém, não deve ser totalmente exato, e isto resultará se o for apenas até certo ponto.

Dentre os ritmos, o heroico é solene, embora desprovido da harmonia da linguagem coloquial. O jambo, por seu turno, é a própria linguagem da maioria das pessoas (por isso, dentre todos os metros, é o jambo que, ao falarmos, mais utilizamos); no entanto, o discurso deve ser solene e capaz de emocionar[82].

O troqueu é o mais semelhante ao córdax[83]. Isto é evidente nos tetrâmetros, pois o tetrâmetro é um ritmo de corrida[84]. Resta, ainda, o péan, que se usa a partir de Trasímaco, embora não fossem ainda capazes de definir o que era. O péan é um terceiro tipo de ritmo, e está relacionado com os acima referidos. É um três por dois, enquanto dos precedentes um é um por um, o outro é dois por um. Semelhante é o um e meio por um, que é o péan. Os outros ritmos devem ser postos de lado pelos argumentos expressos, e porque são métricos. Porém, deve-se utilizar o péan, pois é o único dos ritmos referidos que não é métrico, de tal forma que passa perfeitamente despercebido.

Hoje em dia, utiliza-se o péan tanto no início como no final. Contudo, é necessário que o final seja diferente do início. Há duas formas de péan, opostas uma à outra. Destas, uma é apropriada ao início, como, aliás, se utiliza. Ela é a que uma longa inicia e três breves terminam:

[81] *Poética* 4, 1448b21.
[82] *Ibidem* 4, 1149a25-26; Cícero, *Orator*, 56.189.
[83] Tipo de dança de caráter obsceno.
[84] Aristóteles associa "troqueu" ao verbo τρέχω ("correr").

> *Nascido em Delos ou se Lícia...*

e

> *tu, que feres a distância, filho de Zeus, de cabelos de ouro.*

A outra é ao contrário: o seu início são três breves e o final uma longa:

> *atrás da terra e das águas, a noite ocultou o oceano.*[85]

E esta é a que produz o final apropriado. Pois a breve, porque é incompleta, faz que fique truncado. Deve-se, contudo, terminar com a longa e que o final resulte claro, não devido ao copista nem à marca de parágrafo, mas devido ao ritmo.

Ficou dito, portanto, que é necessário que o discurso possua um ritmo conveniente e que não seja desprovido de ritmo, e quais são os ritmos e como são os que produzem um ritmo correto.

9. A construção da frase: o estilo periódico

O enunciado é necessariamente ou "contínuo"[86] e unido por elementos coordenativos, como nos prelúdios dos ditirambos, ou "periódico"[87] e semelhante às antístrofes dos poetas arcaicos. O enunciado "contínuo" é o primitivo (outrora todos o usavam, agora não são muitos a fazê-lo). Designo "contínuo" aquele que não tem fim em si próprio, a não ser que o conteúdo expresso esteja concluído. Ele é, porém, desagradável pelo fato de não ser limitado, pois todos

---

[85] D. L. Page, *Poetae Melici Graece*, Oxford, 1962, p. 511.

[86] Em grego, λέξις εἰρομένη; corresponde em latim a *oratio perpetua*. Lausberg, 451. Certos autores, como Racionero, traduzem o termo por "expressão coordenativa".

[87] Corresponde a λέξις κατεστραμμένη. Certos críticos, como Racionero, preferem designá-la por "expressão correlativa".

desejam ter à vista o final. É por isso que é nas curvas dos hipódromos que os concorrentes estão ofegantes e esgotados, pois ao avistarem a meta não se sentem cansados. Este é, por conseguinte, o enunciado "contínuo".

O "periódico", por seu turno, é o que está organizado em "períodos". Chamo "período" ao enunciado que possui princípio e fim em si próprio e uma dimensão fácil de abarcar com um só olhar. Tal é agradável e fácil de compreender. Agradável, por ser contrário ao enunciado ilimitado e porque o ouvinte julga sempre que retém algo e que este é delimitado por si mesmo; além disso, é desagradável não haver nada a prever nem a completar. É fácil de compreender, porque é fácil de memorizar; e isto se deve ao fato de o enunciado em períodos possuir número, que é a coisa mais fácil de memorizar. Por isso, todos memorizam melhor versos do que prosa, pois possuem número pelo qual são medidos. É forçoso, porém, que o "período" †seja completo no que respeita ao sentido†, e que não seja cortado em dois como os jambos de Sófocles,

Cálidon é esta região, da terra de Pélops...[88],

pois, devido à divisão do verso, é possível entender o contrário, como no caso desta citação, ou seja, que Cálidon fica no Peloponeso.

O período pode ser formado por membros ou ser simples[89]. O período formado por vários membros é completo, divisível e fácil de respirar, não na sua divisão †como aquele período†, mas como um todo (um membro é uma das partes de um período). Chamo "simples" a um período de um só membro. É necessário que os membros e os períodos não sejam nem muito breves nem muito extensos. É que

---

[88] Trata-se do primeiro verso do *Meléagro* de Eurípides (fr. 515 Nauck).
[89] O termo grego é κῶλον. Em português também se pode designar "colo".

o breve provoca, muitas vezes, um sobressalto no ouvinte (pois resulta forçosamente como que num choque devido a um embate quando, precipitando-se para a frente, para o término da medida de cujo limite tem uma ideia, o ouvinte é impelido para trás pois o orador já terminou). Os muito extensos fazem o auditório ficar para trás, tais como aqueles que dão a volta muito por fora dos postes: pois também estes ficam para trás em relação aos seus companheiros de marcha. De forma análoga, os períodos muito extensos tornam-se num discurso semelhante a um prelúdio de ditirambo. Isto é o que sucede no texto de Demócrito de Quios em que parodiava Melanípides por este compor prelúdios em vez de antístrofes:

> Este homem faz mal a si próprio ao fazer mal a um outro, um extenso prelúdio é o pior mal para um poeta.[90]

O mesmo é apropriado afirmar sobre membros muito longos. Os membros demasiado curtos não constituem um período, pois fazem o ouvinte "cair de cabeça".

É próprio do enunciado composto de membros ser quer "segmentado", quer "antitético"[91]. É "segmentado", por exemplo, em: "muitas vezes me enchi de admiração pelos que organizam os festivais panegíricos e os que instituíram as competições atléticas"[92]. Por sua parte, é "antitético" quando em cada membro ou o oposto está disposto junto ao oposto, ou o mesmo está conectado com opostos, tal como: "foram proveitosos a ambos, quer aos que ficaram, quer aos que os acompanharam; pois a estes forneceram mais do que ti-

1410a

---

[90] Paródia a Hesíodo, *Erga*, 265-266. Demócrito de Quios terá sido um contemporâneo de Demócrito de Abdera. Melanípides foi um poeta do século V, que compôs epopeias, epigramas e ditirambos.

[91] Em grego, ἡ διηρημένη λέξις e ἡ ἀντικειμένη λέξις, respectivamente.

[92] Isócrates, *Panegírico*, 1.

nham na pátria, àqueles deixaram na pátria o suficiente"[93]. "Ficar" e "acompanhar" são opostos, tal como "suficiente" e "mais". Ou então "de tal forma que aqueles que precisam de dinheiro e os que querem fruí-lo"[94]; "fruição" opõe-se a "aquisição"; e ainda "acontece muitas vezes nestas circunstâncias que o sensato falha e o insensato tem sucesso"[95]; e "de imediato foram julgados dignos de recompensas do valor, e não muito depois tomaram o poder sobre os mares"[96]; e "navegar pela terra e marchar sobre o mar, unindo o Helesponto e cavando um canal no Atos"[97]. E "embora sendo cidadãos por nascimento, são privados da cidadania por uma lei"[98]. E "alguns deles, na verdade, morreram miseravelmente, outros se salvaram vergonhosamente"[99]. E "em privado, utilizar bárbaros como escravos, publicamente, olhar com indiferença muitos dos nossos aliados reduzidos à escravidão"[100]. E "ou possuir em vida ou após a morte deixá-lo para trás"[101]. E o que alguém disse a Pitolau e Lícofron num julgamento: "quando estes homens estavam na sua pátria, eles venderam-vos, mas vindo para junto de vós, eles compraram-vos"[102]. Todos estes exemplos ilustram o que foi dito. Tal enunciado é agradável, porque os contrários são mais fáceis de reconhecer (e mais fáceis de reconhecer ainda quando colocados junto uns dos outros), e porque se afiguram semelhantes ao silogismo. Pois a "refutação" é a reunião de opostos.

---

[93] *Ibidem*, 35.
[94] *Ibidem*, 41.
[95] *Ibidem*, 48.
[96] *Ibidem*, 72.
[97] *Ibidem*, 89.
[98] *Ibidem*, 105.
[99] *Ibidem*, 149.
[100] *Ibidem*, 181.
[101] *Ibidem*, 186.
[102] Pitolau e Lícofron foram os assassinos de Alexandre, tirano de Feras, na Tessália (369-358 a.C.). Não se sabe mais sobre o episódio em questão.

Tal é a antítese. Por seu turno, é "isocolo" se os membros forem iguais[103], "paromeose" se cada membro possuir extremos similares[104]. É forçoso que tenha tal similitude ou no início ou no fim. No início, tem sempre a forma de palavras. No fim, poderão ser as mesmas sílabas finais, ou desinências da mesma palavra, ou a mesma palavra. No início, são coisas como "um campo não cultivado, recebeu um campo infértil de ti"[105], e "sensíveis eram aos presentes e fáceis de persuadir pelas palavras"[106]. E no final: "terias pensado que ele gerara uma criança, mas que ele mesmo se tornara a criança"; "nos maiores cuidados e nas menores esperanças". Quanto às desinências de um mesmo nome: "ele é digno de ser posto em bronze, mas não digno de uma moeda de bronze". No que diz respeito à mesma palavra: "enquanto vivo, tu falaste mal dele, e agora escreves mal dele". E à mesma sílaba "o que é que de terrível sofreste, se de que o homem era cruel te apercebeste?" É possível que um só exemplo tenha, ao mesmo tempo, todos estes elementos: antítese, isocolo e homeoteleuto. Os inícios dos "períodos" foram quase todos enumerados nos *Teodectes*. Além disso, há também falsas antíteses, como, por exemplo, a composta por Epicarmo:

1410b

> *por vezes, eu estava em casa deles, por vezes eu estava junto deles.*[107]

10. A metáfora

Dado que estes elementos já foram definidos, torna-se agora necessário dizer de onde provêm as expressões "ele-

---

[103] Também denominado "parisose". *Vide* Lausberg, 336.
[104] *Vide* Lausberg, 357.
[105] Aristófanes, fr. 649 Kock.
[106] *Il.*, 9.526.
[107] DK 23 B 30.

gantes"¹⁰⁸ e as "de maior aceitação"¹⁰⁹. Certamente a sua formulação é própria do talento natural e da exercitação; mas é também algo que pertence ao nosso método. Falaremos, pois, deste tema e faremos as enumerações pertinentes.

Que seja o seguinte o nosso pressuposto: uma aprendizagem fácil é, por natureza, agradável a todos; por seu turno, as palavras têm determinado significado, de tal forma que as mais agradáveis são todas as palavras que nos proporcionam também conhecimento. É certo que há palavras que nos são desconhecidas, embora as conheçamos no seu sentido "apropriado"¹¹⁰; mas é sobretudo a metáfora que provoca tal. Efetivamente, sempre que ele chama à velhice "palha"¹¹¹, produz ensinamento e conhecimento por meio da categoria: ambos, na verdade, já não estão na "flor da idade". O mesmo produzem, sem dúvida, os símiles dos poetas. Por isso, se os formulam bem, parecem de uma "elegância urbana". Na verdade, um símile é, tal como foi dito anteriormente, uma metáfora, diferindo apenas numa adição. É, de fato, menos agradável porque mais extenso e porque não diz que "isto é aquilo"; não é certamente isto o que o espírito do ouvinte procura.

Por conseguinte, tanto a expressão como os entimemas que nos proporcionam uma aprendizagem rápida são necessariamente "elegantes". Por isso é que os entimemas superficiais não são os de maior aceitação (chamamos "superficiais" aos que são absolutamente óbvios, e em que não há nenhuma necessidade de nos esforçarmos por compreender), nem os que, uma vez expressos, não compreendemos, mas sim aqueles em que ou o conhecimento surge ao mesmo tempo que são pronunciados, mesmo que não existisse

---

[108] Por "elegância" traduzimos o termo τὸ ἀστεῖον; corresponde ao termo latino *urbanitas*.

[109] Τα εὐδοκιμοῦντα, ou seja, as expressões que gozam de melhor reputação.

[110] Τὰ κύρια em grego (ver *supra*).

[111] *Od.*, 14, 214.

previamente, ou o entendimento segue pouco depois. Na verdade, nestes casos resulta algum conhecimento, enquanto nos anteriores nenhum.

No que concerne à compreensão do que é dito, tais entimemas são os mais reputados. Porém, relativamente à expressão enunciativa, tal aceitação deve-se, por um lado, à forma, se o enunciado for composto de oposições (como, por exemplo, "considerando que a paz, comum a todos, era uma guerra para os seus interesses particulares"[112]: "guerra" opõe-se a "paz"); por outro, às palavras, se formarem uma metáfora, conquanto esta não seja estranha (pois seria de difícil compreensão), nem superficial (pois não produz nenhuma impressão); finalmente, se ela fizer que o objeto salte para "diante dos olhos". Convém, pois, visualizar as coisas mais na sua realização do que na perspectiva de virem a realizar-se. Por conseguinte, é necessário ter em vista três elementos: metáfora, antítese, representação de uma ação[113].

Dos quatro tipos de metáforas existentes[114], são sobretudo muito reputadas as de analogia. É o caso da que Péricles formulou ao dizer que a juventude morta na guerra fora arrebatada à cidade assim como se se extraísse "a primavera ao ano"[115]. Acerca dos lacedemônios, Léptines dizia que não ficaria vendo com indiferença a Grécia "tornando-se zarolha"[116]. Cefisódoto[117], ao ver Cares[118] apressado em apresentar as contas referentes à Guerra Olintíaca, indignou-se,

1411a

---

[112] Isócrates, *Philip.*, 73.

[113] Por "representação de uma ação" traduzimos ἐνέργεια, ou seja, o recurso capaz de representar coisas animadas ou inanimadas, que é o termo que Ross aceita. Outros autores, como Racionero, consideram que a lição deverá ser ἐνάργεια, "nitidez".

[114] *Poética* 21, 1457b.

[115] Cf. *supra*, I 7.

[116] Trata-se de um dito muito popular (por exemplo, Cícero, *De natura deorum*, 3.38).

[117] Orador do século IV a.C.

[118] Cares combateu com os seus homens em 349 a.C., na guerra de Olinto, contra Filipe da Macedônia.

declarando que este procurava com a apresentação das contas "estrangular o povo até a sufocação"; e, noutra ocasião, exortando os atenienses a avançar para a Eubeia, disse que era forçoso levar o decreto de Milcíades como "provisões de campanha"[119]. Ao fazerem os atenienses as tréguas com o Epidauro e a região do litoral, Ifícrates indignou-se[120], declarando que eles ficavam desprovidos das "provisões de guerra"[121]. Pitolau chamou ao navio Páralo o "bastão do povo"[122], e a Sesto a "travessa de pão do Pireu"[123]. Péricles exigiu a destruição de Egina, "ramela" do Pireu. Mérocles, nomeando um cidadão respeitável, dizia que não era mais criminoso que outro qualquer; pois este se deixava corromper por um juro de três para dez, enquanto ele próprio só de um para dez[124]. Ou o verso jâmbico de Anaxândrides acerca das filhas que demoravam a casar, "as jovens já tinham passado o prazo para o matrimônio"[125]. Também o de Polieucto, contra um certo Espeusipo, atacado de apoplexia: que este não era capaz, pelo destino, de estar sossegado, embora preso a um "potro de cinco orifícios"[126]. E Cefisódoto chamava às trirremes "moinhos multicolores", e Diógenes,

[119] Milcíades foi um general ateniense do tempo das Guerras Pérsicas, associado à vitória de Maratona (possivelmente, uma visão exagerada). A referência a este decreto deverá ser porventura expressão proverbial, significando uma decisão rápida. Aqui deve querer significar que Cefisódoto entendia que Atenas deveria entrar em guerra com a Macedônia de imediato, sem perder tempo em longas deliberações.

[120] General e político ateniense (c. 415-353 a.C.).

[121] Ou seja, Atenas ficavam sem território para se abastecer do saque e dos tributos impostos.

[122] Um dos navios oficiais que transportavam prisioneiros do Estado.

[123] Cidade na Trácia, em frente a Abidos, que controlava o tráfego comercial que atravessava o Ponto Euxino.

[124] Mérocles foi um político ateniense contemporâneo de Demóstenes, do partido anti-Macedônia. Terá sido processado por extorsão.

[125] Fr. 68 Kock. Poeta da comédia média.

[126] Polieucto foi um orador ateniense contemporâneo de Demóstenes. O potro era um instrumento de tortura que imobilizava os supliciados.

o Cínico, às tabernas "refeições públicas da Ática"[127]. Por seu lado, Esíon[128] costumava dizer que "a cidade se tinha derramado sobre a Sicília"[129]. Isto é, pois, uma metáfora e também dispõe o objeto "diante dos olhos". Tal como a expressão "de tal forma a Hélade gritou" também é, de certa forma, uma metáfora e dispõe o objeto diante dos olhos. E como Cefisódoto ordenou que se precavessem para que não fizessem "grupos". E isto mesmo Isócrates dizia aos que acorriam às cerimônias públicas[130]. E, tal como se encontra na *Oração fúnebre*, que seria digno que, junto ao epitáfio dos que morreram em Salamina, a Hélade rapasse a cabeça, visto ser a liberdade que estava sendo enterrada ao mesmo tempo que o valor deles[131]. Se ele tivesse dito que era digno verter lágrimas, uma vez que o seu valor estava sendo enterrado, seria uma metáfora e disposição do objeto diante dos olhos, mas os termos "valor" e "liberdade" produzem uma espécie de antítese. E, tal como Ifícrates disse, "o caminho das minhas palavras passa, pois, pelo meio dos atos de Cares" é uma metáfora de analogia, e "pelo meio" produz o "trazer diante dos olhos". E dizer "convocar os perigos para ajudar contra os perigos" é uma metáfora e disposição diante dos olhos. Dizia Licoleonte em defesa de Cábrias: "não tendo respeito pela atitude de súplica da estátua de bronze dele"[132]: é, pois, uma metáfora apropriada ao momento presente, não para sempre, mas que produz uma visualização

1411b

---

[127] Referência às refeições públicas instituídas em Esparta, conhecidas pela sua frugalidade. A ironia é evidente ante os hábitos dos atenienses.

[128] Orador ateniense contemporâneo de Demóstenes.

[129] Referência à campanha ateniense de 415 a.C. contra a Sicília.

[130] *Philip.*, 12.

[131] Lísias, *Epit.*, 60. Lísias não se referia a Salamina, mas sim a Egospótamos.

[132] Refere-se ao julgamento de Cábrias (366) pela rendição de Oropo. A estátua mandada erigir pelos atenienses por serviços prestados apresentava uma postura ambígua, que se podia interpretar também como a de um suplicante. Licoleonte foi o advogado de Cábrias neste julgamento.

do objeto; pois, estando ele em perigo, a estátua implora, e o inanimado torna-se animado: ou seja, a recordação dos seus feitos em prol da cidade. E "por todos os meios, esforçam-se por pensar humildemente"[133], pois "esforçar-se" implica uma certa amplificação. E que "deus acendeu a razão, luz no espírito": ambos, na verdade, põem algo em evidência, bem como "pois nós não terminamos guerras, mas adiamo-las"[134]. Ambas remetem ao futuro, tanto o adiamento como este tipo de paz. E dizer que "os acordos de paz são um troféu muito superior aos obtidos nas guerras, pois estes se referem a um momento e a um acontecimento, aqueles à guerra no seu todo"[135] já que ambos são sinais de vitória. E que "as cidades apresentam pesadas contas para censura dos homens"[136]. Pois a apresentação das contas é uma espécie de punição que é conforme à justiça.

11. A elegância retórica

Por conseguinte, já foi exposto que a expressão "elegante" provém da metáfora de analogia e de dispor "o objeto diante dos olhos". Torna-se agora necessário tratar do que denominamos "trazer diante dos olhos" e do que faz que isto resulte. Na verdade, chamo "pôr diante dos olhos" aquilo que representa uma ação[137]. Por exemplo, dizer que "um homem de bem é um quadrado" é uma metáfora (pois ambos significam uma coisa perfeita)[138], mas não representa uma ação. Mas a frase "deter o auge da vida em flor"[139] é

---

[133] Isócrates, *Panegírico*, 151.
[134] *Ibidem*, 172.
[135] *Ibidem*, 180.
[136] Isócrates, *De pace*, 120.
[137] Por "pôr diante dos olhos" traduzimos a expressão πρὸ ὀμμάτων ποιεῖν. Sobre o termo "representação de uma ação", ver *supra*.
[138] Simônides, fr. 5.1-2 Bergk.
[139] Isócrates, *Philip.*, 10.

uma ação, e "tu, como um animal solto"¹⁴⁰ é uma "representação de ação", e

> *dali, pois, os gregos, lançando-se com os seus pés*[141];

"lançando-se" exprime uma ação além de ser uma metáfora, pois significa "velocidade".
 Também Homero utilizou muitas vezes, por meio de metáforas, o inanimado como animado. Mas em todas elas o que é mais reputado são as que representam uma ação, como nos seguintes casos: "de novo para a planície rolava, despudorada, pedra"[142] e "a flecha voou"[143] e "louca por voar"[144], e "sentavam-se por terra, desejando saciar-se de carne"[145] e "a ponta da arma penetrou, ansiosa, no peito"[146]. Em todos estes exemplos, por se atribuir animação, representam-se coisas em ato: "ser despudorada" e "ser ansiosa", entre os outros exemplos, exprimem uma ação. Homero, porém, aplica estes elementos por meio de metáforas por analogia. Pois, tal como a pedra em relação a Sísifo, assim está o despudorado para o objeto do seu despudor. O mesmo sucede em símiles muito reputados referentes a coisas inanimadas:

1412a

> *enroladas, com as arestas de espuma; umas à frente, outras atrás*[147].

Pois o poeta atribui-lhes vida e confere-lhes também movimento; ora, movimento é ação.

---

[140] *Ibidem*, 127.
[141] Eurípides, *Ifig. A.*, 80.
[142] *Od.*, 11.598.
[143] *Il.*, 13.587.
[144] *Ibidem*, 4.126.
[145] *Ibidem*, 11.574.
[146] *Ibidem*, 15.542.
[147] *Ibidem*, 13.799.

Como já foi dito anteriormente, é forçoso que as metáforas provenham de coisas apropriadas ao objeto em causa, mas não óbvias, tal como na filosofia é próprio do espírito sagaz estabelecer a semelhança mesmo com entidades muito diferentes. Foi assim que Árquitas disse que um árbitro e um altar eram uma e a mesma coisa: pois junto de ambos se refugia o homem injustiçado[148]. Ou se alguém disser que uma âncora e um gancho são a mesma coisa: ambos são a mesma coisa, mas diferem pelo fato de uma ser de cima, a outra de baixo. E "igualizar as cidades" aplica-se a coisas muito diferentes: a igualdade no que diz respeito à superfície e aos poderes.

A maioria das expressões "elegantes" deriva da metáfora e radica no engano prévio do ouvinte. Pois se torna mais evidente que se aprende algo se os elementos resultam ao contrário do que se esperava; e o espírito parece dizer: "como é verdade, e eu estava enganado!". As expressões "elegantes" dos apotegmas, por seu turno, assentam no fato de exprimirem o que não dizem. Por exemplo, quando Estesícoro diz que "as cigarras cantarão no chão para elas próprias"[149]. E pela mesma razão são agradáveis tanto os bons enigmas (pois neles há um ensinamento e uma metáfora) como dizer "coisas inesperadas", como o designou Teodoro[150]. Porém isto sucede quando se trata de algo de paradoxal[151], e não, como diz aquele autor, conforme com uma opinião anterior, mas como as imitações patentes nas anedotas (algo que também os jogos de palavras são capazes de produzir, pois conduzem ao engano) e nos versos cômicos. Por exemplo, o verso seguinte não termina como o ouvinte esperava:

ele avançava, tendo sob os pés frieiras;

---

[148] Árquitas, DK 47 A 12. Filósofo e matemático da escola pitagórica do século IV.

[149] Ver *supra*, II 21.

[150] Cf. *supra*, n. 16.

[151] Παράδοξον, ou seja, algo contrário à expectativa comum.

o ouvinte julgava que o poeta iria dizer "sandálias". Isto é forçoso que se torne evidente ao mesmo tempo que é expresso. Quanto ao jogo de palavras, este exprime não o que o enunciador efetivamente diz, mas o que resulta da mudança de palavra. É, por exemplo, o caso da frase de Teodoro para o citarista Nícon: "Tu estás perturbado", o que parece exprimir "tu és um trácio"[152]. Ele conduz a um engano, pois expressa uma coisa diferente. Por isso é que resulta agradável para o que procura instruir-se, pois, se não se supuser que Nícon é um trácio, não parecerá ser uma expressão "elegante". O mesmo é "tu queres destruí-lo"[153]. É necessário que estes dois sentidos sejam convenientemente expressos.

1412b

Do mesmo modo, são também expressões "elegantes" aquelas em que afirmamos, por exemplo, que "para os atenienses o comando[154] do mar não é o começo dos infortúnios", uma vez que eles beneficiaram dele. Ou a frase de Isócrates, que "para a cidade, o poder foi o começo dos males"[155]. Pois, em ambos os casos, o que não se pensaria que se diz é justamente o que é dito e reconhecido como verdadeiro, pois afirmar que "princípio" é "princípio" não é inteligente; porém, não se diz com este sentido, mas com outro, e *arkhé* não expressa o mesmo que o que se disse, mas tem acepções diferentes. Em todos estes exemplos, se uma palavra for introduzida de forma conveniente, quer por homonímia, quer por metáfora, então resulta bem. Por exemplo, "Anásqueto ('Tolerável') não é tolerável" é uma contradição por homonímia, mas é apropriada, se o indivíduo for antipático. E

não poderias ser estrangeiro mais do que deves[156],

---

[152] Jogo entre θράχει e Θρᾷξ.
[153] Jogo entre o infinitivo πέρσαι [destruir] e Πέρσαι [persas].
[154] O termo ἀρχή significa tanto "império", "poder" como "começo".
[155] Isócrates, *Philip.*, 61; *Panegírico*, 119; *De pace*, 101.
[156] Fr. adesp. 209 Kock.

pois "estrangeiro não mais do que deves" é o mesmo que "o estrangeiro não deve ser sempre hóspede"; pois isto é totalmente diferente. O mesmo ocorre na celebrada frase de Anaxândrides,

> *É belo morrer antes de fazer algo digno da morte*[157],

isto é, o mesmo que dizer "digno de morrer sem ter merecido morrer", ou "digno de morrer sem ser merecedor da morte", ou ainda "não fazendo coisas merecedoras da morte".

Por conseguinte, o estilo destes exemplos é de uma mesma classe. Porém, quanto mais concisos e de forma mais contrastante forem expressos, tanto maior reputação obterão. A razão é que a aprendizagem através de oposições é maior, e mais rápida através da concisão. É forçoso prestar atenção a que a expressão seja sempre corretamente aplicada em relação àquele de quem se fala, e se o que se diz é verdadeiro e não superficial. Pois é possível possuir estas qualidades separadamente, como "deve-se morrer sem ter cometido faltas", ou "com uma mulher digna deve casar-se um homem digno"[158]. Mas não se trata de uma expressão "elegante", a não ser que se tenham as duas qualidades ao mesmo tempo: "digno de morrer sem ser merecedor de morrer". Quanto mais a expressão possuir estas qualidades, tanto mais "elegante" parecerá. Por exemplo, se as palavras constituírem uma metáfora e metáfora de um determinado tipo, formarem uma antítese e parisose e implicarem a "representação de uma ação".

Os símiles de maior aceitação, como foi dito acima, são até certo ponto metáforas, pois se expressam sempre partindo de dois termos, tal como a metáfora por analogia. Por exemplo,

---

[157] Fr. 64 Kock.
[158] Fr. adesp. 206 Kock.

> *o escudo, dizíamos, é o cálice de Ares*[159],

e

> *o arco é a fórminx sem cordas.*[160]

O que exprimimos desta forma não é, sem dúvida, simples, enquanto chamar ao arco fórminx e ao escudo cálice é simples. Assim se produzem os símiles, como chamar a um aulista "macaco", a um míope "candeia encharcada", pois ambos franzem o rosto. Isto resulta bem sempre que houver uma metáfora. Na verdade, é possível comparar o escudo ao cálice de Ares e umas ruínas a uma casa em farrapos, e dizer que Nicérato é um "Filoctetes mordido por Prácis" (como o comparou Trasímaco, vendo que Nicérato, vencido por Prácis ao participar numa competição de rapsodos, andava de cabelo desarranjado e sujo)[161]. É sobretudo nestes casos que, se não os formularem bem, os poetas falham, e onde se tornam mais reputados, se os fizerem bem. Quero dizer, quando estabelecem as correspondências entre os termos:

> *tal como a salsa, leva as pernas torcidas;*
> *e tal como Filamon combatendo o seu rival, o saco de boxe.*[162]

Todas as expressões deste tipo são símiles. E que símiles são metáforas já foi muitas vezes dito.

Provérbios são também metáforas de espécie a espécie. Por exemplo, se alguém levar algo para casa, convencido de que é algo de bom, e em seguida for prejudicado, diz que é

---

[159] Bergk a atribui a Timóteo (fr. 16); porém, Ateneu, 11, 502b, a atribui a Anaxândrides.

[160] Fr. adesp. 127 Bergk.

[161] Trasímaco, fr. DK 85 A 5. Nicérato era filho do general Nícias e seria um excelente recitador de Homero.

[162] Frs. adesp. 207 e 208 Kock. Filamon era célebre no pugilato.

como "Cárpatos com a lebre"[163], pois ambos experimentaram o que foi dito. Por conseguinte, de onde provém a expressão "elegante" e por quê, foi mais ou menos explicado.

Por seu turno, as hipérboles de maior aceitação são também metáforas: por exemplo, relativamente a um homem com um olho negro "julgarias que ele era um cesto de amoras", pois as nódoas negras são algo purpúreas, embora tal dimensão seja muito exagerada. Além disso, também a expressão "como isto ou aquilo" introduz uma hipérbole, que só se diferencia pela expressão: "Como Filamon combatendo contra o seu rival, o saco de boxe", julgarias que o próprio Filamon lutava com o saco de boxe. "Como a salsa, leva as pernas torcidas", julgarias que ele tem não pernas mas salsa, estando assim retorcidas. As hipérboles são como os adolescentes: manifestam grande exagero. Por isso, expressam-se assim sobretudo os que estão dominados pela cólera:

> *nem que ele me outorgasse tantas coisas quantas a areia e o pó, nem assim me casaria com a filha do atrida Agamêmnon, nem que ela rivalizasse em beleza com Afrodite de ouro, e Atena com os seus trabalhos.*[164]

Não é, por isso, apropriado a um velho proferir tais coisas. [São sobretudo os oradores áticos que usam este elemento.][165]

12. A expressão adequada a cada gênero

É preciso, porém, não esquecer que a cada gênero é ajustado um tipo de expressão diferente. Na verdade, não são a mesma a expressão de um texto escrito e a de um debate, nem, neste caso, oratória deliberativa é a mesma que a

---
[163] A ilha de Cárpatos foi devastada por lebres.
[164] *Il.*, 9.385 e 388-390.
[165] Trata-se provavelmente de uma interpolação.

judiciária. Efetivamente, é necessário conhecer ambas: uma para sabermos expressar-nos corretamente[166], a outra para não sermos forçados a permanecer em silêncio se quisermos dizer algo aos outros, que é o que sucede aos que não sabem escrever.

A expressão escrita é a mais exata. Por seu turno, a dos debates é a mais semelhante a uma representação teatral. Desta há duas espécies: uma "ética", outra "emocional"[167]. É por isto que os atores procuram tal tipo de peças teatrais, assim como os poetas tal tipo de atores. Contudo, estão muito divulgados os autores que são próprios para a leitura, como Queremon (pois é rigoroso como um logógrafo)[168], ou, entre os autores de ditirambos, Licímnio. E, se são postos em confronto, os discursos escritos parecem pobres nos debates; porém, os discursos dos oradores, ainda que bem pronunciados, afiguram-se vulgares quando nas nossas mãos. A razão é que, nos debates, são ajustadas técnicas de representação teatral. É por isso que, quando a componente de representação é retirada, o discurso não perfaz o seu trabalho e parece fraco. Para dar um exemplo, num texto escrito as estruturas assindéticas e as repetições são, com razão, elementos censurados; mas em debates orais os autores usam-nos, pois são próprios da pronunciação.

É forçoso que, ao repetir-se uma coisa, se introduza variação, a qual como que abre caminho à pronunciação:

> *Este é o que nos roubou, este é o que nos enganou, este é o que enfim procurou trair-nos;*

tal como o ator Filemon dizia na *Gerontomaquia* de Anaxândrides[169], quando recitava: "Radamanto e Palamedes"; e

---

[166] Por "expressarmo-nos corretamente" traduzimos o termo ἑλληνίζειν.

[167] Sobre estes termos, ver *infra*.

[168] Poeta trágico de meados do século IV a.C.

[169] Comediógrafo, possivelmente natural de Rodes, da primeira metade do século IV a.C. Dos fragmentos que chegaram até nós, observa-se um estilo elegante e uma intenção moralizante.

quando dizia: "eu", no prólogo dos *Piedosos*. Pois, se tais coisas não são representadas, torna-se em "aquele que leva a trave"[170]. E o mesmo se passa no que diz respeito às expressões assindéticas: "cheguei, encontrei-o, pus-me a pedir-lhe". Na verdade, é necessário representar e não pronunciar no mesmo modo e no mesmo tom, como se se dissesse uma só coisa. Os assíndetos ainda possuem um outro aspecto particular: muitas coisas parecem ser ditas num mesmo espaço de tempo. É que a conjunção faz de muitas coisas uma só, de tal forma que, se for eliminada, é manifesto que o oposto acontecerá: uma coisa resultará muitas coisas. Resulta, por conseguinte, numa amplificação: "cheguei, falei, implorei" (parecem muitas coisas); "ele desprezou tudo o que eu disse". É o mesmo que Homero pretendia com

Nireu, de Sime, Nireu, filho de Aglaia, Nireu, o mais belo[171],

pois o nome do homem acerca do qual se dizem muitas coisas deve necessariamente ser repetido muitas vezes. Deste modo, se se nomeia muitas vezes, parece que se dizem muitas coisas, de forma que Homero produziu uma amplificação, mencionando-o uma só vez devido ao paralogismo, e tornou-o objeto de recordação, sem mencioná-lo posteriormente em nenhum outro lugar.

O estilo do gênero deliberativo[172] parece-se totalmente com um desenho em perspectiva[173]. É que, quanto maior for a multidão, tanto mais longe deverá a vista ser colocada, pois, em ambos os casos, o rigor é supérfluo e negativo.

---

[170] Deverá tratar-se de um adágio popular, significando porventura que a repetição sem atuação é tão monotonamente cansativa como levar uma trave aos ombros.

[171] *Il.*, 2.671-673.

[172] Δημηγορικὴ λέξις, também designado demegórico. Corresponde *a genus deliberatiuum* na teorização latina.

[173] Em grego, σκιαγραφία.

O gênero judiciário[174] é o mais rigoroso nos pormenores; e ainda mais perante um só juiz, pois é mínima a capacidade das técnicas retóricas. É que é mais visível o que concerne ao assunto e o que lhe é estranho, e a situação de debate não está presente, de forma que o julgamento é límpido. Por esta razão, os oradores mais admirados não são os mesmos em todos estes gêneros. Porém, onde há sobretudo necessidade de representação, aí é onde existe menos exatidão. E aqui é onde é necessária a voz, e, sobretudo, uma voz potente.

O estilo do gênero epidíctico[175] é o mais apropriado ao texto escrito, pois a sua função é ser lido. Em segundo lugar, vem o judiciário.

Prolongar estas considerações sobre a expressão, que deve ser agradável e elevada, é supérfluo. Por que razão deverá ser ela superior à sensatez ou à liberdade ou a qualquer outra virtude de caráter? O que foi dito fará que seja agradável, se a virtude do estilo foi corretamente definida. Efetivamente, por que razão é forçoso ser claro e não rasteiro, mas apropriado? Pois, se for prolixo, não será claro, nem se for demasiado conciso; é evidente que o termo médio é o ajustado. E o que foi dito tornará o estilo agradável, se houver uma mistura adequada com o que é convencional e o invulgar, com o ritmo e com a persuasividade da expressão conveniente.

Sobre a expressão, fica pois isto dito, quer no que é comum a todos os gêneros, quer no que é particular a cada um deles. Resta falar acerca da "disposição"[176].

---

[174] Δικανικὴ λέξις, em grego. Corresponde a *genus iudiciale* na retórica latina.

[175] Também designado demonstrativo, correspondente a *genus demonstratiuum* da teorização latina.

[176] O termo τάξις corresponde à *dispositio* da teorização latina, e será o objeto de análise nos capítulos seguintes.

13. As partes do discurso

São duas as partes do discurso. É forçoso enunciar o assunto de que se trata e depois proceder à sua demonstração. Por isso, fica sem efeito expor algo sem proceder à demonstração ou demonstrar algo sem ter previamente exposto o assunto. Pois demonstrar uma coisa implica a existência de algo a demonstrar; e expor previamente determinado assunto tem em vista a sua demonstração.

Destas duas partes do discurso, uma é a exposição[177], outra são as provas, tal como se se fizesse a distinção de que uma coisa é o problema, outra a sua demonstração. Atualmente, há distinções ridículas. Com efeito, a "narração"[178] é própria apenas do discurso judiciário. De fato, como é então possível que haja uma narração no epidítico ou no deliberativo como dizem? Ou refutação da parte contrária ou epílogo nos discursos epidícticos? Por seu turno, o proêmio, o cotejo dos argumentos e a recapitulação ocorrem por vezes nos discursos deliberativos, quando existe debate de pontos de vista diferentes, pois, muitas vezes, há acusação e defesa, mas não no que diz respeito à deliberação em si. Porém, o epílogo nem sequer é necessário em todos os discursos judiciários (por exemplo, se o discurso é breve ou o assunto fácil de reter na memória), pois sucede que assim se encurta a dimensão do discurso.

As partes necessárias são, pois, a exposição e as provas. Estas são, então, as seções apropriadas; no máximo, digamos proêmio, exposição, provas e epílogo[179]. A refutação dos elementos do oponente pertence às provas, e a refutação por

---

[177] Traduzimos assim o termo πρόθεσις. Corresponde ao termo latino *propositio* (Lausberg, 43, 2) e tem como objetivo comunicar aquilo que se quer provar e demonstrar.

[178] Corresponde ao termo διήγησις (equivalente a *narratio* na terminologia latina). *Vide* Lausberg, 43, 2, b.

[179] Divisão clássica, já presente em Isócrates, segundo Dionísio de Halicarnasso (*Lys.*, 16-17). Corresponde na terminologia latina a *exordium, propositio, argumentatio, peroratio* ou *conclusio* (Lausberg, 43).

comparação é uma amplificação daquelas, de tal forma que também faz parte das provas. Pois aquele que formula isto procura a demonstração de algo. Porém, não é o caso nem do proêmio, nem do epílogo, que têm como função apenas rememorar. Se alguém fizer tais divisões como faziam os discípulos de Teodoro, caberá considerar como elementos distintos a narração, a epidiegese, a prodiegese[180], a refutação e a refutação suplementar. Porém, só é necessário aplicar um nome quando se fala de uma certa espécie e com um traço distintivo. Se assim não for, torna-se vazio e risível, como Licímnio faz na sua *Arte*, adscrevendo designações como "vogar ao vento", "divagações" e "ramificações"[181].

14. O proêmio

O proêmio é o início do discurso, que corresponde na poesia ao prólogo e na música de aulo ao prelúdio. Todos eles são inícios e como que preparações do caminho[182] para o que se segue.

O prelúdio é, por conseguinte, idêntico ao proêmio do gênero epidíctico. Na realidade, os tocadores de aulo, ao executar um prelúdio que sejam capazes de tocar bem, ligam-no à nota de base do trecho musical a executar[183]. Ora, é deste modo que é preciso compor os discursos epidíticos: tendo-se dito abertamente o que se quer, introduzir o

---

[180] Poder-se-ia traduzir em português por "narração suplementar" e "narração preliminar", respectivamente.

[181] Termos de difícil tradução. O primeiro, ἐπούρωσις, deverá entender-se como "improvisação", ou seja, o desenvolvimento livre de certo elemento. Ἀποπλάνησις refere-se propriamente ao ato de divagar. Ὄζος tem a ver com elementos marginais que são adicionados à linha de base do desenvolvimento enunciativo.

[182] Por "preparações do caminho" traduzimos ὁδοποίησις.

[183] No prelúdio de aulo, a nota final deveria ser idêntica à primeira do subsequente canto de ditirambo. Era pois a nota que dava o tom, servindo de ligação entre o prelúdio instrumental e o cântico coral.

tom de base e conjugá-lo com o assunto principal. Isto é o que todos os oradores fazem. O proêmio da *Helena* de Isócrates constitui um exemplo. Nele não há nada de comum no que concerne aos argumentos erísticos e a Helena[184]. Ao mesmo tempo, se o orador se afastar do tema, o resultado é também apropriado, para que o discurso não seja todo do mesmo tom.

Os proêmios dos discursos epidícticos diz-se que provêm quer do elogio quer da censura, tal como Górgias, no seu discurso *Olímpico*, afirma

> *sois dignos da admiração de muitos homens, ó cidadãos helenos*[185],

pois elogia os fundadores de festivais; Isócrates, por seu lado, censura-os porque honraram, com recompensas, as excelências do corpo, mas não ofereceram um prêmio para o homem sensato[186]. Podem também provir de um conselho como, por exemplo, que é necessário honrar os homens de bem, e que é por esta razão que certo orador louva Aristides; ou então louvar tais homens que são de reputação nem boa nem má, mas embora permaneçam desconhecidos são homens de bem, como Alexandre, o filho de Príamo: é que, na verdade, o orador está dando conselhos. Além disso, podem provir de proêmios judiciários, isto é, de elementos concernentes ao auditório, se acaso o discurso é sobre algo contrário à opinião comum ou tema difícil ou já discutido por muitos, de tal modo que se deve pedir desculpa. É o caso de Quérilo,

> *agora, quando tudo foi já distribuído.*[187]

---

[184] Efetivamente, as treze primeiras seções têm uma grande independência relativamente ao conteúdo do discurso.

[185] DK 82 B 7.

[186] Isócrates, *Panegírico*, 1-2.

[187] Fr. 1 Kinkel da *Perseida*. Quérilo de Samos foi um poeta épico do século V a.C. No trecho de que este hemistíquio faz parte, Quérilo queixa-se

É, por conseguinte, destes elementos que provêm os proêmios dos discursos epidícticos: do louvor, da censura, do conselho, da dissuasão, fatores referentes ao auditório. As seções iniciais devem ser ou estranhas, ou familiares ao assunto do discurso.

Quanto aos proêmios do discurso judiciário, é necessário aceitar que devem ter o mesmo efeito que os prólogos das peças teatrais e os proêmios dos poemas épicos. Os proêmios dos ditirambos são semelhantes aos do discurso epidítico:

por ti e os teus presentes, ou despojos dos inimigos[188].

Nos discursos judiciários e nos poemas épicos, o proêmio proporciona uma amostra do conteúdo do discurso, a fim de que se conheça previamente sobre o que será o discurso e que o entendimento do auditório não fique em suspenso. Pois o indefinido causa dispersão. Aquele que coloca o início como que nas mãos do auditório faz que este o acompanhe no discurso. É esta a razão do seguinte:

Canta, ó deusa, a cólera; fala-me do homem, ó musa[189]*;
Traz-me um outro tema, como das terras da Ásia veio
para a Europa a ingente guerra.*[190]

Também os trágicos tornaram manifesto sobre o que versa a peça, se não imediatamente no prólogo, como Eurípides faz, pelo menos em algum ponto, como Sófocles,

O meu pai era Pólibo.[191]

---

de que os poetas que o precederam tiveram material abundante para tratar e que o esgotaram, ao passo que ele já nada tem a dizer de novo. Aristóteles interpreta-o como um tópico de indulgência.

[188] Timóteo, fr. 18 Page.
[189] *Il.*, 1.1, e *Od.*, 1.1.
[190] Provavelmente o começo da *Perseida* de Quérilo.
[191] Sófocles, *OT*, 774.

E o mesmo se passa com a comédia.

A função mais necessária e específica do proêmio é, por conseguinte, pôr em evidência qual a finalidade daquilo sobre que se desenvolve o discurso; é por isso que, se o assunto for óbvio e insignificante, não haverá utilidade no proêmio.

Os outros tipos de expressão que são usados são "remédios"[192] e comuns a todos os gêneros. Diz-se que estes derivam quer do orador, quer do auditório, quer do assunto, quer do opositor.

As que respeitam ao próprio orador e ao opositor são as que servem para refutar ou produzir uma "acusação"[193]. Porém, não são de termos idênticos: no discurso de defesa, as respostas ao ataque vêm no início; no de acusação, estas ocorrem no epílogo. Não é obscura a razão para tal. Efetivamente, o orador que se defende, mal se apresenta diante do tribunal, tem forçosamente de dissipar os elementos de oposição, de tal forma que tem de destruir, antes de mais nada, a acusação do oponente. Para o acusador, porém, é no epílogo que tem de atacar, para que permaneça melhor na memória do auditório.

Os elementos que se relacionam com o auditório consistem em obter a sua benevolência, suscitar a sua cólera, e, por vezes, atrair a sua atenção ou o contrário. Na realidade, nem sempre é conveniente pôr o auditório atento, razão pela qual muitos oradores tentam levá-lo a rir. Todos estes recursos, se se quiser, levam a uma boa compreensão e a apresentar o orador como um homem respeitável, pois a este os auditores prestam mais atenção. São também mais atentos a temas importantes, a coisas que lhes digam respeito, às que os encham de espanto, às agradáveis. E por isso é que é necessário introduzir a ideia de que o discurso é acerca de coisas deste

---

[192] O termo em grego é ἰατρεύματα.

[193] Por "acusação" traduzimos διαβολή. É um termo de difícil tradução em português. Significa propriamente o ataque que tem subjacente uma intenção do acusador em fazer que as pessoas e os atos da parte contrária fiquem sob uma auréola de suspeita e desconfiança.

gênero. Porém, se a intenção é a de que os auditores não estejam atentos, deverá dizer-se que o assunto não é importante, que não lhes diz respeito, que é penoso.

Por outro lado, é forçoso não esquecer que todas estas coisas são exteriores ao conteúdo do discurso, pois elas destinam-se ao ouvinte de pouco valor, que presta ouvidos ao que é extrínseco ao assunto, visto que, se ele não fosse assim, nem sequer o proêmio seria necessário, a não ser para expor o assunto por pontos básicos de forma que o "corpo" tenha "cabeça"[194]. Além disso, suscitar a atenção do auditório é comum, se houver necessidade, a todas as partes do discurso, pois o auditório dispersa-se mais em qualquer outro lugar do que no início. Por isso, é ridículo exigi-la no princípio, justamente quando todos os ouvintes estão com a maior atenção. De tal forma que, onde quer que seja oportuno, deve-se dizer algo como "e prestai atenção, pois isto não diz respeito mais a mim do que a vós", e "eu vou dizer-vos algo de tão terrível e espantoso como vós jamais ouvistes". Assim Pródico costumava dizer quando o auditório estava adormecendo, lançando-lhes "o das cinquenta dracmas"[195]. Porém, é evidente que isto não é dirigido ao ouvinte na sua qualidade de ouvinte, pois o que todos os oradores procuram fazer nos proêmios é ou acusar, ou dissolver o que receiam:

> ó rei, direi que não pela pressa, ...[196]
> para que este proêmio?[197]

E isto fazem os que têm ou parecem ter um assunto difícil, pois é melhor dissertar sobre todo o resto do que sobre o próprio assunto. É por isso que os escravos não res-

---

[194] Alusão a Platão, *Fedro*, 264c.

[195] DK 84 A 12. Cf. Platão, *Crátilo*, 384d. Refere-se ao fato de Crátilo solicitar essa quantia aos ouvintes para "lhes explicar totalmente" a natureza dos nomes.

[196] Sófocles, *Antígona*, 223.

[197] Eurípides, *Ifig. T.*, 1162.

pondem às coisas que se lhes perguntam, mas andam em círculos e exórdios.

De que modo é necessário suscitar benevolência já foi dito, bem como cada uma das componentes deste tipo. Como foi corretamente dito,

> *concede-me entrar no país dos feaces como amigo e digno de compaixão*[198],

estas são as duas coisas que é forçoso ter em vista.

Nos discursos epidíticos, é necessário fazer o ouvinte pensar que partilha do elogio, ou ele próprio ou a sua família, ou o seu modo de vida, ou pelo menos algo deste tipo. Pois é verdade o que Sócrates afirma no seu discurso fúnebre: que não é difícil "louvar os atenienses diante dos atenienses, mas sim diante dos lacedemônios"[199].

Os proêmios do discurso deliberativo são baseados nos do gênero judiciário, sendo no entanto, por natureza, de muito pouca importância. Efetivamente, o discurso deliberativo versa sobre algo de que o auditório tem conhecimento. O assunto não necessita de proêmio, a não ser que este se refira ao orador ou aos seus opositores, ou que se suspeite de que o assunto não é da importância que se quer dar, mas maior ou menor; por isso, é forçoso atacar ou refutar, amplificar ou minimizar o assunto[200]. É nestes casos que é necessário um proêmio. Ou então, como motivo de ornamento, uma vez que, se não o tiver, o discurso poderá parecer feito às pressas. Exemplo disto é o encômio de Górgias aos de Élide, pois, sem previamente ter preludiado e sem preparação, começa desde logo:

> *Élide, cidade feliz.*[201]

---

[198] *Od.*, 6.327.

[199] Platão, *Menon*, 235d.

[200] Termos αὔξησις e μείωσις. Correspondem respectivamente a *amplificatio* e *minutio* da terminologia latina (Lausberg, 71 ss.).

[201] Górgias, DK 82 B 10.

15. Tópicos de refutação

No que concerne à "acusação"[202], um dos recursos é usar os mesmos elementos com que se pode refutar uma suspeita capciosa: na verdade, nenhuma distinção provém do que se está dizendo, pelo que isto é de aplicação geral.

Um outro tópico, de forma a ir ao encontro de todos os pontos em questão, é considerar que ou o fato não existe, ou que não é prejudicial; ou então que não o é para este indivíduo, ou não é tão importante; ou não é injusto, ou não é muito; ou não é vergonhoso, ou não possui tal ordem de grandeza. Tais são os aspectos que se referem a uma questão em disputa. É o caso de Ifícrates em resposta a Nausícrates[203]: pois aquele aceitava que tinha agido como este afirmava e que, assim, provocara prejuízo, mas que não cometera nenhum ato injusto.

Outro elemento consiste em afirmar que um ato injusto o foi em retribuição; e, se causou prejuízo, foi, no entanto, belo; se causou dor, foi, porém, útil; ou outra coisa do mesmo gênero.

Outro tópico é considerar que o ato foi um erro, ou falta de sorte, ou algo forçoso, tal como Sófocles quando afirmava que ele tremia não pelo que o acusador dizia – "para parecer idoso" –, mas por necessidade: é que não era por sua própria vontade que tinha 80 anos de idade[204]. Pode-se também colocar um elemento em substituição de outro: que não desejava causar prejuízo, mas uma coisa diversa, e que não tinha cometido aquilo de que o acusavam, mas tinha sido por um acaso que o prejuízo tinha se produzido: "é justo que me odieis, se eu agi de forma que isto tenha acontecido".

Outro recurso utiliza-se se o acusador, no presente ou no passado, quer ele próprio ou alguém que lhe é pró-

---

[202] Cf. *supra*.

[203] Nausícrates foi um discípulo de Ifícrates. Sobre Ifícrates, ver n. 120.

[204] Trata-se possivelmente de Sófocles, que foi um dos membros da *Proboule* que deteve o poder em Atenas depois de 413 a.C.

ximo tenha estado implicado nos fatos. Outro ainda é se estão implicados outros indivíduos que todos concordam que não estão sujeitos à mesma acusação. Por exemplo, se certo indivíduo é acusado de ser adúltero porque é muito aperaltado, então outro qualquer certamente o será. Outro, se o próprio acusador, ou um outro qualquer, acusou já outros indivíduos, ou fez outros recaírem sob suspeita sem motivo de acusação, como a que ele agora move, e estes foram declarados não culpados. Outro consiste em contra-atacar o acusador: é que seria estranho que, se ele próprio não inspirar confiança, as suas palavras a venham a inspirar. Outro, se já tiver havido uma decisão, como no caso de Eurípides contra Higienon, quando foi acusado de impiedade num processo de *antidosis* por ter escrito exortando a cometer perjúrio: "a minha língua jurou, mas não jurou o meu espírito"[205]. Efetivamente, Eurípides afirmou que Higienon cometia um ato injusto por trazer para os tribunais decisões concernentes às competições dionisíacas; pois aí já respondera ou responderia se ele o quisesse acusar. Outro consiste em acusar com a própria suspeita, mostrando como é grave, porque suscita juízos diversos e porque não é persuasiva no assunto em causa[206].

1416b

Um tópico comum a ambos os oponentes é pronunciar sinais de reconhecimento, como, por exemplo, Ulisses no *Teucro*[207], quando afirma que este é um familiar de Príamo, pois Hesíone é sua irmã; Teucro responde que seu pai, Télamon, era inimigo de Príamo e que não o tinha denunciado aos espiões.

Outro recurso para o acusador é elogiar amplamente algo de pouca monta e censurar sucintamente o de maior importância; ou, depois de ter exposto muitos aspectos positivos, censurar um ponto específico que é favorável para

---

[205] Eurípides, *Hipólito*, 612.
[206] O texto é pouco claro.
[207] Tragédia perdida de Sófocles.

o assunto em causa. Tais tópicos são tecnicamente os mais habilidosos e os mais injustos, pois com eles procura-se causar prejuízo por meio de elementos bons, misturando-os com o que é mau.

Algo comum ao acusador e ao defensor é o acusador enfatizar o lado pior, o defensor o melhor, visto que o mesmo ato pode ter sido feito por motivos diversos. Um exemplo é quando Diomedes escolheu Ulisses[208]: um dirá que escolheu Ulisses porque o considerava o mais valente, outro não por esta razão, mas porque, por ser menos valoroso, era o único que não rivalizaria consigo.

16. A narração

Isto é o que havia a dizer quanto à acusação. Por seu turno, a narração[209] nos discursos epidíticos não é contínua, mas sim articulada em seções, pois é forçoso percorrer os fatos de que o conteúdo do discurso trata. Quanto ao discurso, este é, por um lado, constituído por uma componente exterior à técnica (visto que o orador não é responsável pelos fatos relatados); por outro, por uma componente técnica. Esta consiste em demonstrar quer que a ação se realizou, caso não seja crível, quer que ela foi de determinada qualidade ou ordem de grandeza, ou tudo isto ao mesmo tempo. É por esta razão que, por vezes, é conveniente não narrar tudo de forma seguida, porque este tipo de demonstração é difícil de reter na memória. A partir de certos fatos, um indivíduo pode ser apresentado como valoroso, a partir de outros, como sábio ou justo. Um discurso deste tipo é mais simples, o de outro é multicolor[210] e complicado. Quanto a fatos bem conhecidos, é necessário apenas recordá-los. Por isso é que muitos discursos epidíticos nem precisam de nar-

---

[208] Cf. *Il.*, 10.242-243.
[209] O termo διήγησις corresponde à *narratio* na teorização latina.
[210] Ou seja, "confuso".

ração. É o caso, por exemplo, se desejares elogiar Aquiles: todos conhecem os seus feitos, o que é necessário é fazer uso deles. Porém, se se trata de Crícias[211], a narração é necessária, pois não são muitos os que o conhecem.

Hoje em dia, diz-se de forma ridícula que a narração deve ser rápida. E, contudo, isto é como aquele episódio do padeiro que perguntava se deveria fazer a massa de consistência dura ou macia; "o quê", replicou-lhe alguém, "não é possível fazê-la bem?". E aqui é o mesmo. Efetivamente, é preciso que se componham narrações não de grandes dimensões, tal como não se devem elaborar proêmios nem provas muito extensas. Pois também aqui o melhor não é a rapidez ou a concisão, mas sim a justa medida. Isto significa falar tanto quanto aquilo de que o assunto necessita para 1417a ficar claro, ou tanto quanto permita supor que algo sucedeu ou que dele resultou algum prejuízo ou injustiça, ou que os assuntos são da importância que se quer demonstrar; o adversário, por seu turno, deve contrapor as razões opostas.

Narra tudo quanto chama a atenção para o teu próprio valor: por exemplo, "admoestei-o, expressando sempre coisas justas, a não abandonar os filhos", ou a maldade do opositor: "respondeu-me que, onde quer que ele se encontrasse, poderia ter sempre outros filhos", que é o que Heródoto afirma que os desertores egípcios respondiam[212]; ou então o que for agradável aos juízes.

Para o defensor, a narração pode ser mais breve[213]. Na verdade, os pontos em questão são: ou que os fatos não aconteceram ou que não redundaram em prejuízo, ou que não são injustos ou de tamanha importância. De forma que não se deve perder tempo com o que é aceito por todos, a

---

[211] Chefe dos trinta tiranos que governaram Atenas nos finais do século V a.C.

[212] Heródoto, 2.30, alude à deserção dos soldados de Psamético I que defendiam a fronteira com a Etiópia, que, por não terem sido rendidos em três anos, passaram para o lado do rei etíope.

[213] Quintiliano, 4.2.43.

menos que se deva estender por questões como, por exemplo, que o ato teve lugar, mas que não foi injusto. É necessário expor os fatos passados na medida em que suscitam compaixão ou indignação, se descritos como atuais. Um exemplo é a defesa diante de Alcínoo, que Ulisses resume a Penélope, em sessenta versos[214]; outro é a forma como Faílo compõe em poema cíclico[215], bem como o prólogo de *Eneu*[216].

É conveniente que a narração incida sobre a componente "ética"[217]. Isto assim resulta se soubermos o que produz a expressão de caráter moral. Um recurso é mostrar a intenção moral: o caráter corresponde ao tipo de intenção, e a intenção moral, por sua vez, ao tipo de finalidade. É por isto que os textos matemáticos não expressam caracteres, porque não têm uma finalidade moral (pois não se constituem com tal finalidade); mas os textos socráticos já a têm, pois é sobre tais temas que eles discorrem.

Outros elementos que exprimem os traços morais são os que correspondem a cada um dos caracteres. Por exemplo, "ao mesmo tempo que falava, pôs-se a andar": isto mostra claramente arrogância e rudeza de caráter. E não devemos falar com base no raciocínio, como hoje se faz, mas numa intenção: "eu desejava isto, pois eu tinha esta intenção" e "mas mesmo que não me tivesse sido proveitoso, era o melhor". A primeira frase é a de um indivíduo sensato, a outra, de um homem bom; pois é próprio de um homem sensato perseguir o que é proveitoso, de um homem bom, o que é belo.

Se a intenção moral não resultar crível, então deve-se acrescentar a causa, como Sófocles faz. Um exemplo está na *Antígona*, em que esta se afligia mais com o irmão do que

---

[214] *Od.*, 23.264-284; 310-343.
[215] Nada sabemos sobre este poeta.
[216] Trata-se de uma peça perdida de Eurípides.
[217] À letra, "que a narração seja ética" (διήγησις ἠθική), ou seja, que "exprima caracteres". Recorde-se que esta é uma das duas categorias de *narratio* (que se opõe à "emocional").

com marido ou filho, pois estes podem voltar a ter-se, uma vez mortos:

> Tendo mãe e pai partido para a morada do Hades
> não há irmão que possa jamais nascer.[218]

Se não possuíres uma razão, podes dizer que não ignoras que o que dizes parece inacreditável, mas que tu és assim por natureza. Pois ninguém acredita que alguém faça voluntariamente algo a não ser em seu interesse próprio.

Além disso, fala de forma a suscitar emoções[219], narrando tanto as consequências que os ouvintes conhecem como os aspectos singulares que correspondem quer a si próprio, quer ao opositor: "olhando-me desdenhosamente, partiu"; ou, por exemplo, como Ésquines diz sobre Crátilo, que este estava assobiando e batendo palmas[220]. É que estes elementos são persuasivos, pois as coisas que os ouvintes conhecem são sinais[221] que permitem o conhecimento das que não se conhecem. Muitos destes elementos podem extrair-se de Homero:

> *assim falou, e a velha cobriu o rosto com as mãos*[222],

pois, efetivamente, os que começam a chorar cobrem os olhos. Apresenta-te de imediato, a ti e ao teu opositor, como de certa personalidade, para que te vejam como tal. Porém o faz disfarçadamente. Que isto é fácil, observa-o no caso dos mensageiros das tragédias. Pois não sabemos nada acerca

---

[218] Sófocles, *Antígona*, 911-912.

[219] Ou seja, a *narratio* "emocional" (διήγησις παθητική), que emprega o recurso às emoções.

[220] Ésquines foi um discípulo e companheiro de Sócrates. Crátilo é referido no diálogo homônimo de Platão.

[221] Em grego σύμβολα.

[222] *Od.*, 19.361.

do que vão dizer, mas apesar disso formulamos uma certa suposição.

Deve-se proceder à narração em muitos sítios, se bem que, por vezes, não no início.

No gênero deliberativo, a narração é menos importante, porque ninguém elabora uma narração sobre fatos futuros. Mas, se por acaso houver narração, que seja sobre acontecimentos passados de forma que, sendo recordados, se delibere melhor sobre os futuros, quer se critique, quer se elogie. Porém, o orador nesse caso †não† perfaz a função de um orador do gênero deliberativo. Se o fato narrado não for crível, é necessário prometer que as razões serão ditas de imediato, e que serão tomadas as medidas que mais se desejarem. É o caso de Jocasta no *Édipo* de Cárcino, que respondia sempre com promessas a quem indagava em busca do seu filho[223]; e o mesmo se passa com o Hemon[224] de Sófocles.

17. A prova e a demonstração

É necessário que as provas sejam demonstrativas. Visto que os pontos em debate são quatro, é útil formular a demonstração sobre o ponto que está em questão. Por exemplo, se a questão em causa for relativa à negação da ocorrência de algo, é necessário, no julgamento, antes de mais nada, a sua demonstração; e, se for que não causou prejuízo, ou que não foi tão grave ou que foi justa, ela deve recair sobre estes aspectos; de modo idêntico, se o ponto em questão for sobre um fato que efetivamente ocorreu. Porém, devemos não esquecer que apenas no debate sobre este último ponto é forçoso apresentar o opositor como de mau caráter, pois a ignorância não é a causa do seu ato, como seria se o que estivesse em questão fosse o justo ou

---

[223] Tragédia perdida de Cárcino (cf. Nauck, p. 789).
[224] Personagem da *Antígona*.

injusto. De tal forma que neste ponto o orador deve demorar-se, mas não nos outros.

No discurso epidítico, a amplificação deve ser empregue para provar que os fatos são belos e úteis, pois tais fatos têm de ser dignos de crédito. É por isso que poucas vezes requerem demonstração, a não ser que não sejam dignos de crédito ou que outro tenha a responsabilidade.

No discurso deliberativo, poder-se-á discutir se o que se recomenda não terá consequências, ou que ocorrerá, mas que não será justo nem vantajoso nem de tamanha importância. É preciso também observar se, exterior ao assunto, se diz algo de falso, pois isto se revelaria um argumento irrefutável de que se pronunciam falsidades sobre todo o resto.

1418a   Exemplificação é o que é mais apropriado ao discurso deliberativo, entimemas ao discurso judiciário. Efetivamente, um concerne ao futuro, de forma que é forçoso narrar exemplos de acontecimentos passados; o outro, por seu lado, relaciona-se com fatos que são ou não são, onde é mais necessária a demonstração, pois os fatos do passado implicam um tipo de necessidade. É forçoso porém expor os entimemas não de forma contínua, mas intercalados. Se assim não for, prejudicam-se uns aos outros, pois há também um limite na quantidade.

Ó amigo, visto que falaste tantas coisas quantas um homem sabedor diria[225],

"tantas coisas", mas não "quais".

Por outro lado, não procures entimemas sobre tudo. De outro modo, farás o que alguns filósofos fazem, que formulam silogismos cujas conclusões são mais conhecidas e mais plausíveis que as premissas das quais as tiram. E também, sempre que suscitares uma emoção, não formules um entimema, pois o entimema ou quebrará a emoção, ou será dito

---

[225] *Od.*, 4.204.

em vão; é que movimentos simultâneos chocam-se uns com os outros, e ou se anulam, ou se tornam fracos. Ao mesmo tempo, não deves procurar entimema algum quando o discurso expressar caracteres morais. Na verdade, a demonstração não comporta caráter moral nem intenção[226]. Porém, devem-se empregar máximas quer na narração, quer nas provas, porque exprimem caracteres: "pois eu o dei, embora sabendo que não se deve confiar em ninguém". Se, porém, for numa modalidade "emocional": "e não me arrependo, embora seja eu o prejudicado; é que o lucro é para ele, a justiça para mim".

A oratória deliberativa é mais difícil que a judiciária, como é natural. Porque aquela reporta-se ao futuro, esta ao passado, ou seja, ao que é já do conhecimento de todos, e até dos adivinhos, como diz Epiménides de Creta[227], pois ele nunca pronunciava oráculos sobre acontecimentos futuros, mas sobre fatos passados que permaneciam porém obscuros. Por outro lado, a lei é um tema de base nos discursos judiciários; e, quando se possui um princípio básico, é mais fácil encontrar uma demonstração. Para mais, o gênero deliberativo não comporta muitas "digressões"[228] (como, por exemplo, aquelas contra o opositor ou acerca de outro indivíduo qualquer, ou com a intenção de suscitar emoções). Pelo contrário, é a que admite menos, a não ser que se queira afastar do assunto. Por conseguinte, é necessário desenvolver isto apenas quando embaraçados com falta de material. Isto é o que os oradores atenienses fazem, e também Isócrates. Pois até num contexto de deliberação formula acusações como, por exemplo, contra os lacedemônios no *Panegírico*[229], ou a Cares no *Discurso sobre os aliados*[230].

---

[226] Προαίρεσις, em grego.

[227] DK 3 B 4. Epimênides de Creta foi um taumaturgo lendário, possivelmente do século VI a.C.

[228] Em grego, διατηβή.

[229] Cf. *Panegírico*, 110-114.

[230] Aristóteles refere-se a *De pace*, 27.

No gênero epidítico, é necessário combinar o conteúdo com episódios laudatórios, como Isócrates, que sempre introduz algum. O que Górgias afirmava, que nunca lhe faltava que dizer, é análogo. Pois, se estava falando de Aquiles, elogiava Peleu, em seguida Éaco, depois a divindade; do mesmo modo, se discursava sobre a coragem viril, referia que ela produz isto ou aquilo, ou de tal forma.

Quando se dispõe de elementos demonstrativos[231], deve-se discursar de modo que se expresse o caráter e resulte demonstrativo. Porém, se não tiveres entimemas, concentra-te na componente "ética". E é mais ajustado para um homem de bem parecer virtuoso do que rigoroso no discurso. Os entimemas refutativos são mais prezados do que os demonstrativos, porque os concernentes à refutação mais claramente põem em evidência o silogismo. Pois os contrários são mais facilmente reconhecíveis quando colocados frente a frente.

Os elementos contra a argumentação do oponente não representam uma espécie diferente, mas pertencem às provas que refutam quer por meio de uma objeção, quer por silogismo. Seja em situação deliberativa, seja judiciária, o primeiro a discursar deve pronunciar primeiramente as provas próprias, e em seguida refutar as do oponente, destruindo-as e despedaçando-as. Mas, se o discurso adversário for múltiplo, deverá atacar primeiro os argumentos opostos. Assim fez Calístrato na assembleia dos messênios: pois, destruindo antecipadamente o que eles iriam dizer, expôs então os seus argumentos. Porém, se se for o último a falar, deve-se falar primeiramente contra o discurso adversário, refutando e opondo silogismos, sobretudo se o que tiver sido dito tiver tido bom acolhimento. Pois tal como o espírito não é receptivo a um homem que foi anteriormente censurado, do mesmo modo não o é para um discurso, se o adversário parece ter falado bem. Deve-se, portanto, criar espaço no espírito do ouvinte para o discurso que seguirá. Assim será, se tiveres destruído os argumentos contrários. Por conseguinte, de-

---

[231] Ἀπόδειξις, em grego.

pois de se combater seja contra todos os argumentos, seja contra os mais importantes, seja contra os que foram mais bem acolhidos, seja ainda contra os mais facilmente refutáveis, as provas próprias hão de resultar convincentes.

Primeiramente, das deusas serei aliada; pois, eu, [não penso que] Hera...[232]

Nestas palavras, tocou em primeiro lugar os argumentos mais simples.

Isto é o que há para dizer no que diz respeito às provas. Relativamente à expressão de caráter moral, uma vez que dizer algo acerca de si próprio pode tornar-se quer odioso, quer prolixo, quer contraditório, assim como, acerca de outrem, injurioso ou grosseiro, é preciso colocar outra pessoa para dizer tais coisas. Isto é o que Isócrates formula no *Filipe*, e na *Antidosis*[233], e bem assim Arquíloco, nas suas invectivas. Pois este último coloca o pai para falar acerca da filha, em certo verso jâmbico:

Com dinheiro, não há nada de inesperado nem que
se possa jurar ser impossível[234]

e o carpinteiro Caronte, no poema jâmbico cujo início é

Não quero as riquezas de Giges[235].

Também assim procede Sófocles, colocando Hémon para defender Antígona contra o pai, como se fossem palavras de outro[236].

---
[232] Eurípides, *Troades*, 969 e 971.
[233] Cf. *Philip.*, 4-7, e *Antidosis*, 132-9 e 141-9.
[234] Arquíloco, fr. 74.1 Bergk.
[235] Arquíloco, fr. 25.1 Bergk.
[236] Sófocles, *Antígona*, 683-709.

Algumas vezes, é necessário modificar entimemas e fazê-los "máximas"[237]. Por exemplo, "é preciso que o ser racional, quando a fortuna lhe sorri, faça a paz, pois assim obtém maior ganho"[238]. Em entimema, teríamos: "pois, se é preciso fazer a paz sempre que tais mudanças forem as mais lucrativas e mais vantajosas, é forçoso, quando a fortuna é favorável, fazer a paz".

18. A interrogação

1419a No que diz respeito à interrogação, é oportuno formulá-la sobretudo quando, depois de o oponente responder a uma de duas perguntas, se é formulada então a outra pergunta, resulta uma resposta absurda. Por exemplo, quando Péricles questionou Lâmpon[239] sobre a iniciação aos mistérios da Salvadora, respondendo-lhe este que não era permitido a um não iniciado tais coisas ouvir, perguntou-lhe se ele próprio deles tinha conhecimento. Declarando que sim, "mas como", perguntou Péricles, "se não és iniciado?".

Um segundo caso é quando, das duas respostas, uma é evidente e quanto à outra é óbvio que o oponente com ela concordará quando se formula a pergunta. E, obtendo a admissão desta premissa, não se deve interrogar o que é evidente, mas estabelecer a conclusão. Por exemplo, quando Meleto acusou Sócrates de não acreditar nos deuses, aceitando porém que este reconhecia um certo *daímon*, Sócrates perguntou se os *daímones* não seriam filhos dos deuses, ou algo divino; concordando ele, respondeu Sócrates: "porventura, há alguém que pense que existem filhos de deuses, mas não deuses?"[240].

---

[237] Traduzimos γνῶμαι.

[238] Cf. Isócrates, *Archid.*, 51

[239] Um dos três adivinhos a serviço da cidade de Atenas, contemporâneo de Péricles.

[240] Cf. Platão, *Apologia*, 27b-d.

Outra situação é aquela em que se procura mostrar que o orador adversário produz elementos contraditórios ou fora do senso comum. Uma quarta circunstância é quando não é possível àquele que deve responder refutar a argumentação adversária a não ser de forma sofística: pois, se responde dizendo que é mas não é, ou que umas vezes sim, outras não, ou que por um lado sim, por outro não, os assistentes fazem uma pateada porque o orador não encontra saída.

Em circunstâncias distintas destas, não lances mão de tal recurso. Pois, se o adversário te levantar uma objeção, parecerá que foste vencido: é que não é pertinente colocar muitas interrogações, devido à fraqueza do auditório. É por isso também que é necessário condensar o mais possível os entimemas.

Por seu turno, é preciso que as perguntas ambíguas sejam respondidas não de forma concisa, mas com recurso a explicação detalhada. Às que parecem conter elementos contraditórios, convém responder de imediato, introduzindo a refutação antes que o oponente formule a pergunta seguinte ou que conclua o silogismo; de fato, não é difícil antever em que é que radica o seu discurso. Isto é para nós claro a partir do que ficou exposto nos *Tópicos*, e bem assim as formas de o refutar. E, concluindo, se se formula a pergunta em forma de conclusão, há que dizer a razão. Por exemplo, questionado por Pisandro se lhe parecia bem, como aos restantes probulos[241], o estabelecimento dos Quatrocentos, Sófocles aquiesceu: "Por quê?", disse aquele, "estes acontecimentos não te parecem peníveis?"; este de novo aquiesceu. "Por conseguinte, tu fizeste uma má ação?" "Sim", retorquiu, "não havia outras melhores."

É também o caso do lacedemônio que prestava contas da eforia. Questionado se lhe parecia bem que os compa-

---

[241] Os probulos eram dez cidadãos, com algum poder executivo, nomeados em Atenas depois de 413 a.C. Entre eles, contava-se Sófocles possivelmente o tragediógrafo. Em 411, fizeram parte de uma comissão formada para redigir uma constituição; isto levou à revolução dos Quatrocentos.

nheiros tivessem sido justiciados, ele admitiu que sim. "Pois tu não tiveste um comportamento igual ao deles?" Ele também admitiu que sim. "Então, seria também justo se fosses executado?" "De modo algum", replicou. "Aqueles aceitaram dinheiro para assim agirem; eu não, procedi segundo a minha consciência." Por conseguinte, é conveniente não formular perguntas após uma conclusão, nem fazer a pergunta como conclusão, a não ser que a verdade seja muito saliente.

1419b

Relativamente ao "ridículo"[242], uma vez que parece ter alguma utilidade nos debates (Górgias afirmava, com razão, que é necessário desfazer a seriedade dos oponentes com ironia e a ironia com seriedade[243]), já foi tratado na *Poética*[244] quantas são as suas espécies, das quais umas são apropriadas ao caráter do homem livre, outras não, de modo que o orador poderá tirar delas a que lhe for mais apropriada. A ironia é mais adequada a um homem livre que o escárnio. O que emprega ironia o faz para se rir dele próprio, o trocista, para escárnio dos outros.

19. O epílogo

O epílogo é composto de quatro elementos: tornar o ouvinte favorável à causa do orador e desfavorável à do adversário; amplificar ou minimizar; dispor o ouvinte a um comportamento emocional; recapitular. Após ter-se mostrado que se diz a verdade e o adversário falsidades, faça-se um elogio ou uma censura, e finalmente sublinhe-se[245] de novo o assunto. É necessário, pois, visar uma de duas coisas: uma, revelar-se como homem de bem quer diante dos ouvintes, quer em termos gerais; outra, apresentar o adversário como perverso, quer diante dos ouvintes, quer em termos

---

[242] Τὸ γελοῖον, em grego.
[243] Deverá pertencer a uma *Ars*, de Górgias, perdida.
[244] Referência à parte perdida da *Poética* que versava sobre a comédia.
[245] À letra, "martelar"; para a expressão, ver Aristófanes, *Nuvens*, 22.

gerais. A partir de que elementos é necessário preparar isso, já foram expostos os tópicos a partir dos quais é forçoso apresentar os outros como virtuosos ou como vis.

Em seguida, vem a amplificação ou a minimização do que foi demonstrado, segundo sua natureza. Pois é necessário que haja acordo quanto aos fatos, se se tenciona referir a sua ordem de grandeza. Efetivamente, também o crescimento dos corpos provém de elementos preexistentes. A partir de que elementos é necessário amplificar ou minimizar estes tópicos, também já ficou anteriormente exposto.

Depois, estando em evidência tanto as qualidades como as dimensões dos fatos, convém provocar no ouvinte comportamentos emocionais. Estes são: a compaixão, a indignação, a ira, o ódio, a inveja, a rivalidade, o sentimento de discórdia. Os tópicos respectivos já foram atrás mencionados, de forma que resta recordar o que foi dito. Isto é ajustado fazer aqui e não nos proêmios, como alguns dizem incorretamente[246]. Pois, para que a apreensão das ideias seja efetiva, prescrevem que se proceda a muitas repetições. Por conseguinte, no proêmio, convém expor o assunto para que não passe despercebido acerca do que está em causa; no epílogo, bastam os pontos principais do que foi demonstrado. O início do epílogo, por isso, enuncia que se cumpriu o que se prometera, de tal forma que se há de expor o que foi tratado e por quê. Além disso, fala-se a partir da comparação com os argumentos do adversário. Convém comparar quantas coisas foram ditas sobre um mesmo assunto, quer contrapondo-as ("mas este disse tais coisas acerca disto, eu isto, por tais razões"), quer lançando mão da ironia (como "pois este disse isto, eu isto", e "que faria se demonstrasse tais coisas, mas não aquelas"), quer da interrogação ("que foi demonstrado?" ou "o que é que este demonstrou?"). Pode-se, pois, concluir deste modo por comparação, ou segundo a ordem natural dos argumentos, tal como se disse, e

1420a

---

[246] Discordamos da conjectura de Ussing, aceita por Ross (cf. Racionero *ad loc.*).

depois, se se quiser, tratar separadamente os do discurso adversário.

Como conclusão, é ajustada a expressão assindética, para que seja realmente epílogo e não discurso.

Disse, ouvistes, tendes os fatos, julgai![247]

---

[247] Provavelmente a conclusão de Lísias, *Contra Eratóstenes*.

ÍNDICE DE TERMOS TÉCNICOS

ἀγωνιστικός 1.5, p. 31 .... Agonístico
ἀκριβολογία 1.5, p. 31 .... Minúcia
ἀναλογία 3.2, p. 179; 3.7, p. 190 .... Analogia
ἀντικειμένη λέξις 3.9, p. 197 .... Discurso antitético
ἀπόδειξις 3.17, pp. 227, 229 .... Demonstração
ἀποπλάνησις 3.13, p. 215 .... Divagação
ἁρμονία 3.1, p. 174 .... Harmonia
ἀρχή... αἴτιον 1.7, p. 38 .... Princípio... causa
ἀστεῖον 3.10, p. 200 .... Elegância
ἄτεχνοι 1.2; 15.1, p. 13 .... Inartísticas, não técnicas
αὔξησις 1.9, p. 51 .... Amplificação
ἀφεκής 3.9, p. 196 .... Simples
γελοῖον 3.18, p. 234 .... Ridículo, risível
γλῶττα 3.3, p. 183 .... Glosa
γνώμη 2.21, p. 138 .... Máxima
γραφικὴ λέξις 3.12, p. 211 .... Expressão escrita
δεῖγμα 3.14, p. 220 .... Exemplo
δεικτικὰ ἐνθμήματα 2.22, p. 147 .... Entimemas demonstrativos
δεῖξις 3-7, p. 192 .... Exposição enunciativa
δείνωσις 2.24, p. 164 .... Exagero
δημηγορικὴ λέξις 1.3, p. 21; 3.11, p. 212 .... Gênero deliberativo
διαβολή 1.1, p. 6; 3.14, p. 218 .... Acusação, inculpação
διαίρεσις 2.23, p. 152 .... Divisão
διαλεκτική 1.1, p. 5 .... Dialética
διάνοια 3.10, p. 200 .... Compreensão, significado
διατριβή 3.17, p. 229 .... Digressão
διήγησις 3.13, p. 214 .... Narração
διηρημένη λέξις 3.9, p. 197 .... Discurso segmentado

δικανικὴ λέξις 1.3, p. 21; 3.11, p. 213..... Gênero judicial
ἐγκώμιον 1.9, p. 50 .... Encômio
ἑλληνίζειν 3.5, p. 187 .... Falar corretamente
εἰκός 1.2, p. 18 .... Probabilidade
εἰκών 3.4, p. 185 .... Símile, imagem
εἰρομένη λέξις 3.9, p. 195 .... Enunciado contínuo
ἐνέργεια 3.11, p. 201 .... Ação, ato
ἐνθύμημα 1.2., p. 15; 2.22, p. 143 .... Entimema
ἐγκώμιον 1.9, p. 48 .... Encômio, elogio
ἐλεγκτικός ἐνθύμημα 2.22, p. 146 .... Entimema refutativo
ἔντασις 2.25, p. 167 .... Objeção
ἔντεχνοι τίστεις 1.2, p. 13 .... Provas técnicas, artísticas
ἕξις 2.12, p. 121 .... Hábito, maneira de ser
ἔπαινος 1.9, p. 48 .... Elogio
ἐπεισόδιον 3.17, p. 230 .... Episódio
ἐπεισοδιοῦν 3.17, p. 229 .... Introduzir a um ἐπεισόδιον
ἐπεξελέγχος 3.13, p. 215 .... Refutação suplementar
ἐπιεικής 1.13, p. 70 .... Equitativo
ἐπιδεικτικὸς λέξις 1.3, p. 21; 3.12, p. 213 Estilo demonstrativo epidíctico
ἐπιδιήγησις 3.13, p. 215 .... Epidiegese
ἐπίθετον 3.2, p. 181 .... Epíteto
ἐπιλογος 3.19, p. 234 .... Epílogo
ἐπιστήμη 1.1, p. 5 .... Conhecimento
ἐποικοδομεῖν 1.7, p. 41 .... Acumulação
ἐρώτησις 3.18, p. 232 .... Interrogação
ἠθικὴ λέξις 3.7, p. 192 .... Discurso de gênero ético
ἦθος 2.3, p. 13; 2.12, p. 121 .... Caráter
ἰατρεύματα 3.14, p. 218 .... Remédios
ἴδια ὀνόματα 3.5, p. 187 .... Termos específicos
κατεστραμμένη κέξις 3.9, p. 195 .... Enunciado periódico
κοινοὶ τόποι 2.18, p. 130 .... Tópicos
κύριος 3.2, p. 177 .... Soberano, senhor, válido
κῶλον 3.9, p. 196 .... Membro, colo
λέξις 3.1, p. 173 .... Expressão enunciativa, enunciado, estilo
λεκτικός 3.8, p. 194 .... Coloquial
λόγος 1.2, p. 13 .... Discurso
μαλακός 1.10, p. 52; 2.17.4-22.10 .... Efeminado
μέγεθος 1.5, p. 29 .... Estatura
μειοῦν 3.14, p. 220 .... Minimizar, reduzir
μεταθορά 3.10, p. 199 .... Metáfora
μέτρον 3.1, p. 174 .... Ritmo
ξενικὴ λέξις 3.2, p. 177 .... Linguagem não familiar

ὅλκος 3.6, p. 189	Solenidade
οἰκεῖα ὀνόματα 3.2, p. 178	Termos apropriados
ὁμωνυμία 2.24, p. 162; 3.2, p. 179	Homonímia
παθητική 3.7, p. 191	Discurso do gênero emocional
πάθος 1.2, pp. 13-14; 2.8, 16	Paixão, emoção, sofrimento
παραβολή 2.20, p. 135	Parábola
παράδειγμα 1.2, p. 18; 2.20, p. 135	Exemplo
παράδοξον 2.21, p. 139	Paradoxo, contrário à expectativa comum
παράλογος 1.13, p. 70	Inesperado
παραλογισμός 1.9, p. 49; 3.7, p. 191	Paralogismo, argumento falacioso
παραλογιστικός 1.9, p. 49	Falacioso
παρίσωσις 3.9, p. 199	Parisose, isocolo
παρομοίωσις 3.9, p. 199	Paromeose
περιέχοντα ὀνόματα 3.5, p. 187	Termos gerais
περίοδος 3.9, p. 196	Período
περιπέτεια 1.11, p. 60	Aventura, mudança súbita de fortuna
πίστις 1.1, p. 9; 1.2, p. 13	Prova, prova de persuasão, prova de fidelidade
προαίρεσις 3.17, p. 229	Intenção
προοδιήγησις 3.13, p. 215	Prodiegese
πρὸ ὀμμάτων ποιεῖν 3.11, p. 204	Dispor diante dos olhos
πρόθεσις 3.13, p. 214	Exposição
προοίμιον 3.14, p. 215	Proêmio
πρέπον 3.2, p. 177	Conveniente, adequado
πρότασις 1.3, p. 105; 2.1, p. 83	Premissa
πρῶσις 1.7, p. 40	Declinação, flexão
ῥητορική (ver διαλεκτική) 1.1, p. 5	Retórica
ῥυθμός 3.1, p. 174; 3.8, p. 193	Ritmo
σαφὴ 3.2, p. 176	Clareza de estilo
σημεῖον 1.2, p. 17	Sinal, argumento provável
σολοικίζειν 3.5, p. 189	Formular solecismos
στοιχεῖον 2.22, p. 146	Elemento
σύμβοκον 3.16, p. 226	Sinal que permite o conhecimento
συνάγειν 1.2, p. 16	Formar silogismos, concluir
σύνδεσμος 3.5, p. 187	Partícula coordenativa
συνστραμμέμως 2.24, p. 161	De forma concisa
συντομνία ...a 3.6, p. 189	Concisão
σύστοικα 1.7, p. 40	Coordenações, conjugações de termos

σχετλιασμός 2.21, p. 141 .... Lamentação
σχῆμα 2.24, p. 161; 3.8, p. 193 .... Forma de expressão
τάξις 3.13, p. 213 .... Disposição
ταπεινὴ λέξις 3.2, p. 176 .... Gênero humilde
τεκμήριον 1.3, p. 23 .... Prova irrefutável
τέχνη 1.1, p. 6 .... Arte, conjunto de regras
τεχνολογεῖν 1.1, p. 6 .... Descrever como arte, reduzir a um sistema
τόποι cf. κοινοὶ τόποι .... Tópicos, lugares
ὑπόκρισις 3.1, p. 174 .... Pronunciação
ψυχρός 3.3, p. 182 .... Esterilidade (no estilo)

ÍNDICE ONOMÁSTICO

Acrópole, 158
Afrodite, 160, 210
Agamêmnon, 210
Ágaton, 133, 166
Aglaia, 212
Agros, 42
Ájax, 116
Alceu, 47
Alcibíades, 127
Alcidamante, 68, 153, 182-184
Alcínoo, 225
Alexandre, 35, 149, 154, 165, 216
Amasis, 113
Anásqueto, 207
Anaxágoras, 153
Anaxândrides, 202, 208, 211
Andrócion, 185
Androcles, 157
Anfiarau, 122
Antifonte, 90, 109, 156
Antígona, 67, 73, 231
Antímaco, 190
Antístenes, 186
Aqueus, 164
Aquiles, 23, 35, 87, 94, 145-146, 150, 164, 185, 224, 230
Areópago, 7
Ares, 209

Aristides, 151, 216
Aristipo, 154
Aristófanes, 182
Aristofonte, 150
Aristogíton, 51, 151, 164
Arquelau, 151
Arquíbio, 76
Arquidamo, 185
Arquíloco, 153, 231
Árquitas, 206
Atena, 35, 210
Atenas, 152
Atenienses, 74, 93, 109, 144, 153, 202, 207, 220
Ática, 150, 203
Atos, 198
Áutocles, 153

Beócios, 186
Bias, 124
Bríson, 181

Cábrias, 38, 203
Cálias, 16, 99, 179
Cálidon, 196
Calíope, 180
Calipo, 66, 154, 157
Calístenes, 94

Calístrato, 38, 71, 230
Cão celeste, 162
Cárcino, 159, 227
Cares, 76, 201-203, 229
Caridemo, 155
Caronte, 231
Cárpatos, 210
Cauno, 167
Cefisódoto, 186, 201-202
Cicno, 146
Cídias, 108
Címon, 128
Cleofonte, 75, 191
Cléon, 85, 187, 193
Colunas de Hércules, 119
Cónon, 154, 160
Córax, 166
Coríntios, 35
Crátilo, 226
Creonte, 73
Creso, 188
Crícias, 75, 224

Dario, 136
Delfos, 154
Delos, 195
Demades, 165

Demócrates, 186
Demócrito de Quios, 197
Demóstenes, 149, 165, 186
Diógenes, o Cínico, 202
Diomedes, 146, 157, 223
Diomedonte, 148
Díon, 66
Dionísio Calco, 180
Dionísio, 19, 109, 127, 164
Dioniso, 180, 186
Diopites, 113
Dodona, 152
Dorieu, 17
Drácon, 160

Éaco, 230
Egina, 202
Eginetas, 145
Egito, 136
Eleatas, 159
Élide, 220
Empédocles, 67, 187
Enesidemo, 66
Eniálio, 141
Epicarmo, 41, 140
Epidauro, 202
Epimênides de Creta, 229
Ergófilo, 93
Esíon, 203
Esopo, 136
Espeusipo, 202
Ésquines, 226
Estesícoro, 136, 140, 206
Estílbon, 152
Estrábax, 155
Eubeia, 202
Eubulo, 76
Euctémon, 72
Eurípides, 107, 160, 178, 180, 217, 222
Europa, 217
Eutidemo, 163
Eutino, 133
Êuxeno, 185
Evágoras, 154

Faílo, 225
Fálaris, 136
Feaces, 220
Filamon, 209-210
Filemon, 211
Filipe, 150
Filócrates, 93
Filoctetes, 209

Gélon, 66
Giges, 231
Gláucon de Teo, 174

Górgias, 176, 182-184, 193, 216, 220, 230, 234
Grécia, 136, 202
Gregos, 145, 150, 162, 205

Hades, 226
Hális, 188
Harmódio, 51, 150-151, 164
Hegesípolis, 154
Heitor, 94, 146, 150
Hélade, 156, 203
Helena, 115, 154, 165, 216
Helesponto, 198
Hémon, 227, 231
Hera, 231
Heraclidas, 144
Heraclito, 189
Hermes, 162
Heródico, 30, 160
Heródoto, 224
Hesíone, 222
Híeron, 128
Higienon, 222
Hímera, 136
Hiparco, 164
Hípias, 16
Hipóloco, 51
Homero, 35, 58, 74, 94, 153, 205, 212, 226

Idrieu, 185
Ifícrates, 138, 150, 155, 179, 202, 221
Ílion, 35, 146
Ismênias, 152
Isócrates, 51, 133, 154, 156, 193, 207, 216, 229, 231
Italiotas, 153

Jasão, 66, 159
Jocasta, 227

Lacedemônios, 145, 153, 201, 220, 229, 233

Lâmpon, 232
Lâmpsaco, 153
Leodamas, 38, 158
Léptines, 201
Leucotea, 159
Liceu, 110
Lícia, 195
Licímnio, 181, 211, 215
Lícofron, 183, 198
Licoleonte, 203
Licurgo, 153
Lócrios, 141

Macedônia, 150
Mantias, 152
Maratona, 202
Medeia, 159
Mégara, 19
Melanípides, 197
Melanopo, 71
Meléagro, 41, 90
Meleto, 232
Mérocles, 202
Messênios, 230
Milcíades, 202
Mísia, 180
Mitilene, 153
Mixidêmides, 153
Monte Ida, 165

Nausícrates, 221
Nicanor, 149
Nicérato, 209
Nícon, 207
Nireu, 212

Odisseu, 35
Olímpia, 17, 154
Olímpios, 162

Pã, 162
Palamedes, 211
Pânfilo, 157

Paros, 153
Pátroclo, 23, 150
Peleu, 230
Peloponeso, 196
Pélops, 196
Penélope, 225
Penteu, 161
Pepareto, 152
Periandro de Corinto, 75
Péricles, 42, 128, 186, 201-202, 232
Pérsia, 136
Píndaro, 162
Pireu, 163, 202
Pisandro, 233
Pisístrato, 19
Pítaco, 122
Pitágoras, 153
Piteu, 157
Pitolau, 198, 202
Platão, 76, 154, 185
Plexipo, 90
Pólibo, 217
Polícrates, 163
Polieucto, 202
Polifemo, 94
Polo, 160
Potideianos, 145
Prácis, 209
Príamo, 34, 216, 222
Pródico, 219
Protágoras, 166, 188

Queremon, 161, 211
Quérilo, 216
Quílon, 123, 153
Quios, 153

Radamanto, 211

Safo, 47, 153
Salamina, 74, 144, 203

Samos, 108, 137, 186

Sesto, 202
Sicília, 203
Sigeus, 75
Sime, 212
Simônides, 35, 49, 128, 182
Siracusanos, 108
Síron, 183
Sísifo, 205
Sócrates, 16, 18, 49, 99, 151, 154, 220, 232
Sófocles, 67, 72-73, 160, 196, 217, 221, 225-227, 233
Sólon, 75, 153

Teágenes, 19
Tebanos, 150
Tebas, 149, 152
Tegeia, 42
Télamon, 116, 222
Télefo, 180
Temístocles, 75
Tênedos, 75, 164
Teodamante, 185
Teodectes, 148, 154-158, 163
Teodoro, 159, 178, 206, 215
Teseu, 35, 154
Tessalisco, 152
Teucro, 150, 222
Teumeso, 190
Trasíbulo, 158, 160, 163
Trasímaco, 160, 175, 194, 209

Ulisses, 94, 157-158, 222-225

Xenófanes, 79, 155-159
Xerxes, 136, 183

Zenão, 63
Zeus, 87, 116, 195

Coleção Obras de Aristóteles

Projeto promovido e coordenado pelo Centro de Filosofia da Universidade de Lisboa em colaboração com os Centros de Filosofia e de Estudos Clássicos da Universidade de Lisboa, o Instituto David Lopes de Estudos Árabes e Islâmicos e os Centros de Linguagem, Interpretação e Filosofia e de Estudos Clássicos e Humanísticos da Universidade de Coimbra. Este projeto foi subsidiado pela Fundação para a Ciência e a Tecnologia.

COLABORADORES

I. Coordenador

António Pedro Mesquita (Centro de Filosofia da Universidade de Lisboa).

II. Pesquisadores

Abel do Nascimento Pena, doutor em Filologia Clássica, professor auxiliar do Departamento de Estudos Clássicos da Faculdade de Letras da Universidade de Lisboa e pesquisador do Centro de Estudos Clássicos da Universidade de Lisboa.

Adriana Nogueira, doutora em Filologia Clássica, professora auxiliar do Departamento de Letras Clássicas e Modernas da Faculdade de Ciências Humanas e Sociais da Universidade do Algarve e pesquisadora do Centro de Estudos Clássicos da Universidade de Lisboa.

Ana Alexandra Alves de Sousa, doutora em Filologia Clássica, professora auxiliar do Departamento de Estudos Clássicos da Faculdade de Letras da Universidade de Lisboa e pesquisadora do Centro de Estudos Clássicos da Universidade de Lisboa.

Ana Maria Lóio, licenciada em Estudos Clássicos pela Universidade de Lisboa.

António Campelo Amaral, mestre em Filosofia, assistente do Departamento de Filosofia da Faculdade de Ciências Humanas da Universidade Católica Portuguesa.

António Manuel Martins, doutor em Filosofia, professor catedrático do Instituto de Estudos Filosóficos da Faculdade de Letras da Universidade de Coimbra e diretor do Centro de Linguagem, Interpretação e Filosofia da Universidade de Coimbra.

António Manuel Rebelo, doutor em Filologia Clássica, professor associado do Instituto de Estudos Clássicos da Faculdade de Letras da Universidade de Coimbra e pesquisador do Centro de Estudos Clássicos e Humanísticos da Universidade de Coimbra.

António Pedro Mesquita, doutor em Filosofia, professor auxiliar do Departamento de Filosofia da Faculdade de Letras da Universidade de Lisboa e pesquisador do Centro de Filosofia da Universidade de Lisboa.

Carlos Silva, licenciado em Filosofia, professor associado convidado do Departamento de Filosofia da Faculdade de Ciências Humanas da Universidade Católica Portuguesa.

Carmen Soares, doutora em Filologia Clássica, professora associada do Instituto de Estudos Clássicos da Faculdade de Letras da Universidade de Coimbra e pesquisadora do Centro de Estudos Clássicos e Humanísticos da Universidade de Coimbra.

Delfim Leão, doutor em Filologia Clássica, professor associado do Instituto de Estudos Clássicos da Faculdade de Letras da Universidade de Coimbra e pesquisador do Centro de Estudos Clássicos e Humanísticos da Universidade de Coimbra.

Francisco Chorão, mestre em Filosofia, pesquisador do Centro de Filosofia da Universidade de Lisboa.

Hiteshkumar Parmar, licenciado em Estudos Clássicos pela Universidade de Lisboa.

José Pedro Serra, Doutor em Filologia Clássica, professor auxiliar do Departamento de Estudos Clássicos da Faculdade de Letras da Universidade de Lisboa e pesquisador do Centro de Estudos Clássicos da Universidade de Lisboa.

José Segurado e Campos, doutor em Filologia Clássica, professor catedrático jubilado do Departamento de Estudos Clássicos da Faculdade de Letras da Universidade de Lisboa e pesquisador do Centro de Estudos Clássicos da Universidade de Lisboa.

Manuel Alexandre Júnior, doutor em Filologia Clássica, professor catedrático do Departamento de Estudos Clássicos da Faculdade de Letras da Universidade de Lisboa e pesquisador do Centro de Estudos Clássicos da Universidade de Lisboa.

Maria de Fátima Sousa e Silva, doutora em Filologia Clássica, professora catedrática do Instituto de Estudos Clássicos da Faculdade de Letras da Universidade de Coimbra e pesquisadora do Centro de Estudos Clássicos e Humanísticos da Universidade de Coimbra.

Maria do Céu Fialho, doutora em Filologia Clássica, professora catedrática do Instituto de Estudos Clássicos da Faculdade de Letras da Universidade de Coimbra e diretora do Centro de Estudos Clássicos e Humanísticos da Universidade de Coimbra.

Maria José Vaz Pinto, doutora em Filosofia, professora auxiliar do Departamento de Filosofia da Faculdade de Ciências Sociais e Humanas da Universidade Nova de Lisboa e pesquisadora do Instituto de Filosofia da Linguagem da Universidade Nova de Lisboa.

Paulo Farmhouse Alberto, doutor em Filologia Clássica, professor auxiliar do Departamento de Estudos Clássicos da Faculdade de Letras da Universidade de Lisboa e pesquisador do Centro de Estudos Clássicos da Universidade de Lisboa.

Pedro Falcão, licenciado em Estudos Clássicos pela Universidade de Lisboa.

Ricardo Santos, doutor em Filosofia, investigador do Instituto de Filosofia da Linguagem da Universidade Nova de Lisboa.

III. Consultores científicos

1. Filosofia

José Barata-Moura, professor catedrático do Departamento de Filosofia da Faculdade de Letras da Universidade de Lisboa.

2. Filosofia Antiga

José Gabriel Trindade Santos, professor catedrático do Departamento de Filosofia da Faculdade de Letras da Universidade de Lisboa e pesquisador do Centro de Filosofia da Universidade de Lisboa.

3. Língua e Cultura Clássica

Maria Helena da Rocha Pereira, professora catedrática jubilada do Instituto de Estudos Clássicos da Faculdade de Letras da Universidade de Coimbra e pesquisadora do Centro de Estudos Clássicos e Humanísticos da Universidade de Coimbra.

4. História e Sociedade Gregas

José Ribeiro Ferreira, professor catedrático do Instituto de Estudos Clássicos da Faculdade de Letras da Universidade de Coimbra e pesquisador do Centro de Estudos Clássicos e Humanísticos da Universidade de Coimbra.

5. Língua e Cultura Árabe

António Dias Farinha, professor catedrático do Departamento de História da Faculdade de Letras da Universidade de Lisboa e diretor do Instituto David Lopes de Estudos Árabes e Islâmicos.

6. Lógica

João Branquinho, professor associado com agregação do Departamento de Filosofia da Faculdade de Letras da Universidade de Lisboa e pesquisador do Centro de Filosofia da Universidade de Lisboa.

7. Biologia e História da Biologia

Carlos Almaça, professor catedrático jubilado do Departamento de Biologia da Faculdade de Ciências da Universidade de Lisboa.

8. Teoria Jurídico-Constitucional e Filosofia do Direito

José de Sousa e Brito, juiz jubilado do Tribunal Constitucional e professor convidado da Faculdade de Direito da Universidade Nova de Lisboa.

9. Aristotelismo Tardio

Mário Santiago de Carvalho, Doutor em Filosofia, professor catedrático do Instituto de Estudos Filosóficos da Faculdade de Letras da Universidade de Coimbra e pesquisador do Centro de Linguagem, Interpretação e Filosofia da Universidade de Coimbra.

Plano da edição

PARTE I: TRATADOS CONSERVADOS

Volume I: Lógica
Tomo 1
Introdução geral
Tomo 2
Categorias
Da interpretação
Tomo 3
Primeiros analíticos
Tomo 4
Segundos analíticos
Tomo 5
Tópicos
Tomo 6
Refutações sofísticas

Volume II: Física
Tomo 1
Física
Tomo 2
Sobre o céu
Tomo 3
Sobre a geração e a corrupção
Tomo 4
Metereológicos

Volume III: Psicologia
Tomo 1
Sobre a alma
Tomo 2
Sobre a sensação (= *Parva Naturalia* 1)
Sobre a memória (= *Parva Naturalia* 2)
Sobre o sono e a vigília (= *Parva Naturalia* 3)
Sobre os sonhos (= *Parva Naturalia* 4)
Sobre a predição pelos sonhos (= *Parva Naturalia* 5)
Sobre a longevidade e a brevidade da vida (= *Parva Naturalia* 6)
Sobre a juventude e a velhice (= *Parva Naturalia* 7)
Sobre a respiração (= *Parva Naturalia* 8)

Volume IV: Biologia
Tomo 1
História dos animais I-VI
Tomo 2
História dos animais VII-X
Tomo 3
Partes dos animais
Tomo 4
Movimento dos animais
Progressão dos animais
Tomo 5
Geração dos animais

Volume V: Metafísica
Tomo 1
Metafísica
Tomo 2
Metafísica
Tomo 3
Metafísica

Volume VI: Ética
Tomo 1
Ética a Nicômaco
Tomo 2
Grande moral
Tomo 3
Ética a Eudemo

Volume VII: Política
Tomo 1
Política
Tomo 2
Econômicos
Tomo 3
Constituição dos atenienses

Volume VIII: Retórica e Poética
Tomo 1
Retórica
Tomo 2
Poética

VOLUME IX: ESPÚRIOS
TOMO 1
Sobre o universo
Sobre o alento [= *Parva Naturalia* 9]
TOMO 2
Sobre as cores
Sobre aquilo que se ouve
Fisiognomônicos
Sobre as plantas
Sobre os prodígios escutados
TOMO 3
[Problemas] Mecânicos
TOMO 4
Problemas [Físicos]
TOMO 5
Sobre as linhas indivisíveis
Sobre os lugares e nomes dos ventos
Sobre Melisso, Xenófanes e Górgias
Virtudes e vícios
Retórica a Alexandre

PARTE II: OBRAS FRAGMENTÁRIAS

VOLUME X: AUTÊNTICOS
TOMO 1
Diálogos e obras exortativas
TOMO 2
Tratados, monografias, recolhas e textos privados

VOLUME XI: ESPÚRIOS E DUVIDOSOS
TOMO 1
Medicina
Apologia contra Eurimedonte a propósito da acusação de impiedade
Agricultura
Mágico
TOMO 2
Epítome da arte de Teodectes
Sobre a filosofia de Arquitas
Problemas físicos em 38 (68) (78) livros
Sobre as cheias do Nilo

PARTE III: APÓCRIFOS

Volume XII: Lógica, Física e Metafísica
Tomo 1
Divisões [pseudo]aristotélicas
Problemas inéditos [de medicina]
Sobre a pedra
Tomo 2
Livro da causa
Livro da maçã

Volume XIII: Teologia
Tomo 1
Segredo dos segredos
Tomo 2
Teologia

PARTE IV: BIBLIOGRAFIA E ÍNDICES

Volume XIV
Tomo 1
Bibliografia geral
Tomo 2
Índices

Este livro foi composto na fonte Warnock Pro e impresso pela gráfica Paym, em papel Lux Cream 60 g/m², para a Editora WMF Martins Fontes, em maio de 2025.